우리에게 연해주란 무엇인가

- 북방정책의 나아갈 길 -

북코리아

우리에게 연해주란 무엇인가 - 북방정책의 나아갈 길 -

초판인쇄   2008년 9월 10일
초판발행   2008년 9월 15일

지 은 이   이광규
펴 낸 곳   북코리아
등록번호   제03-01240호
주   소   121-020 서울시 마포구 공덕동 115-13 2층
전   화   (02) 704-7840
팩   스   (02) 704-7848
이 메 일   sunhaksa@korea.com
홈페이지   www.ibookorea.com

값 15,000원

ISBN 978-89-92521-91-8   93320

머리말

10년도 못되는 사이에 연해주에 관한 세 번째 저서로『우리에게 연해주란 무엇인가: 북방정책의 나아갈 길』(북코리아)을 펴내게 되었다. 연해주에 관한 첫번째 저서는 1998년에 출판한『러시아 연해주의 한인 사회』(집문당)이고 두번째 저서가 2004년에 출판한『세기의 과제: 연해주 물결운동』(집문당)이었다. 첫 번째는 연해주를 포함한 하바로브스크, 사할린 등 3개 지역을 조사하고 극동 러시아를 개관한 연구지였고, 두 번째는 동북아평화연대를 조직하고 연해주 지원사업을 전개하기 시작하면서 연해주 지원사업의 성격과 방향을 제시하기 위한 저서였다.

연해주를 위한 지원사업을 시작하고 얼마 후 재외동포재단 이사장의 발령을 받고 근무하기 시작하면서 동북아평화연대 이사장직을 도재영 선생에게 넘기고 갔다. 동북아평화연대를 떠났기 때문에 동북아평화연대에서 활동하는 젊은 친구들의 활동을 멀리서 바라볼 수밖에 없었다. 그러나 김현동 군을 위시한 젊은 친구들이 전보다 더 열심히 사업을 추진하고 무엇보다 직접 현장에 투신하여 헌신적인 노력을 기울여 전에 추진하던 정착촌 사업과 전혀 다른 새로운 정착 사업을 성공리에 추진하고 있었다. 재외동포재단 이사장직을 2006년 11월에 끝내고 2007년 만 1년을 미국 뉴헤이븐에 있는 동암문화연구소 소장으로 근무하다 돌아오니 연해주 사업은 더욱 심도있게 추진되어 장치혁 회장님이 추진하던 농업의 일부 그리고 박길훈 회장님

이 추진하던 우정마을과 우정농장마저 인수하여 동북아평화연대의 연해주 사업은 단순한 정착을 위한 봉사사업만이 아니라 영농사업을 겸한 복합적인 사업단으로 성장하였다. 말하자면 동북아평화연대를 떠나있는 사이 동북아평화연대를 둘러싼 연해주의 사정도 많이 달라졌고 동북아평화연대도 새로운 환경에 적응하기 위하여 많이 변한 것이었다.

한편 이러한 일도 있었다. 재외동포재단 이사장직을 수행하면서 재외동포정책은 외무부 소속의 재단에서 행할 것이 아니라 대통령 직속의 기구로 격상하여야 한다는 주장을 여러 차례 피력한 적이 있다. 그것은 재외동포정책이 현재 재단에서 추진하고 있는 것과 같이 한인회장대회를 하고, 세계한인경제인들이 모이는 한상대회를 주관하며, 한국학교 선생들의 모임 또는 문화활동을 지원하는 활동보다는 차원 높은 재외동포 특유의 정책이 있으니, 이것은 외무부에 속하는 것 또는 교육부에 속하는 것이 아니라 종합적인 정책이었기 때문이다.

차원 높은 정책이란, 이를테면 연해주 개발과 같이 농업, 상공업, 임광업이 참여하는 사업과 철도송유관문제, 공단건설문제, 두만강하구소삼각지대개발문제, 한국학진흥문제 등 여러 부서가 다 필요로 하는 종합적인 문제를 가리키는데 재단에서 다루기에는 너무 광범위한 것들이었다. 또한 재일동포의 교육문제와 같이 교육과학기술부가 의논하여 결정할 것이 아니라 일본 조총련계 학교가 발생할 때와 같이 오늘의 재일동포민족교육문제도 국가의 최고 통치권자가 강한 의지를 갖고 장기적인 계획을 수립하고 과감하게 밀어붙여야 할 문제이기 때문에 재일동포의 문제는 대통령 직속으로 가야된다는 주장을 한 것이다.

재단 이사장직을 수행하면서 이러한 의사를 대통령에게 직접 전할 수 없어 세 번이나 간접적인 방법을 취하였다. 한 번은 당시 청와

대 정책담당관에게 연해주에 관한 방대한 자료를 전하고 직접 설명을 하여 대통령에게 전하여 달라고 부탁하였다. 그러나 그 담당관은 나의 보고서를 소화하지 못하고 해를 넘겼다. 그 다음에는 친분이 있는 인사담당 보좌관에게 사정이야기를 하였다. 그에게도 방대한 자료를 전하였으나 그는 내 자료를 받는지 수주일 후 퇴임하고 말아 그 내용이 대통령에게 전달되지 않았을 것이다. 세 번째로 외교국방담당 보좌관에게 자료가 전달되었으나 그도 며칠 후 자리를 옮겨 장관직을 수행하느라 나의 자료를 본인이 검토할 시간적 여유가 없었다. 이리하여 전직 대통령과의 인연은 끝나고 말았다. 그나마 재외동포재단 이사장직을 맡고 있는 동안에는 여러 번 기회가 있었으나 이제 그러한 기회마저 없어진 것이 아닌가 사료된다.

따라서 이 저서는 연해주를 중심으로 한 한국의 북방정책을 총 망라한 종합적인 저서로서, 정책을 수행하는 사람 이외에도 연해주에 관심을 가지고 있는 사람, 연해주로 진출하고자 하는 사람, 그리고 한국의 미래를 생각하는 사람이라면 누구나 이 책을 읽고 모두가 힘을 합하여 연해주를 개척하는데 협력을 구하는 바이다.

이책을 엮는데 수고를 아끼지 않은 동북아평화연대의 김현동 위원장, 김종헌 부장, 심명섭 부장 그리고 신상문 부장을 위사하여 동북아평화연대의 모든 직원들에게 출판을 기하여감사하며, 적극적으로 출판에 협조하여 주신 북코리아의 이찬규 사장님 이하 여러 편집원들께 감사드리는 바이다.

2008년 6월
구미동 송현제에서

차례

01

서론 : 왜 연해주인가

러시아 연해주의 중요성

러시아 연해주는 한반도 동북단과 연결된 지역으로 한인의 북방 진출에 요새가 된다. 연해주는 동으로 사할린을 두고 북으로 방대한 영토를 가진 사하공화국이 있고 서쪽으로는 중국 그리고 한국과 접해 있기 때문에 동북아시아에서 가장 중요한 지역을 이루고 있다. 이러한 지정학적 조건에서 구 소련시절 이 곳에 한국, 일본, 중국을 겨냥한 미사일 기지와 공군기지 등이 있던 곳이기도 하다. 연해주는 1860년 러시아가 중국으로부터 이관받은 지역으로 그 후 한인들의 진출이 활발하여 졌었다. 그리하여 1937년 연해주에 거주하던 한인들이 중앙아시아로 강제이주를 당하기 전 이 곳에 한인 18만 명이 거주하던 지역이니 당시로서는 한반도 이외에 가장 많은 한인들이 거주하던 지역이다.

연해주는 한반도보다 약간 적은 면적에 인구는 212만 명에 불과한 인구밀도가 희박한 지역이며 무엇보다 광활한 농토와 풍부한 지하자원이 있는 곳이다. 이 곳은 현재 한국, 중국, 일본이 이 지구상에서 대결하는 마지막 장소라 할 수 있다. 이 곳은 현재 중국인들이 인해

전술로 접근하고 들어오는 곳이다. 한편 일본은 막강한 자본력을 앞세워 연해주를 호시탐탐 기회를 보고 러시아 대륙으로의 전초기지로 삼으려 한다. 한국은 연고지를 명목으로 접근하고 있다. 따라서 연해주가 중국인의 영향권에 들거나 일본인의 영향권에 들면 한인들은 다시는 북방으로 진출할 수 없게 된다. 한국, 중국, 일본 3개국에서 연해주를 지배하는 나라가 환동해권인 동북아시아를 지배하는 나라가 될 것이다.

한국 북방정책의 요지

연해주는 한국과 러시아가 영농사업을 전개할 필요가 있는 곳이다. 한국은 통일에 대비하고 미래의 안전적 식량공급처로서의 연해주가 꼭 필요하다. 특히 고려인 동포의 정착지원을 위하여도 한국이 참여하여야 한다.

연해주는 그 자체가 영농기지화할 수 있는 충분한 250만ha의 농지를 보유하고 있으며 낮은 산맥인 시호테알린(Sikhote-Alin) 산맥은 산림만이 아니라 각종 약초가 자연히 성장하는 곳으로 특히 한약제가 풍부한 지대이다. 인구가 조밀하고 영토가 협소한 한국으로서는 이곳으로의 영농진출이 바람직하다. 한국 내 식량생산 감소(FTA)대비 내지 식량위기대비, 북한 식량문제 해결의 유일한 창구이자 현재 북한 노동력이 진출하여 있는 곳이며, 중앙아시아 고려인의 정착사업이 이루어지고 있는 곳, 그리고 중국조선족이 진출하여 있는 곳이 이 곳 연해주이다. 무엇보다 연해주가 중국 농산물의 수입을 저지하고 연해주 농촌경제의 복구를 추구하는 곳이기에 연해주농업은 중요한 의미를 갖는다.

연해주는 한국의 종단철도 TKR와 시베리아 횡단철도 TSR가 연결되는 지역으로 북한이 개방되면 철도수송의 중요한 기지가 된다. 또한 이루크츠크나 사할린 그리고 사하공화국의 유전이 한반도로 유입될 때 송유관이 반드시 연해주를 통과하여야 하기에 연해주는 더없이 중요한 지역이라 할 수 있다.

연해주가 한국의 영향권에 들어가 한인들이 보다 자유로이 이 곳을 왕래할 수 있다면 연해주 자체만이 아니라 장차 동시베리아의 목제와 기름, 북시베리아의 기름과 다이아몬드 등을 개발하고 한국과 연계를 맺는 데 더없이 중요한 기지가 된다. 더 나아가 시베리아 중앙에 위치한 러시아의 연구단지인 톰스크, 옴스크, 노보시비리스크 등의 연구소와 연계를 할 수 있고, 특히 이 곳 연구단지에서 활약하는 고려인 과학자들과 연계를 가져 한ㆍ러 과학자 회의 등을 통하여 한인 동포의 두뇌를 한국에서 활용할 수 있는 기회가 생기는 것이다.

러시아 또한 1990년 발표한 대블라디보스톡 개발계획을 추진하는 한편 2012년 아시아 태평양경제협력체(APEC)의 개최지로 블라디보스톡을 지정하고 그 때를 위하여 연해주와 블라디보스톡 개발과 정비를 서두르고 있다.

연해주에 거주하는 한인, 이른바 고려인은 한인 해외이민사의 초기인 1860년대 연해주로 이주한 해외동포의 1기생에 해당하는 사람들이다. 이들은 연해주에서 가진 역경을 극복하고 농경민으로 정착하였으며, 한국이 국권을 상실하였을 시기 상해임시정부가 수립되기 이전 연해주는 한국의 광복을 위한 독립운동의 근거지였었다. 그러나 연해주 한인들은1937년 스탈린에 의하여 중앙아시아로 강제이주를 당하였고, 중앙아시아에 뿌리를 내렸다. 페레스트로이카 이후 중앙아시아의 나라들이 독립국가를 형성하면서 고려인들에게는 살기 어려운 나라가 되어 이들은 다시 중앙아시아에서 제2의 고향인 연해주로 이주하고 있다. 해외이민 초기 이주자들의 후손인 이들이 아직 정착지를 갖지 못하고 방황하고 있으며, 이들은 현재 170여 개국에 분산된 해외동포 중 가장 힘들고 어렵게 살고 있기 때문에 우리는 이들을 도울 의무가 있다.

연해주에는 오늘날 중앙아시아에서 재이주하는 고려인 이외에 중국의 조선족이 모여들고, 북한의 노무자가 있으며 남한의 기업이 진출하여 있고 사할린동포들이 이주하고 있어 동북아시아에서 사방으로 분산되었던 한인들이 다시 모여드는 지역이기도 하다. 한인의 입장에서 말하면 현재 지구상 가장 역동적인 지역이 연해주가 된다.

연구목적

한인들에게 아무리 강조하려 하여도 끝이 없는 연해주는 과연 한인들에게 어떤 의미를 갖는 지역인가? 연해주는 한인 이민이 처음으로 이민을 시작하면서 진출한 지역이라면 어떠한 조건에서 이주하여 어떠한 환경에서 어떠한 삶을 영위하여 갔는가 하는 문제가 대두된다. 지리적인 근접성으로 말하자면 연해주보다 중국의 만주가 더 가깝고 접경선도 길다. 그러나 연해주는 만주 못지않게 의병들이 독립운동을 전개한 곳이다. 한인농민의 정착과 독립운동이 전개된 연해주의 한국과의 연고성을 규명하는 것이 첫째 목적이다.

연해주과 역사적으로 한국과 깊은 관계를 갖고 있으며 의병활동의 요지라 하여도 현재 진행되는 사항이 없으며 그것은 하나의 역사적이 유적에 지나지 않는다. 그러나 역사적인 연고성을 주장하는 것도 현제 연해주에서 진행되고 있는 여러 사항이 더 중요하기 때문에 연해주의 연고성을 강조하는 것이다. 연해주는 한반도에 인접하여 있는 곳이기에 많은 한국기업이 진출하여 경제활동을 전개하고 있다. 특히 광활한 농지에 많은 농업기업이 진출하여 영농사업을 전개하고 있는 곳이다. 이 곳에 문제 삼아야 할 것은 어떤 기업들이 연해주에 진출하여 어떠한 경제활동을 어떻게 하고 있느냐 하는 것을 규명하려 한다. 이것은 현재보다 미래에 보다 많은 한국기업이 진출하여야 하기 때문에 장차 진출할 가업에 참고가 되기 위하여서이다.

한국의 기업활동 중에서도 영농사업이 이루어지는 곳이 유일하게 연해주라는 것으로도 관심이 많으나 이것에 더하여 한국의 지원사업 내지 봉사활동이 진행되는 곳이 연해주라 할 수 있다. 한국의 지원사업이 왜 연해주에서 진행되고 어떠한 봉사활동이 진행되고 있는가 하는 것을 규명하려 한다.

연해주에서 전개되는 영농활동, 상사들의 경제활동 그리고 연해주에서 전개되는 한인들의 지원사업을 문제삼는 목적은 이러한 사업들이 앞으로도 전개될 것이며 여지껏 진행한 경험을 거울삼아 앞으로 전개될 여러 사업이 과거의 과오를 되풀이하지 않고 보다 효과적으로 진행하게 하기 위하여서이다.

연해주에는 농업이나 기업과 같이 직접 진행되는 사업이나 기업활동 이외에 두만강 하구의 개발문제나 나홋트카 공단문제 등 연해주와 직접 결부된 사업이 있다. 이들은 현재 방치된 상태에 있으나 왜 이들이 방치되어 있는가 하는 문제도 중요하지만 이 사업들은 장차 연해주를 크게 바꿀 중요한 사업이기에 문제 밖에 둘 수가 없다. 따라서 기록이나마 정확하게 파악하고 장래에 대비하여야 한다. 연해주는 이러한 부수되는 사업 이외에 철도문제 그리고 송유관과 분리될 수 없는 문제들이 있다. 이러한 연해주가 갖는 지정학적 의미의 중요한 사업들이 어떤 것이 있는가를 살필 필요가 있다.

연해주를 문제삼을 때 부대되는 문제가 사할린과 사하공화국 그리고 이루크츠크의 유전과 가스전 등이다. 특히 최근 유가폭등으로 인한 석유수입 다변화를 고려하는 한국으로서 연해주에 이어 있는 이러한 지역의 원유나 가스문제를 간과할 수 없다. 이러한 연해주 이외의 지역에서의 석유나 가스전 문제가 어떻게 전개되고 있으며 이것에 어떻게 대처하여야 하는가를 보기로 한다.

연해주 외각에 존재하는 여러 문제, 말하자면 두만강 개발사업, 시베리아 철도사업, 연해주를 통하여 들어올 송유관사업 등은 연해주와 연결된다는 의미에서 중요하지만 한국이 중국이나 일본과 경쟁하여 연해주를 선점하려는 문제와 직결되어 있기 때문에 이것을 한국이 사활을 걸고 싸워야 하는 투쟁이라고 하겠으며 이것을 문제삼는 것은 이 싸움에서 이기려는 목적이 있기 때문이다.

연해주와 시베리아에서 개발할 수 있는 사업을 종합하여 북방정책이라 하여 보았다. 이 곳에는 연해주 정착사업, 연해주농업사업, 연해주 140주년 기념관 운영사업, 두만강 하류 개발사업, 시베리아 에너지사업, 사할린 개발사업, 중앙 시베리아 과학자 연계사업 등을 보기로 한다.

02

연해주 일대 개관

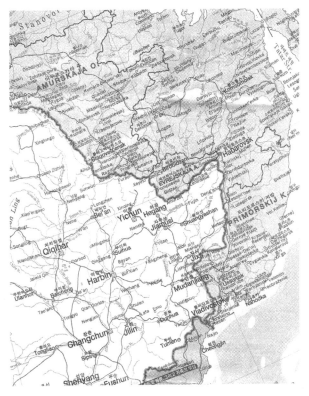

연해주 지도

연해주는 러시아 전체로 말하자면 일곱 개 관구의 하나인 극동관구(Far Eastern Federal District)에 속하며, 극동관구는 행정상 연해주, 하바로프스크주, 사할린주, 아무르주, 마간단주, 캄차트카주, 사하공화국, 유대인자치주, 콜야크자치주 그리고 추코트자치주 등 10개 주를 포함한다. 연해주는 극동관구에서도 남단에 위치한 주가 된다.

지형

러시아의 극동에 위치한 연해주(Primorye Krei)는 면적이 165.9km²로 남북한을 합한 한반도보다 약간 적으나 남한의 1.7배가 된다. 연해주는 남으로 한반도와 17km²의 접경을 가지고, 동으로는 바다에 임해 있으며, 북으로는 하바로프스크주와 접하고, 서로는 중국의 흑룡강성과 연변조선족자치주와 접하고 있는 주이다. 연해주는 북쪽에서 남쪽으로 약 700km, 동쪽에서 서쪽으로 400km 뻗어 있어, 남북으로 긴 모양이 한반도의 형태와 유사하다. 그러나 한국보다 산지가 적고, 총면적의 43.9%가 산림지대이며, 30.6%가 목축지이고, 23.8%가 황무지 그리고 1.1%가 농업용지이다.

동북에서 남으로 비스듬하게 전개된 시호테알린(Sikhote-Alin) 산맥은 연해주 전영토의 3분의 2를 차지하고 있다. 북부의 하바로프스크주까지 연장된 시호테알린산맥의 길이는 1,000km나 되고 최대 너비는 250km가 된다. 이 산맥의 평균높이는 600m이며 둥그스름한 정상과 경사가 완만하며 산림이 우거져 있으나 나무를 베면 농지로 사용할 수 있고 토질도 양질이다(한소평화경제연구소, 1991; 270).

연해주는 중국과 국경을 이루는 우수리강(Ussuri)이 있다. 우수리강이 항카호(Khanka)로 유입되는 남단에 우수리평야가 있다. 이 평원은 토질이 양호하여 "우수리흑토"라 부른다. 항카호는 중국과 러시아 사이에 있는 호수로 길이는 9.5km이고 너비가 6.5km이며 면적은 4,400km²나 되는 큰 호수이다. 호수의 북부 4분의 1이 중국에 속하고 나머지 4분의 3이 러시아 영내에 속한다. 항카호 부근에 벼농사가 가능하다(한소평화경제연구소, 1991; 270).

지역

연해주는 ① 라나지돌렌스크-항카스키 지대, ② 산악타이가 지대, ③ 동남해안지대의 3대 권역으로 크게 나뉜다.

라나지돌렌스크-항카스키지역이란 항카호 주변과 우수리스크 평야를 포함하는 연해주의 남서부와 중부에 해당하는 지역으로 행정구역으로는 우수리스키, 항카이스키 호롤스키 등의 10개 군을 포함한다. 그 면적은 298만 6,000ha이고 산림과 숲이 46%를 차지하며 토질은 초원갈색토, 갈색포드졸토이다. 이 곳의 중요한 농산물은 콩, 곡물, 토마토, 야채, 육류 그리고 우유 등이다. 한국의 농촌진흥청에서 조사한 바에 의하면 이 곳의 토양산도는 pH 4.2~6.7로 산성토양이 많은 편이다. 유기물 함량은 3%이고 칼륨보다 인산함량이 부족한 편이다. 토양의 수평 및 수직배수가 불량하여 우기에 수해 발생이 우려되는 단점을 갖고 있는 지역이다(농촌진흥청, 2001; 7).

산악타이가지대는 우수리강과 시호테알린산맥 사이를 말하며, 그 면적은 692만 ha로 연해주 전체면적의 42.8%를 차지하는 지역이다. 행정적으로는 아느친스키, 후구에브스키 등 8개 군을 포함한다. 토질은 초원갈색토이고 범람지 내지 늪지로 이루어져 있다. 이 곳에서도 콩, 토마토, 야채, 사료작물 등이 재배된다.

동남해안지대란 동해와 접한 전동남해안지대로 면적은 669만 3,000ha이고 이웃한 산악타이가지대와 유사하다. 토양은 갈색포드졸토, 초원갈색 및 갈색산림토로 이루어져 있다. 이 곳에서도 야채, 우유, 달걀, 육류 등이 생산된다. 이 곳은 팔치산스키, 핫산스키군 블라디보스톡 시 등 13개 시군을 포함한다. 이 곳은 연해주 전인구의 83%가 거주하고 있다는 것이 특징이라 하겠다(박영선·박래경, 1997; 28).

기후

연해주는 북위 42~48도에 있으며 유라시아대륙과 태평양이 접한 곳에 위치하여 겨울에는 유라시아대륙 중앙에서 불어오는 찬 바람으로 인한 대륙성기후를, 여름에는 서늘한 해양성기후를 보인다. 해안지대는 남쪽에서의 난류와 북쪽의 한류가 교차하여 몬순기후의 특성을 보인다. 말하자면 봄부터 비가 오고 여름에 안개가 많으며 구름이 많고 습도가 높은 것이 특징이다. 청명한 가을에는 따뜻하고 맑은 날이 많다. 겨울은 맑은 날이 많으며, 눈이 적은 편이다(구천서·이병화, 1997; 96).

연해주의 석양

기온은 1월의 평균기온이 남쪽이 -10℃, 북쪽이 -24℃로 14도의 차이가 있다. 7월의 평균기온은 우수리스크 평야가 20℃, 북쪽이 14℃로 겨울보다 차이가 심하지 않다. 과거의 기록에 의하면 연해주의 최저기온이 -54℃, 최고기온이 -41℃로 기록되어 있다(구천서·이병화, 1997; 96).

농업과 관련하여 연해주의 벼농사가 가능한 항카호 부근과 우수리평야 지역의 기온과 강우량을 한국의 수원지역을 비교하면 다음과 같다.

(단위 : ℃, mm)

	기 온		강우량	
	항카지역	수원	항카지역	수원
5월	15	17.9	58	85
6월	21	23.1	82	102
7월	25	26.0	97	329
8월	24	26.5	118	291
9월	17	21.3	82	149

농업지대인 항카호 부근과 우수리스크 평원은 한국의 수원과 비교하였을 때 기온과 강우량이 유사한 곡선을 보이고 있다. 다만 항카호 지역이 수원보다 기온이 1~2℃ 낮고 강우량이 30~200mm 적은 것을 볼 수 있다. 그러나 항카호지역에서의 농사에는 별지장이 없다. 항카호지역의 일조시수(4~10월)는 1526시간으로 한국의 수원보다 92시간이나 길다. 이 곳에서는 벼, 콩, 보리, 밀, 귀리, 메밀, 감자, 옥수수, 채소 등의 농업이 가능하다.

연해주의 연평균 강수량은 580mm로, 그 중 대부분은 8~9월에 집중되어 있다. 연해주농업에서 가장 위험한 것은 폭우이다. 폭우는 종자에 금속유해물을 실어 나르고, 토양층을 씻어내며, 수확기에 종자들이 물에 잠기거나 과습을 초래할 수 있다.

동식물

남북으로 길게 뻗은 연해주에는 북부에 분비나무, 전나무, 소나무 등 침엽수가 분포해 있고, 중간지역에는 중국삼나무, 중국소나무, 분비나무, 적색자작, 황백자작 등 넝쿨성 나무 등의 광엽수림이 많으며, 남부에는 만주호도나무, 몽골떡갈나무, 상수리나무 등 소엽수림이 많다. 연해주도 목재자원이 풍부하다. 전체 산림 중 약 18억m² 중 침엽수림은 13억m², 광엽수림은 5억 5000m²로 추정한다. 특히 연해주에는 표고버섯, 송이버섯 등을 위시하여 한국에 없는 수십 종의 식용버섯이 많이 자라고 있다.

동물로는 기러기, 청둥오리를 위시하여 유제류, 모피동물 그리고 맹수 등이 서식하고 있다. 유제류는 멧돼지, 노루, 고라니, 만주사슴, 사향노루 등, 모피동물로는 너구리, 다람쥐, 밍크, 수달, 시베리아족제비, 토끼, 오소리, 담비, 살쾡이, 삼림고양이, 검은담비, 미국너구리, 붉은여우 등이 살고 있다. 맹수로는 호랑이, 이리, 표범, 늑대 등이 있다.

연해주에는 흑두루미, 원앙새, 큰독수리 등 한국에서 천연기념물로 지정한 새들이 많고, 해안에는 약 700여 종의 물고기들이 서식하고 있다. 연해주는 하천에 연어가 산란기에 찾아오는 것도 유명하다. 매년 30여만 마리가 강을 따라 역류하여 오는 것이 장관을 이루고 있다 (구천서 · 이병화, 1997; 97).

천연자원

연해주의 농경지 250만ha(남한 200만ha)이 시베리아지역과 같이 천연자원이 풍부한 지역이다. 비철금속으로 금, 은, 아연, 주석, 텅스텐, 붕소 등 30여 종의 광물이 매장되어 있다.

해양생물 자원으로는 연어류, 대구류, 감각류와 연체동물이 많고, 해안에서 연간 3만 톤의 어획고를 올리고 있다. 해조류의 보유량은 5000톤이나 깊은 곳에서는 7만 5000톤으로 추정하고 우뭇가사리 4만 톤을 생산할 수 있다고 한다.

연해주 인문지리

연해주가 개발되기 시작한 것은 1860년 연해주가 러시아영토가 된 이후의 일이다. 북경조약으로 획득한 이 지역에 러시아는 풍부한 천연자원을 발굴하고 농토를 개척하며, 금채굴, 모피생산, 석탄채굴, 목재생산 등을 추진하였다. 마치 미국이 서부로 향하여 개척하여 온 것과 유사하게 러시아는 동으로 이주하면서 시베리아, 극동러시아 등을 개척하여 왔다. 러시아는 마차로 시베리아대륙을 횡단하다 실패하였고, 한번은 선박으로 유럽을 떠나 아프리카를 우회하고 인도양을 거쳐 연해주에 도착하였을 때는 모두 죽고 마는 것과 같이 실패를 거듭하였다. 1900년 시베리아철도가 완성되면서 연해주를 포함한 극동러시아의 개발이 더욱 활발하여졌다.

무엇보다 블라디보스톡(Vladivostok)이 발달하면서 연해주는 더욱 중요하여지고 러시아가 태평양 연안국가가 된 것이다. 옛 지명이 해삼위(海參威)인 블라디보스톡은 인구 80만 명의 연해주에서 가장 큰 도시로 해상수송의 거점도시이고, 선박의 수리시설을 완비하였으며,

무엇보다 블라기보스톡이 구소련의 태평양함대 기지가 되고, 이 곳이 핵 잠수함의 기지가 되면서 그 중요성을 더하여졌다. 특히 1992년 외국인에게 개방된 이후 블라디보스톡은 외국 비즈니스맨이 가장 활발하게 활동하는 도시가 되었다.

블라디보스톡에 연해주의 주정부가 있으며 이 곳에는 주정부 이외에 주의회, 외무부 연해주지부, 보안부 연해주지부가 있다. 주정부에는 주지사 1명과 13명의 부지사가 있고, 21개 위원회와 19개 국 그리고 2개 실이 있다. 연해주는 25개의 군과 9개 도시가 있다.

연해주의 도로포장률은 47%이다. 철도는 나홋트카의 보스토치니항에서 출발하는 시베리아철도가 블라디보스톡에서 북상하여 우수리스크를 경유하여 하바로프스크로 이어진다. 항구는 대형이 22개, 소형이 100여 개라 하며 보다 큰 항구는 블라디보스톡, 나홋트카, 바니노, 자르비노 등 4개 항구이다. 공항은 아르톰에 위치한 블라디보스톡 공항이 있고 연간 150만 명을 처리할 수 있다고 한다.

블라디보스톡 동부에 위치한 나홋트카(Nakhodka)는 인구 19만 5000명으로 국동지역 최대의 무역항이며 시베리아철도가 시발하는 곳이기도 하다. 현재 한국공단의 건설계획이 추진 중에 있다. 나홋트카 안에 있는 컨테이너 처리항구로 인구 5000명의 보스토치니항이 있다. 이 곳에 러시아 최대의 수산물 통조림 제조공장이 있으나 이것보다 한국의 대러 수출화물의 대부분이 이 곳에서 처리되고 있는 것으로 한국에 알려져 있다.

중앙아시아의 고려인들이 최근 많이 몰려오는 곳이 인구 16만여 명의 우수리스크(Ussuriysk)이다. 이 곳은 중국과의 국경무역도시로 중국의 수분하에서 국경을 넘으면 우수리스크에 이른다. 우수리스크 동북부에 있는 아르세네프(Arsenjev)는 인구 7만 명의 도시로 군사항공기와 해군장비를 생산하는 곳으로 유명하다. 아르세네프의 북부

에 위치한 스파스크달린(Spassk Dalny)은 인구 6만 2000명의 도시로
극동시멘트생산으로 유명하다.

연해주는 이러한 산업 이외에 식료품생산, 기계제작(수산과 조선
분야), 군수산업(해군함정, 군수항공기 분야), 건설자재산업 그리고
목제산업 등이 발당하였다(대한무역진흥공사, 1995; 32).

인구

연해주의 인구는 2005년 현재 212여 만 명으로 인구밀도가 12.4로
낮고 그나마 최근 10년 간 연평균 13% 감소하고 있는 추세이다. 이
와는 달리 연해주에 불법체류자는 해마다 증가하고 있으며, 이들이
모두 중국인이라는 데 문제의 심각성이 있다. 말하자면 연해주는
1860년 북경조약에 의하여 러시아가 중국으로부터 인수 받은 이후
러시아는 기회가 있을 때마다 중국인을 추방하고 한인들의 입주를
묵인하여 온 곳이다. 이 곳에 중국인이 몰려와 연해주가 중국인화하
는 것은 러시아로서 바람직한 것이 못된다.

1993년도 집계에 의하면 연해주 인구의 민족구성은 러시아인
86.9%, 우크라이나인 8.2%, 벨로루시인 1.0%, 타타르인 0.9%, 고려
인 0.4%, 북방 원주민족 0.1%, 기타 2.6%이다. 소수민족을 보면 타
타르인 약 2만 명, 아르메니아인 1만 9000여 명, 아제르바이잔인 1만
5000명, 카레니아인 1만 5000명, 유대인 5000명, 독일인 5000명으로
추산된다.

연해주에 거주하는 한인들은 중앙아시아에서 돌아온 고려인 동포 3
만 2000여 명과 사할린 출신 한인 2만여 명 합계 5만 2000명의 고려인
이 거주하고 있다. 그리고 북한에서 온 노동자. 한국에서 진출한 상
사직원 그리고 중국에서 유입된 중국조선족 등이 살고 있는 곳이다.

연해주의 GDP는 2005년도 기준 115억 달러이고, 산업생산량은 2004
년 기준 18억 달러, 연해주 주민의 월평균 월급은 250 달러라 한다.
연해주의 산업구조를 보면 광공업 23.1%, 농림업 4.1%, 건설
5.3%, 운송 17.2%, 상업서비스 16.8%, 비상업 서비스 13.7% 그리고
기타 16.0%이다. 말하자면 산업구조상 광업과 공업이 가장 높은 비
율을 차지하고 다음이 운송업이다. 연해주의 석탄 매장량은 24억 톤
에 탄광은 100여 곳, 그 중 70%가 노천광이다. 주석광이 30여 개, 금
광이 60여 개, 기타 붕소, 형석 등도 많이 생산되는 광물이다. 석유도
약 1000~1억 5000만 톤이 매장되어 있다고 한다. 금의 경우 강변의
사금채취로 유명하다.
연해주에서 생산되는 품목을 보면 음식류 35.8%, 전력 28.5%, 기
계금속 가공 10.3%, 임산물가공 7.6%, 연료 3.6%, 비철금속 3.4%,
건설자재 2.8% 그리고 경공업 1.7%이다.
연해주에서 유명한 것 중 하나가 전력생산이다. 전력의 경우 한때
석탄이 부족하여 연해주 자체의 사용량을 충당하지 못하였으나 정상
적인 경우 연해주 이외의 지역에 송전할 계획까지 세웠던 만큼 전력
이 풍부하였었다. 전력생산과 석탄생산의 근황을 보면 아래와 같다.

연도	1997	1998	1999	2000	2001	2002
전력(10억 kW)	7.8	7.9	8.8	8.1	8.8	9.2
석탄(100만 톤)	11.3	9.4	11.3	10.4	9.0	10.7

연해주에서 생산되는 총발전용량은 2669mW라 한다. 연해주 전력
을 관활하는 회사가 달레메르고(OAO Dalemergo)회사로 3개의 발전

소와 4개의 송전망 그리고 18개의 지회사를 갖고 있다. 이 발전소는 석탄을 상용하는 화력발전소인데 연해주 석탄으로 연간 300~400만 톤의 석탄이 부족하여 선탄을 야쿠치아, 이루크츠크, 케메르보 등에서 수입하여 사용한다. 이런 타지역에서의 석탄공급이 원활하지 않을 때 석탄부족으로 발전에 지장이 있을 때가 있었다.

연해주는 전면적의 77%가 임야이기에 산림업이 발달하였다. 연해주는 임야가 약 130억ha인데 목재자원 총량을 17억5580만m^{3}로 추정하고 있다. 이에 따라 원목생산만이 아니라 목재가공, 펄프, 종이, 무늬목, 임산물 가공품이 발달하여 이들의 수출도 상당한 비중을 차지하고 있다. 최근에는 합판과 가구제조업이 호황을 누리고 있다.

해안선이 긴 연해주는 연간 어획고가 100만 톤이며 이것은 전러시아 어획고의 25%가 된다. 어획고가 높은 것과 같이 수산물 가공품의 생산도 높은 편으로 전체 러시아의 40%를 차지한다. 따라서 선박건조나 수리업도 발달하였고 기계설비 제조 등도 발달한 편이다.

블라디보스톡을 중심한 항만도 발달하였으나 철도도 발달한 편으로 철도길이는 2306km^{2}이고 처리물량은 2000만 톤이라 한다. 도로포장도 7003km^{2}에 달하고 공항도 발달하였다.

연해주의 교역상대국은 82개국이고 그 중 일본(31.1%), 중국(26.9%), 한국(15.9%) 그리고 미국(3.2%)의 4대국이 주대상국이다. 연해주가 수출하는 품목은 수산물, 목재, 철, 비철금속 등 자연산물이고, 수입품은 식료품, 의류, 신발, 섬유원단, 자동차, 기계, 각종 플라스틱 제품 등이다.

한국, 중국, 일본 3개국에 한하여 보았을 때, 중국에서는 값싼 소비재와 가구 그리고 공기기와 쌀, 채소 등의 식료품을 수입하고, 한국에서는 전자제품, 가공식품, 건축자재, 일부 화학제품 그리고 중고버스를 수입하며, 일본에서는 자동차를 수입한다.

연해주에 투자한 외국인 자본은 2003년 기준 6270만 달러이고 일본은 61.6%인 3860만 달러를 투자하여, 가장 많이 투자국이 되었고, 한국은 6.3%인 400만 달러에 그쳤다. 그러나 그간 투자한 누적액은 3억 4380만 달러이고 한국은 누적액이 1억 4980만 달러로 누적에서는 한국이 전체의 43.6%로 1위를 하고 있다. 최근 5년간 투자액이 19%씩 증가하고 있다고 한다. 최근 3년간 연해주에 투자하는 외국자본을 보면 다음과 같다.

(단위 : 100만 달러, %)

나라	2003		2004		2005	
	규모	비율	규모	비율	규모	비율
일 본	38.6	61.6	38.1	38.9	13.5	44.4
미 국	4.4	7.1	9.3	9.5		
중 국	2.3	3.7	1.0	1.1	1.8	6.1
한 국	4.0	6.3	3.1	3.1	2.8	9.2
파나마	-	-	0.8	0.8	2.1	7.0
영 국	1.0	1.8	5.2	5.3	0.3	1.1
노르웨이	0.8	1.3	2.2	2.2	1.4	4.8
사이프러스	3.0	4.8	24.2	24.7	-	-
네덜란드	-	-	9.7	10.0	-	-
합 계	62.7	100	97.9	100	30.4	100

자료 : 이재민, 2006; 56.

이상에서와 같이 최근 연해주에 가장 많이 투자한 나라는 일본이고 한국의 10배 이상을 투자한다. 한국은 2003년과 2004년에는 3위였고 2005년에는 2위가 되었다.

사할린 북부의 오하(Okha)는 유전과 가스로 유명하다. 이 곳은 현
재 미국과 일본기업이 개발 중에 있으며 한국도 큰 관심을 갖는 곳이다.

사하공화국에 매장된 천연가스가 13조m^3로 추정한다. 한국이 이
곳의 천연가스에 관심을 갖고 있으나 현재는 개발사업에 진전이 없
다. 사하공화국에는 석탄과 가스 이외에 보석이 매장되어 있는 곳이
다. 이 곳 다이아몬드 관상관(管狀鑵)의 매장량으로 볼 때 남아프리카
와 비교할만 하다. 사하공화국의 남부에서는 사금이 많이 발견되었고
사하공화국의 동부인 추코트지역도 금과 주석의 생산지로 유명하다.

사하공화국 다음으로 석탄생산이 많은 곳이 하바로프스크주와 연
해주이다. 하바로프스크주의 토킨스코예(Tokinskoye)와 우르갈스코
예(Urgalskoye) 두 곳에 석탄이 집중적으로 분포되어 있으며, 이 곳
의 매장량은 49억 톤으로 추정하고 있다. 연해주에 매장된 석탄은 20

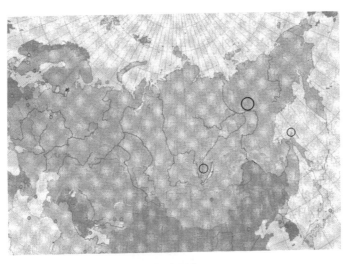

유전표시

억 톤으로 추정한다. 하바로프스크는 철광석의 생산으로 유명하고 매장량을 2억 톤으로 추산하고 있다. 하바로프스크는 목재 이외에 석탄, 금, 주석, 망간, 마그네슘의 생산도 유명하다(대한무역진흥공사, 1995; 31).

바이칼호 서쪽에 있는 이르크츠크는 천연가스로 유명하며 현재 중국과 한국이 이 곳에서 파이프라인 공사를 계획하고 있다. 한편 일본도 이 곳의 가스와 석유개발에 지대한 관심을 갖고 있다. 이에 관하여는 다음 석유와 가스를 포함한 에너지 항목에서 다시 보기로 한다.

시베리아는 산림이 우거진 지역으로 목재가 풍부하다. 목재산업으로 가장 유명한 곳이 하바로프스크주이고 다음이 연해주가 된다. 연해주는 주석, 납, 아연, 텅스텐 등이 많이 매장되어 있는 것으로 알려져 있다. 하바로프스크주는 중공업과 군수산업이 특화되어 있다.

극동지역의 주변바다인 베링해, 오호츠크해, 동해 등은 난류와 한류가 만나는 곳으로 어류가 풍부하다. 태평양 연어로 알려진 이 곳 연어들은 시베리아강들의 상류에서 서식하다 바다로 나아가 멀리 캘리포니아 연안까지 진출하였다가 돌아온다. 특히 훈제연어와 붉은 캐비어(상어의 알)가 유명하다. 이 지역에서는 대구, 넙치, 가자미, 청어 등이 유명하고, 이 지역의 태평양 연안은 고래, 바다표범, 해마, 강치, 물개 등이 많은 지역으로 유명하다.

03
러시아와 주변국의 관심

연해주는 러시아의 일부이지만 러시아의 경우 모스크바에서 워낙 멀리 떨어져 있어 마치 외국과 같은 느낌이 들 정도로 원거리에 있으며 이와는 달리 한국, 중국 그리고 일본은 바로 인접한 지역이라 연해주에 관한 관심이 많은 나라들이 이웃하고 있는 현상이다. 이에 연해주를 둘러싼 러시아의 중앙정부 그리고 연해주를 에워싼 나라들의 연해주에 대한 관심을 보기로 한다.

러시아정부의 극동정책

러시아 연방정부는 원거리에 있는 동시베리아를 포함한 원동지역을 고려할 시간의 여유가 없었다가 이 지역이 자원의 중요성을 더하여 가면서 근년에 주목하기 시작하였다. 러시아 중앙정부는 1996년에 러시아정부령 No.480로 발표한 "극동 및 자비이칼 경제사회발전 프로그램 1996-2005 및 2010"에서 보는 것과 같이 연해주를 낙후된 지역으로 선정하고 이 곳의 개발을 위한 계획을 수립하였다. 이 법령은 중앙과 지방정부가 합심하고 관과 민이 모든 분야에 협력하며 에너지개발과 중소기업을 육성하여 지방의 재정적 자립을 도모하려는 것이다.

구체적 연해주정책으로는 크게 두 가지를 들 수 있다. 하나는 에너지 개발계획이고 하나는 블라디보스톡 중심의 지역개발이다. 중앙정부는 "러시아 에너지전략 2020"에서 밝힌 것과 같이 에너지를 국가안보에 필요한 자원이라 생각하여 모든 에너지자원은 중앙정부가 통제하며 에너지의 효율성과 안정을 위한 시책으로 원유와 가스의 단일 통합운송망을 구축할 것을 촉구하였다. 그러나 중앙정부는 자금이 부족하여 이루크츠크의 유전과 사할린의 유전개발에 다국적 참여를 권장하고 있다. 현재 이루크츠그 유전은 송유관이 주된 문제가 되고 사할린에는 미국, 일본 그리고 영국자본이 투입되어 개발을 추진하고 있다.

블라디보스톡 개발은 블라디보스톡을 금융과 통신의 중심지가 되게하고, 나훗트카를 위시한 블라디보스톡 동부지역은 공업지대로 육성하며, 블라디보스톡 서부는 핫산을 중심으로 농업지대로 개발한다는 계획이다. 이것을 2002년부터 3단계를 설정하여 추진하는 것이니 1단계는 2002년에서 2004년까지 제도적인 기반을 구축하는 단계이고, 2단계는 2005년에서 2010년까지로 구조조정을 현대화하는 단계이며, 3단계는 2011년에서 2020년까지로 개발에 따른 지역 간의 격차를 해소하는 단계이다. 이것 또한 계획대로 진행되지 않는 것으로 알고 있다.

특히 2012년 블라디보스톡이 APAC 개최지로 선정하면서 연해주는 각광을 받게 되었다. 블라디보스톡의 니콜라예프 시장은 블라디보스톡의 루스키섬에 APAC 회의장을 건설하고 블라디보스톡에 유럽형의 호텔과 의료를 구비한 숙박단지, 국제박람회장, 경마장, 골프장, 해양수족관 그리고 신규 대규모 주택단지를 조성할 것이라 하였다. 이 사업을 위한 총경비는 1475억 루블(약 59억 달러)을 예정하고 중앙정부에서 1000억 루블 그리고 나머지는 지방유지에게서 조달할 것이라 한다.

중앙정부는 연해주개발에 인접한 나라들의 협력을 구하는 정책을 고려하고 있다. 특히 한국과 북한을 고려하여 여러 구상을 피력한 바있다. 이를테면 모스크바의 두마 외교위원장 크샤예프는 연해주 개발에 일찍이 러시아와 한국 그리고 북한이 협력하는 3위 경제협력을 역설한 바 있다. 극동총독인 콘스탄틴 풀리콥스키도 장차 연해주에 150만 명의 산업일꾼이 필요하며 이를 남북한 그리고 베트남에서 충당할 수 있다는 것을 시사한 바 있다.

연방정부에서 고려인에 대한 직접적인 것으로 1993년 연방최고회의가 발표한 결의안 제47조 1호는 "러시아 한인들의 명예회복에 관한 것"으로 1937년 강제이주가 잘못된 것이며 사과의 표시로 고려인에게 원지대로 돌아갈 권리를 보장한 것이다. 연방정부는 다시 1996년 "민족문화자치회에 관한 법령"을 발표하여 영토가 없더라도 문화와 교육에서 자치를 누릴 수 있다고 하였다.

특히 한인에게 주목을 끄는 것은 연방정부가 2003년 발표한 "민족문화자치회에 관한 법령 개정안"이다. 이것은 자치할 영토는 없어도 문화적으로 자치할 수 있는 것을 재확인한 것이다. 이것은 말하자면 고려인들에게 자치구역을 건설할 수 있는 법적 근거를 마련한 것이기도 하다.

이러한 중앙정부의 정책을 연해주정부는 다시 확인하면서 실행 세칙을 마련하였다. 이를테면 1993년 연방최고회의 결의안 제47호에 따라 연해주 주정부는 1998년 주시령 제64-P "연해주에 소재한 해체된 군사도시를 연해주 고려인 재생기금에 인계하여 무상으로 이용하게 하는 것에 대한 명령"을 발표하였다. 이것은 중앙아시아에서 연해주로 이주하여 오는 고려인들에게 군대가 철수한 막사나 아파트를 대여하여 주라는 것이다. 그 후 후속조치로 1500명 단위의 마을 30개를 조성할 것을 예상하였다. 그리고 주정부는 소수민족 담당국장 자이카 지나이다 여사를 책임자로 임명하였다.

연해주정부는 중앙아시아에서 연해주로 이주하여 오는 고려인을 위하여 6개의 정착촌을 제공하였다. 주정부에서 마련한 이 정착촌들은 뒤에서 보는 것과 같이 시설의 낙후로 사용하지 못하고 결국 주정부에 반환하고 말았다.

연방정부가 1996년에 발표한 영토 없는 문화자치에 따라 고려인들은 연해주의 도시를 순번으로 현재까지 고려인문화의 날 행사를 추진하고 있다.

한인에게 관심이 있었던 중앙정부가 2003년 발표한 자치에 관한 것이다. 그러나 극동지구 대통령 권한대리 카일 이스하코프는 중앙정부와는 다른 "한 · 러 기본관계에 대한 조약" 제17조 2항을 발표하였다. 이것은 한국인, 중국인, 일본인들의 연해주 지역진출을 황색인종 국가들의 간접침략이라 규정하고 한인이 요구하는 자치주문제, 일본 쿠릴열도의 자기영토 주장, 중국의 우수리강 삼각주 반환 주장 등을 봉쇄하였다.

극동지구 대통령 권한대리는 러시아 내에 자치구역 건설에 예민한 반응을 보여 다음과 같은 불가지역을 미리 선포하였다. 말하자면 국가 기간도로가 있는 곳, 외국의 침략을 방어하는 군사시설과 군대가 주둔하고 있는 곳, 국가의 기간철도가 있는 곳, 이미 개발된 지하자원이 있는 곳으로 국가가 관장하고 있는 곳, 국가기밀시설이 있는 곳 등이다. 이에 따라 한인들은 자치주라는 말 대신 "한 · 러 연해주농업개발 협력기구"라는 용어를 사용하기로 하였다.

한국과 러시아 간에는 국교정상화시 1991년 한국이 러시아에 제공한 차관 14억 7000만 달러가 있고 러시아는 2003년 현물상환으로 3

억 7000만 달러를 갚은 바 있다. 2003년 9월 이자포함 원리금 22억 4000만 달러를 한국측과 협상하여 6억 6000만 달러를 삭감하고 15억 8000만 달러만 갚기로 합의하였다. 2006년까지 방산물자와 KA32형 H기 등으로 2억 5000만 달러를 상환하고 잔금 13억 3000만 달러는 2007년부터 10년까지 현금으로 상환하기로 하였다.

최근에 러시아는 인구감소에 대응하기 위하여 해외 러시아교포의 귀국을 권장하는 것을 내용으로 하는 대통령령으로 2006년 6월 "해외거주 동포의 자발적 러시아 이주협조 방안"을 발표하였다. 이 계획은 2007년부터 2개년씩 3차에 걸쳐 해외 러시아인의 이주프로그램을 작성한 것으로 특히 CIS지역의 러시아인의 러시아로의 귀국을 장려한 것으로 귀국자 30만 명을 위하여 170억 루블(약 6억 5000만 달러)을 예정하였다. 이러한 경향에서 연해주 노동위원회는 2006년 "연해주 고려인 농업정착지원사업 계획서"를 작성하여 중앙아시아의 고려인의 이주에 대하여 다시 관심을 갖고 동북아평화연대의 사업을 예의주시하며 2009년부터는 동북아평화연대의 사업을 도울 의사를 보이고 있다.

연해주정부는 중국, 한국과 접경하고 있는 특수사정으로 국경지대 국가전략 시스템을 추진하고 있다. 이것은 한반도와 철도를 연결하는 사업, 외국인 관광객을 유치하기 위한 인프라스트럭처로 자리비노, 훈춘, 속초를 연결하는 교통망 건립과 블라디보스톡과 슬라비양카를 연결하는 해상통로를 개설한 것이다.

중국의 진출현황

중국은 연해주만이 아니라 연해주 몇 배나 되는 러시아와의 접경지대가 이어져 있으며 러시아와 국경무역을 활발히 추진하고 있다.

중국은 동북공정과 같은 역사적인 자료를 갖고 당당한 북방정책을 시행해 나가고 있다. 최근에는 연료수출국에서 수입국으로 전환한 중국은 에너지외교에 전력을 쏟고 있다. 특히 이루크츠크 유전개발에 관심을 갖고 이루크츠크 근처의 앙가르스크에서 송유관이 바이칼호 남쪽으로 이어 중국의 다칭으로 유입하고 이것이 만주의 장춘, 대련을 지나 해저로 한국 평택에 이르는 송유관 건설에 합의하였다. 이것을 일본이 방해하여 송유관이 중국 북부 러시아 경내로 설치하기로 하였다. 이번에는 다시 중국이 개입하여 결국 중국 북부 러시아를 지나는 송유관의 가지를 중국으로 보내기로 하였다. 이것을 Y프로젝트라 한다. 이것에 관하여는 다음 에너지 항목에서 다시 보기로 한다.

한편 중국은 연해주에 중국사람을 많이 보내고 있다. 이것은 러시아에게 불쾌하기 짝이 없는 일이다. 혹시 연해주가 과거 자기네의 영토였다는 것을 주장하고 반환을 요구할 수도 있기 때문이다.

이러한 우려보다 급한 것이 중국과 러시아의 국경무역이다. 중국과 러시아 사이에 1992년 "무역 및 경제협력에 관한 협정"을 채결하고 양국간의 최혜국 무역협정을 체결하였다. 이것을 계기로 국경무역이 활발하여 지고 러시아 극동지역에는 중국농민, 무역업자, 보따리장수 등이 대량 유입하고 불법체류자까지 증가하고 있으며, 사람 이외에도 중국의 상품이 범람하게 되었으니, 우랄산맥 동쪽 전지역에 중국국적의 생필품 장사꾼이 120만 명 이상이 되어 러시아의 위협이 되고 있다. 이에 중국의 후진타오와 러시아의 푸틴 대통령이 북경에서 정상회담을 가졌던 2004년 10월 러시아는 아무르강 일대 "타라바로프섬"과 "볼쇼이 우수리스크섬"의 일부를 중국에 영구무상으로 조차하기로 합의하였다. 그 면적이 337km²로 약 1억 평, 여의도의 110배가 되는 면적이다. 이에 대하여 중국은 5년간 30억 달러를 들여 국경 중계무역의 거점도시를 건설할 것을 합의하였다. 한편 러시아는 연해주의 일정지역에 한국자본이 투입되어 북한의 식량문제를 해결하여 주는 농업도시 건설구상에 중국정부의 이해와 협조를 구했다고 한다(이병화, 2005; 6).

일본의 진출현황

일본은 일찍이 러일전쟁에서 러시아를 이긴 적이 있고 1917년 시베리아전쟁시 블라디보스톡 일대를 5년간이나 점령하였던 경험이 있는 나라이다. 그러나 동서냉전이 계속되던 시기 일본은 러시아와 관계를 단절하여 사할린에서 일본인의 철수도 미국과 러시아 간에 이루어졌던 것이다.

일본이 러시아와 관계를 개선하는 것은 구소련이 와해된 이후의 일이다. 구소련이 와해되면서 하시모토 류다로(橋本 龍太郎) 총리시 대러정책을 바꾸기 시작하여 이른바 "중층적 접근"을 시도하기 시작하였다. 1997년 7월에 발표한 중층적 접근이란 신뢰, 상호이익, 장기적 관점이라는 3대원칙에 의한 대러 외교방침을 말한다. 러시아도 이것을 높이 평가하고 동년 11월 크라스노야르스크에서 옐친 대통령과 하시모토 총리 사이에 정상회담을 갖고 양국간의 경제협력을 다짐하였다. 이어 1998년 옐친이 일본을 방문하고 이에 대한 답방으로 오부치 총리가 모스크바를 방문하였다. 이어 2000년 9월 푸틴과 모리 사이에 "러·일 무역경제분야 협력심화 프로그램"을 발표하기에 이른다. 이것은 일본이 대러시아 투자를 확대하고, 시베리아철도 현대화에 협력하며, 사할린의 석유와 천연가스 개발을 포함한 시베리아 극동에서의 공동자원개발에 협력할 것을 약속한 것이다.

러시아는 1990년 후반부터 일본에 대하여 극동지방의 경제개발, 특히 천연가스 파이프라인의 건설, 수력발전소 근대화, 비철금속자원의 개발 등 합계 13건에 대한 자금협력과 기술협력을 요청하고 있다. 이에 대해 일본은 적극적으로 대응하기로 방침을 정하고 이를 위하여 일·러 극동워크숍을 1997년부터 매년 1~2회 개최하고 있다.

일본은 사할린섬에 대하여 원유와 가스를 포함하여 특별한 관심을 갖고 있다. 제2차 세계대전 후 러시아에게 빼앗긴 사할린 남쪽을 언젠가는 자기의 것으로 만든다는 야심을 버리지 못하고 그 곳의 영토 보존과 한인들을 포함한 일본인의 회유를 추진하고 있다. 일본은 146억 달러의 개발원조를 제공한 이외에 유지노사할린스크에 일본문화관을 건립하고 일본어강습과 일본영화 감상회, 문화축제 등을 행하며 일본어교육 프로그램과 일본연수를 지원하고 있다.

일본은 계속하여 쿠릴열도가 자기네 영토임을 주장하면서 한편으로 막대한 자본을 배경으로 연해주와 하바로프스크로 진출하여 사할린과 육지를 있는 17km의 교량을 설치하고 이 조건으로 쿠릴열도 2개 섬의 반환을 요구하고 있다. 위에서 본 것과 같이 러시아가 중국과 이르크츠크 파이프라인을 이미 합의한 것을 고이즈미 총리가 2003년 러시아를 방문하여 그 유전 파이프라인을 이르크츠크 타이세트에서 바이칼호 북으로 하고 페레보즈니야를 경유하여 블라디보스톡 옆에 있는 나홋트카에 이르게 하고 그 곳에서 해상으로 수송하라는 것이었다. 현재 사실상 일본안이 확정된 상태이다. 일본은 사할린 에너지 독점권을 주장하여 한국의 참여도 거부하게 하고 일부만 허용하게 하였다.

에너지영역 이외에도 일본과 러시아 간에는 경제협력이 이루어지고 있었다. 러시아가 개혁을 서두르던 1990년 러시아의 경제개혁을 위해 일본이 60억 달러에 상당한 경제원조를 하였고, 1998년 오부치 총리가 러시아를 방문하였을 때 "러·일 투자보장협정"을 채결하였다. 러시아는 "1996~2005 극동러시아 및 바이칼 경제사회개발 특별

연방 계획"을 수립하고 일본자본을 유치하려 하였으나 뜻을 이루지 못하였다. 그러나 일본은 2000년 부례야 수력발전소 건설에 40만 달러를 지원하였다. 정부와는 달리 일본의 기업은 대러시아 투자에 소극적이었다. 그러나 에너지문제에서는 일본이 적극적이며 특히 사할린 유전개발에 적극적이다.

일본과 러시아 관계는 일본이 러시아에 경제원조를 하고 유전개발에 참가하는 등의 외형적 관계와는 달리 러시아 사람들은 상상을 초월하리 만큼 일본을 싫어한다. 그것은 일본이 러일전쟁으로 러시아의 자존심을 상하게 하였기 때문이다.

러시아에게 중국과 일본이 만만한 대상이 아닌 것에 비하면 한국은 만만한 상대가 되는 나라이다. 한국은 아무리 한인이 러시아에 많이 거주하여도 영토를 내놓으라는 주장은 하지 않을 것이며, 일본처럼 밉지 않으며 특히 한국계인 고려인들이 농사에 능하여 연해주의 식량자급에 중앙아시아에 거주하는 고려인들을 유도하여 연해주에 살게 하고 이 고려인들이 연해주에 많을 때 한국의 기업이 진출하여 일본의 세력을 견제할 수 있다는 계산에서 한국을 주목하고 있다.

특히 최근 러시아는 인구감소현상을 심각하게 받아들여 인구의 증가책으로 해외에 있는 러시아인의 귀국을 환영하며 인구증가책을 꾀하고 있다. 러시아의 인구증가책의 하나로 블라드미르 수린(Syrin) 교수는 말하기를 러시아의 인구감소로 인한 국가생존의 위기를 해결하는 유일한 방법은 러시아에 위협이 되지 않으며 국민의 자질이 높아 러시아의 국가발전에 기여할 수 있는 이민을 받아들이는 방법밖에 없으며 이에 중국 등 제3세계로부터의 이민은 차단하고 오직 한민족만을 받아들여야 한다고 주장하였다(우평균, 2007; 28).

04
한국의 연해주 진출

연해주는 한국과 지리적으로 인접하여 있을 뿐만이 아니라 역사적으로도 중요한 의미를 갖는 곳이다. 연해주는 안중근 의사가 단지동맹을 한 곳이고, 헤이그밀사인 이상설 선생이 활동한 곳이며, 독립운동가 이동휘 선생이 활동한 장소이다. 우수리스크는 한국독립운동가가 최초로 헌법을 제정하고 선포한 곳이기도 하다. 연해주는 한국이 주권을 상실하였을 때 한인들이 독립운동을 전개한 고장이다. 연해주는 한인들이 처음 이주하기 시작한 곳으로 강제이주를 당하는 1937년 이전에 해외에서 가장 많은 한인들이 살던 곳이기도 하다. 오늘날 중앙아시아에서 다시 이주하여 오는 고려인들에게 연해주는 제2의 고향이 된다.

의병활동

구한말 기우는 나라를 걱정한 우국지사들이 러시아 연해주로 이주하여 독립운동을 전개하여 간다. 한인들이 많이 거주하던 블라디보스톡에는 신한촌이라 하는 한인 집거지역이 있었다. 이 곳은 말하자면 구한말 그리고 일제시대 한반도 밖에 있던 유일한 한인들의 집거지이고 한인들의 독립운동 중심지였다. 연해주와 북간도 등지에서 활약한 한인의병들도 신한촌에 와야 무기를 구입할 수 있었다. 말하자면 신한촌 한국의병활동의 중심지였고 후원지였다.

독립운동을 위하여 최초로 결성된 것이 창의회(彰義會)이다. 이것은 간도의 관리사인 이범윤이 1905년 노우오키예프스크에서 조직한 단체이다. 그 후 이범윤은 러일전쟁에 참가하였던 최재형과 함께 의병대를 조직한다. 유격대의 대표적인 것은 1908년 전재덕이 임인섭과 안중근과 더불어 조직한 의병부대이다. 이 한인의병부대는 국경지대의 일본군 초소를 습격하여 일본군에 타격을 가하였다.

일본은 한인들의 의병활동을 저지시키기 위하여 러시아에 압력을 가한다. 러시아는 일본의 요구에 따라 국경경비대를 강화하여 한인들의 의병활동을 저지하고 이범윤 같은 항일투사를 체포하여 국외로 추방한다. 러시아는 1909년에는 "반한인법"(反韓人法)을 제정하여 한인농민들에게 주었던 토지를 회수하고 사업체에 근무하던 한인 노동자를 해고시켰다. 이에 대하여 한인들은 단결하여 모스크바에까지 항의를 하였고, 모스크바 정부는 1910년 "외국인 노동자 사용 제한에 관한 규정"을 발표하기에 이른다.

한일합방이 임박하자 유인석, 이범윤, 홍범도, 이상설 등 한인지도자가 모여 한반도에 있는 13도를 대표하는 "13도 의군"을 조직한다. 전국을 대표하는 13도 의군은 포고문을 선포함과 동시에 고종에게 러시아 파천을 권유하기도 하였다. 한국에서 한일합방이 전하여지자 블라디보스톡에 있는 신한촌에서는 한인대표들이 모여 성명회(聲明會)를 조직하고 블라디보스톡 주재 외국공관에게 한일합방의 무효를 호소하는 한편 한국독립선언서를 미국 국무장관 앞으로 발송한다. 이어 한인 젊은이들 50명이 결사대를 조직하여 일본 거류지를 향하여 돌진하다 러시아 경관에게 저지당하였으며 이것으로 인하여 성명회 간부들이 체포되고 성명회는 해산되고 만다.

보다 장기적이고 견고한 항일운동을 전개하기 위하여 1911년 5월 한인지도자들이 신한촌에 모여 권업회(勸業會)를 조직하고 12월에 러시아 총독으로부터 공식허가를 얻는다. 권업회는 5명의 총재와 10명의 의사부 그리고 13개의 집행부를 두고 6개 시에 지부를 설치한다. 권업회는 회원들의 애국심을 고취하기 위하여 권업신문을 발행하고, 자녀의 교육을 위하여 한민학교를 설립하며, 사업을 통한 독립운동자금을 마련하여 갔다.

미국의 하와이를 중심한 대한인국민회(大韓人國民會)는 이상설을 블라디보스톡에 파견하여 시베리아에 지회를 설치토록 한다. 이에 따라 1911년 10월 치타시에 정재관, 이강, 김성무, 박공육, 백광보 등이 모여 대한인국민회 시베리아 지회를 결성하고 양주륜과 홍신언을 정부회장으로 추대한다. 이어 수청, 이르크츠크, 치에라번스크, 중홍, 황구, 신영, 동호, 승지, 진영, 홍석, 신풍, 만춘, 우지미, 석탄동, 블라디보스톡 중 16개 시베리아 철도에 따라 위치한 지역에도 지회를 결성한다. 이들은 제1차 세계대전 발발 후 계엄령이 선포되면서 폐지되고 만다.

권업회는 1914년 한인 시베리아 이주 50주년과 러일전쟁 10주년을 맞아 대한광복군정부(大韓光復軍政府)를 수립하고 이상설과 이동휘를 정·부통령으로 추대한다. 그러나 제1차 세계대전을 앞둔 러시아는 일본과 동맹을 채결하고 권업회와 대한광복군정부를 탄압하여 모두 해산시키고 만다.

블라디보스톡의 신한촌은 구한말 해외 한인독립운동의 중심지였다. 한국에서 을사보호조약이나 한일합방 등 사건이 있을 때마다 한인들이 모여 그에 대처하기 위한 조직체를 형성하여 13도 의군, 성명회, 권업회, 대한광복군정부 등을 조직하지만 매번 러시아의 방해와 저지로 해산되고 만다. 그러나 한인들은 끊임없이 새로운 시련에 도전하여 나아갔다. 말하자면 연해주 한인들은 끈질긴 한인들의 도전정신을 유감없이 발휘하여 갔다.

시베리아전쟁

유럽에서 제1차 세계대전이 발발하면서 러시아에서는 1917년 2월과 10월 두 차례의 혁명이 발발한다. 혁명의 근원지인 생트페테부르크에서 가장 먼 곳인 연해주에는 해산당한 황제군, 첵코군, 미엔비키 백군, 볼셰비키홍군 등이 뒤섞여 큰 혼잡을 이루고 설상가상으로 당시 4대 강국인 미국, 영국, 프랑스 그리고 일본 등이 군대를 파견하였으니 이것을 "시베리아전쟁"이라 한다.

러시아의 혁명이 야기되자 한인들은 혁명을 지지하는 의미에서 1917년 3월 크라스노야르스크에서 한인회 중앙총회를 개최한다. 이곳에서 한인들 사이에 의견의 일치를 보지 못하고 해산하였으며, 이어 1917년 6월 니콜스크-우수리스크에서 전로한족대표자회(全露韓族代表者會)를 개최하였다. 그러나 이 곳에는 미엔시비키를 지지하는 러시아에 귀화한 한인원호(元戶)만이 참석하였고 볼셰비키를 지지하는 귀화하지 않은 한인여호(餘戶)는 참석하지 않아 대표성이 없었다.

러시아의 10월 혁명 후인 1917년 12월에 니콜스크에 원호와 여호가 전부 참석하는 전로한족회 중앙총회(全露韓族會 中央總會), 일명 고려족회가 결성되고 회장에 문창범, 부회장에 김 주프노코와 김립을 선정하였으며 기관지로서 "청구신보"를 발행하기로 하였다. 이 곳에서 이동휘의 석방을 요구하는 신민회계통 사람들이 신한촌에서 별도의 모임을 갖고 "한인신보"를 발행한다.

한인신보를 중심한 사람들이 1918년 1월 하바로프스크에서 대표자 대회를 개최하니 이것을 노령한인대표자대회(露領韓人代表者大會)라 한다. 첫 모임에는 원호와 여호가 망라되고 전로한족회 중앙총회 대표도 참석하였다. 그 후 4월에 모인 대회에서는 볼셰비키혁명을 지지하는 이동휘와 한국의 독립운동만을 집중하자는 양기택, 이동영 등의 의견의 대립이 있었고 이동휘를 위시한 한인신보 계열은 한인사회당을 조직하기에 이른다. 한인사회당은 이동휘를 중앙간부위원장, 김규면을 부위원장, 오 와실리를 서기로 정하고 당 기관지로 "자유종"을 발행하며 고려적위군을 편성한다.

1919년 2월 상해에 신한청년당이 결성되고 여운형을 블라디보스톡에 파견하여 독립선언과 봉기를 촉구한다. 이에 따라 1919년 2월 15일 니콜리스크에 전로한인회의가 소집된다. 이에는 러시아 각지에서 참석한 대표자 80명과 북간도에서 온 대표자 그리고 상해에서 온 여운형이 참석하여 "대한독립선언서"를 작성하고 대한국민회의(大韓國民會議)를 창립한다. 대한국민회의는 문참범을 의장, 김철훈을 부의장, 오창환을 서기로 하고 의원수 70~80명에서 30명의 상설의원을 두고 집행부에는 선전부, 재무부 그리고 외교부를 두었다.

한국에서 3.1운동이 발발하자 3월 17일 블라디보스톡에 대한국민의회가 소집되어 의회선언서 결의안이 발표한다. 그리고 임시정부의 각료명단을 발표하였으니 대통령에 송병희, 부통령에 박영효, 국무총리에 이승만, 국무차장에 이동휘를 임명한다.

시베리아전쟁을 야기한 연합국은 상륙 후 얼마 있다 철수하였으나 일본군만은 연해주에 남아 장기전에 대비하였다. 이에 러시아 유격대가 일본군 기지를 습격하였고 이러한 작전에 한인들은 러시아 유격대에 합류하였다. 이를 테면 러시아 적군 유격대가 1920년 니콜라예프스크항에 있는 일본군을 기습할 때 한인들이 합세한 것이다. 습격을 당한 일본군은 보복으로 1920년 4월 러시아의 6개 도시를 공격하고 한인들에 대한 보복으로 신한촌을 습격한다. 이것을 "신한촌사건," 또는 "4월참사"라 한다. 당시 신한촌에서 사살당한 한인의 수가 수백 명에 달하고 채포된 사람도 3000여 명에 달하였다. 일본군은 신한촌에 있는 공공건물인 학교와 신문사를 소각하고 후퇴한다.

연해주와 중국의 만주 일대에서 독립운동을 전개하던 한인의병들에게 잊을 수 없는 사건이 1921년 자유시에서 발생하니 이것을 "자유시사건"이라 한다. 현재 스보브드니를 자유시라 한다. 이 곳에 중국과 러시아에서 활동하던 한인의병들이 총집합하였다. 목적은 의병들의 부대를 재편성하기 위하여서였다. 그러나 일본의 사주를 받은 러시아군대는 이것을 기회로 한인의병을 없애려 한 것이다. 자유시에 모인 한인의병부대들을 러시아군이 포위하고 무장해제를 요구하였다. 이에 이루크츠크 공산당 계열의 자유대대가 응하였고 이것을 본 상해파 공산당계열의 사할린부대가 자유대대를 향하여 발포하였다. 이것을 기다렸다는 듯이 러시아군이 한인의병들을 향하여 발포하기 시작하여 한인부대들은 혼비백산하여 도주하여 포위망을 뚫고 나아갔다. 그러나 이 때 희생된 한인은 사망 700여 명, 부상 1000여 명, 실종 900여 명에 달하였다.

러시아동포들이 연해주에서 생활할 때 이들의 의병활동이 없었다면 우리는 일제시대에 죽은 민족이 되었었을 것이다. 그러나 연해주와 중국에서 의병활동을 하여 주었기 때문에 우리는 식민지생활을 하면서도 민족의 자존심을 유지할 수 있었다. 특히 연해주는 1910년대 의병활동의 중심지였고 이 시기 이 곳에서 한인의 공산당이 탄생하였다는 대역사적 의미를 갖는다.

농업유민

1863년 연해주의 포시에트 지역에 13호의 한인들이 거주하고 있었다는 기록이 있다. 그 후 해가 지날수록 한인이 수가 증가하여 갔으며 특히 1869년에서 3년간 한반도에 대흉년이 들어 많은 한인들이 국경을 넘어 러시아로 이주하여 갔다. 1893년 상반기에만도 6500여 명의 한인이 이주하였고 이후 한인의 수는 매년 기하급수적으로 증가하여 1902년에는 3만 명을 넘어선다.

연해주로 이주한 농민들은 조, 콩, 귀리, 옥수수, 감자, 깨, 재마, 야채 등을 재배하였으나 후에 쌀을 경작하여 한인들은 연해주에 쌀을 보급한 민족이 되고, 연해주는 지구상 벼농사를 짓는 최북단이 된다.

연해주로 몰려오는 한인들을 정리하기 위하여 1888년 한국과 러시아 간에 채결된 것이 "한로육로통상장정"이다. 이것으로 러시아는 영주할 한인과 귀국할 사람 그리고 일시체류할 한인들 구별하고 영주할 한인들에게 귀화를 권유한다. 러시아에 귀화하게 되면 토지소유가 가능하다. 영주할 한인들 모두가 귀화한 것은 아니다. 그것은 귀화조건이 까다롭기 때문이다. 러시아에 귀화하려면 러시아 정교의 세례를 받아야 하고, 러시아 정교의 세례를 받으려면 교리문답을 배워야 하며, 교리문답을 배우려면 러시아어를 배워야 한다. 그리고 귀화하려는 자는 상당량의 은화를 지불하여야 한다. 이러한 까다로운 조건에도 시간이 경과하면서 귀화하는 사람이 증가하여 갔다. 귀화한 한인을 원호(元戶), 귀화하지 않은 한인을 여호(余戶)라 하였다.

원호는 여호보다 생활의 여유가 있었으나 이러한 차이보다 한인들 전체의 생활은 당시 연해주를 다스리던 총독의 정책에 따라 좌우되는 경향이 강하였다. 한인을 포함한 소수민족에게 유리한 총독이 있었고, 불리한 총독이 있었다. 그로데코프와 같은 한인에 호의적인 총독은 귀화조건을 완화할 뿐만이 아니라 러시아에 거주한 지 5년이 넘으면 모두 귀화하게 하였다. 그러나 운터르베르거 같은 불리한 총독이 부임하면 한인들을 억압하고 배척하며 귀화한 사람도 다시 심사하게 하고 심지어 한인들을 농업 이외의 모든 직종에서 추방하기도 하였다.

연해주로 이주한 한인들은 한인이민사의 초기에 해당하는 사람들로 이민사를 개척하였다는 의미를 갖고 있으나 무엇보다 연해주에 농업을 전하였고 특히 쌀농사를 전한 공로가 있는 사람들이다. 농업보다 중요한 것은 이 농민들이 연해주에 있었기에 의병활동도 가능하였던 것이다. 말하자면 농민은 의병활동의 경제적 토대가 된 것이다.

강제이주

유럽에서 제2차 세계대전의 전운이 감돌 때 일본은 1937년 중국을 공격하여 중일전쟁을 야기한다. 이에 소련의 스탈린은 일본과의 일전을 각오하고 연해주의 한인을 중앙아시아로 강제이주시키는 명령을 하달한다. 이에 앞서 스탈린은 한인지도자 2000여 명을 처형하고, 1937년 9월에 이주하게 한다. 동물을 싣는 화물차에 중간높이에 선반을 매어 한 화차에 4세대를 실었다. 한 세대의 식구가 몇 명이 되는 것은 문제가 아니다. 시설이라고는 사람이 눕는 곳에 짚을 깐 것이 고작이다. 짐작처럼 실린 한인들은 1개월 여의 시베리아횡단 과정에 추이와 굶주림 그리고 악취에 시달리고 물도 없어 잠시 정차할 사이에 용변을 보고 물을 구하러 헤매여야 했다. 이러한 환경에서 어린이와 노인들이 많이 죽어갔다.

열차가 도착하여 하차한 곳이 중앙아시아의 반사막지대이다. 유라시아대륙의 복판인 중앙아시아는 겨울에 춥고 여름에 더우며 낮이

덥고 밤이면 추운 곳이다. 이 곳에서 겨울을 나기 위하여 두더지와 같이 땅굴을 파고 지내야 했다. 물이 바뀌고 기후가 바뀌어 설사를 하면 이질이 되었고 이질이란 것을 알았더라도 약이 없어 죽어야 했다. 이리하여 이동할 때와 첫 겨울을 날 동안 굶주림과 추위와 질병으로 강제이주당한 18만 명에서 약 5분의 1이 사망하였다고 한다.

한인은 적성민족이 되어 스탈린은 강제이주한 다음 해인 1938년 한국어를 소련의 소수민족 언어에서 제외시키고 한국어를 배우지 못하게 하였으며 한인들은 거주공화국 이외의 지역으로 여행을 할 수 없었고, 소련군대에 입대할 수 없었다.

이러한 불리한 조건에서 한인들은 겨울을 난 후 물을 찾아 운하를 파고 논을 만들어 원동에서 가져간 쌀을 심어 벼농사에 성공한다. 때마침 풍년이 계속되어 3년 만에 정상을 되찾게 된다. 중아아시아에서 한인들은 오로지 근면만이 살길이라 생각하여 열심히 농사에 전념하여 많은 노동영웅을 배출한다. 그 중에서도 유명한 사람이 북극성 농장의 김병화, 포리토젤 농장의 황만금, 우슈토베의 세르게이 윤, 페르가나의 불라드미르 김 등이다. 이리하여 중앙아시아의 한인들은 130여 개 전소련 소수민족 중에서 가장 모범적인 소수민족이 되었다.

연해주는 한인의 입장에서 특별한 의미를 갖는 지역이다. 연해주는 한반도 이외에 지역에서 한인들이 제일 먼저 해외로 이주한 지역이고 무엇보다 많은 한인들이 이 곳에 거주하였기 때문에 후일 그 곳에서 의병들이 독립운동을 할 수 있었다는 의미를 갖는 곳이기도 하다. 한편 한인들은 이 곳에서 쌀농사를 지어 농업생산에 큰 공로를 세웠으며 후일 중앙아시아로 강제이주를 당하여도 한인들은 유목민만 사는 곳에 쌀농사를 전파하여 중앙아시아에도 농업이 가능하다는 것을 보여 준 큰 공헌을 한다.

05 연해주 근황

오늘의 재회

페레스트로이카 이후 구소련이 와해되고 독립국가연합(CIS)이 성립되면서 한인들이 다수 거주하고 있는 중앙아시아의 여러 나라들이 독립국가를 형성하면서 이 곳 한인들이 어려운 여건에 놓이게 된다. 중앙아시아의 국가들은 독립된 나라를 건설하면서 첫째 국어를 만들고, 둘째 민족의 역사를 되찾으며 셋째 정신적인 정체성을 확립하기 위하여 회교를 부흥하며 사원보수 등을 추진하여 갔다. 이것이 그 곳에 거주하는 고려인들에게 불리한 요소로 작용하여 압박요인이 되고 고려인을 중앙아시에서 축출하는 힘으로 작용하게 된다.

타지역의 한인동포와 같이 중앙아시아에 거주하는 고려인들도 교육열이 높아 1세들이 모진 생활조건에서도 자손들의 교육을 희망으로 고통을 극복하여 갔다. 따라서 중앙아시아의 고려인들도 2세, 3세에 화이트칼라 직에 종사하는 사람이 많다. 사회주의 국가에서 화이트칼라란 의사, 기술자, 교수, 연구원, 변호사, 당간부 등으로 대부분 언어가 중용한 수단인 직업을 가진 사람들이다. 이들이 구소련 시대 러시아어에 능통하였으나 모국어인 한국어를 잊어버린 것과 같이 이웃민족인 우즈베크와 카자흐족의 언어를 배우지 않았고 배울 필요도 없었다. 따라서 새로운 공화국에서 현직을 유지하려면 거주 국의 언어를 배워야 하는 것이다. 다행이 우즈베크나 카자흐 공화국은 국제어가 된 러시아어를 사용해도 우즈베크어나 카자흐어를 심하게 강요하지 않는다. 그러나 공용어가 우즈베크어와 카자흐어가 된 것과 같이 공문서가 그들의 언어로 쓰인 것이고 공석 상에서 그들의 언어를 사용한다. 중앙아시아 여러 공화국의 새로운 문화운동을 중압으로 느끼는 고려인들이 취하는 대응에는 크게 두 종류가 있다. 하나는 이것을 숙명으로 생각하고 현지에서 생활을 영위하려는 무리와 다른 하나는 이것을 거부하고 중앙아시아를 떠나는 사람들이다. 중앙아시아를 떠나는 사람들에게는 두 가지 종류가 있다. 하나는 연해주로 이주하는 사람들이고 하나는 연해주 이외의 러시아 지역으로 이주하는 사람들이다. 연해주 이외의 러시아로 이주하는 사람들은 흑해연안인 로스토프나도수, 볼가그라드, 모스크바 근교 등으로 이동하여 정착하는 것으로 말하자면 중앙아시아의 서부지역으로 이주하는 사람들이다. 이들은 넓은 지역에 분산되고 계절농을 일삼기에 정착에 문제가 있다.

보다 많은 수가 연해주로 이동한다. 연해주가 러시아의 다른 지역보다 고려인들에게 제2의 고향이라는 감상적인 이점이 있으나 실제 사회경제적인 조건이 크게 유리한 곳은 아니다. 연해주로 이주하여도 직장이 없고 주거지가 없다. 그러나 중앙아시아의 서부로 이동한 사람들보다 불리한 점은 연해주의 기후조건이 중앙아시아나 중앙아시아 서부인 볼가그라드보다 춥다는 것이다.

페레스트로이카 이전에 연해주에 거주한 한인들은 러시아에서 공부를 하고 직장을 배정받을 때 연해주를 선택하여 근무하는 사람이거나, 직장에서 정년퇴임을 하면서 연해주를 거주지로 선택한 사람들이 있다. 연해주에서는 이들은 "큰땅치"라 한다. 이것은 중앙아시아 출신이라는 말이다.

연해주에는 사할린에서 이주한 사람들이 있다. 사할린에는 약 5만 명의 한인들이 살고 있었다. 이들은 일제 말엽에 한국에서 강제징집을 당하여 사할린에 노동자로 갔다가 제2차 세계대전 후 일본인들만 사할린에서 철수하고 그 곳에 남게 된 사람들이다. 사할린은 러시아의 오지이기에 다른 지역보다 근무연한이 짧고 특별수당을 받는다. 이 사할린사람들은 자녀를 하바로프스크나 블라디보스톡으로 유학을 시키고 유학 온 자녀가 공부를 끝내고 그 곳에 머물게 되었고 이러한 자녀를 따라 사할린을 떠나 연해주로 이주한 사람들이다. 이들을 "화태치"라 한다.

러시아는 북한에 특혜를 주어 북한노동자가 연해주와 하바로프스크 일대에 와서 일을 하고 돈을 벌어 귀국하게 하였다. 1946년부터 시작한 이러한 노동허가 특혜로 인하여 특히 초기인 1946년 이후 수만 명의 북한 노동자가 연해주, 하바로프스크, 사할린, 마가단주, 그리고 캄차카반도에까지 진출하여 벌목, 광산, 어업, 건축 등 힘든 일을 하여 돈을 벌어 귀국하였고 일부 사람들은 현재까지 거주하고 있다. 이들을 "북선치"라고 한다.

이 큰땅치, 화태치 그리고 북선치들은 하바로프스크, 블라디보스톡 등의 대도시에 같이 거주하면서 각기 다른 거주지역을 형성하고 있으며 때로는 합동으로 모이기도 하고 각기 다른 집단으로 모이기도 한다. 이들은 말하자면 현재 문제시하는 중앙아시아로부터의 이주자와 다른 선주자가 된다. 이들의 수는 2만 명 정도이다.

이 선주자들과는 달리 근년에 연해주로 유입되는 한인들이 세 부류가 있다. 앞에서 본 것과 같이 하나는 한국에서 진출한 상사주재원이나 기업가들이고, 하나는 중국에서 유입되는 조선족이며, 나머지는 중앙아시아에서 이주하는 난민들이다.

한국에서 연해주로 진출한 사람들이란 1991년 이후 한국기업이 연해주에 진출하면서 이주한 사람들과 현재 그 곳에서 사업을 진행 중인 사람들이다. 이 기업인, 상사직원, 공관원 등은 주로 블라디보스톡과 나홋트카 그리고 하바로프스크에 집중되어 있으며 하바로프스크를 제외한 연해주만 100명 미남이 된다. 한국에서 진출한 사람들은 크게 세 부류로 나눌 수 있다. 하나는 공관원이고, 하나는 기업가 내지 상사직원들이며, 하나는 농업을 위해 진출한 사람들이다.

중국에서 연해주로 유입되는 중국조선족은 대부분 장사를 하는 사람들이다. 블라디보스톡, 우수리스크, 아루톰 등 연해주 도시에는 이른바 중국시장이라는 곳이 있다. 이 곳에서 장사를 하는 사람중에는 중국인도 있으나 중국조선족이 더 많다. 이들은 연해주에 영주하는 사람은 아니라 하더라도 장사를 하며 비교적 장기간 연해주에 거주하며 중국과 연계를 갖고 경제적으로 중요한 역할을 한다. 중국에서 온 조선족에는 농장에서 일하는 사람들도 있다.

세 번째 부류가 중앙아시아에서 재이주하여 오는 사람들이다. 이들은 페레스트로이카 이후에 연해주로 이주한 사람들로 그 수는 정확히 파악할 수 없으나 현재 3만~4만 명으로 추정하고 있다. 페레스트로이카 이전에 거주하던 사람과 최근에 이주한 고려인들을 합하면 5만 명이 넘는다.

중앙아시아에서 온 사람들은 주로 우즈베크 공화국과 타지크 공화국에서 온 사람들로 이들의 재이주의 역사가 벌써 10년이 된다. 이재 이주자들 중 초기에 이주한 사람들은 중앙아시아에서 소유하던 가옥과 토지를 처분하고 연해주에 이주하여 집을 장만할 수 있었다. 1990년 초반, 구소련이 붕괴되기 전 미국 달러와 러시아 루블이 거의 같은 수준이었다. 말하자면 미화 1달러에 러시아 1루블이었다. 그러나 소련이 붕괴하면서 달러값이 비등하고 러시아 루블은 가치가 하락하기 시작하였다. 이에 따라 러시아는 옐친 대통령 시절 화폐개혁을 단행하여 오늘날에는 1달러가 16루블 정도이다.

시간이 경과하면서 중앙아시아에서 연해주로 이주하는 자들이 증가하였고 화폐가치는 하락하여 중앙아시아에서 집과 토지를 매각하여 연해주에서 그와 같은 집을 장만할 수 없었다. 특히 1995년 중앙아시아의 나라들에서는 외화 국외반출을 금지하는 법을 제정하여 중앙아시아를 떠나 러시아로 가는 사람은 자기재산이라도 마음대로 처분할 수 없게 하였다. 따라서 근년에 오는 사람들은 겨우 여비를 장만하여 이주하는 것이다.

이주시 비용이나 가져오는 돈도 없으려니와 근년에 이주하는 사람들은 연해주에서 자리잡기가 점점 어려워져 근년에 이주한 사람들일수록 생활환경과 조건이 불리하다. 이 재이주자들의 특성은 중앙아시아에서 어떤 직업을 갖고 어떤 생활을 하였건 연해주에 오면 두 가지 방향으로 진출한다. 하나는 시장으로 진출하여 바로 장사를 시작하는 사람이고, 하나는 농촌에 입주하여 농사를 짓기 시작하는 사람이다.

시장으로 진출한 사람들은 시장에서 조그마한 좌판을 놓고 해바라기씨나 오이, 토마토 등을 놓고 장사를 시작하여 이것을 키워 큰 좌판을 갖고 더 나아가 가게를 구하여 장사에서 성공하게 된다. 시장장사의 업종은 곡물, 야채, 김치, 의류, 가재도구, 건축자재, 식당 등 다양하다. 이들은 빠르면 3년 늦어도 5년이면 정착을 한다.

농촌으로 이주한 사람들은 텃밭에서 우선 장에 내다 팔 수 있는 채소나 꽃 등을 재배하여 이것을 장에 팔아 돈을 모아 방을 늘리고 집을 구입하며 경작지를 확대하여 결국 농사로서 성공한 사람이 된다. 이들도 5년 이내에 자리를 잡는다.

연해주에 모여드는 한인들은 원류지가 다른 것과 같이 같은 한국어를 공용하면서 언어의 사투리, 사회개념, 노동에 대한 개념 그리고 경제적인 생각들이 각기 달라 서로 융합하지 못하고 마치 기름과 물과 같이 배합을 이루지 못하고 있다. 중앙아시아에서 온 신포 난민들이 의지할 사람들은 "큰땅치" 뿐이고 남한에서 간 기업주도 이들을 고용하여 어려움을 도와 줄 생각을 하지 않고 있다.

연해주 고려인

중앙아시아에서 이주한 고려인과 연해주에 전부터 거주하던 고려인을 합하면 4만여 명이 될 것이라 추정하고 있다. 전부터 연해주에 거주하던 고려인이란 구소련시절 국가에서 인원을 배정할 때 연해주를 지망하여 온 고려인 기술자나 연구원 또는 교수 등이고 또한 사할린에서 이주하여 온 사람들이다. 1998년도 현재 연해주 고려인재생기금이 파악하고 있는 고려인은 도합 3만 명이었고 그들의 분포는 다음과 같았다.

01 자료는 고려인재생기금이 제공한 자료로 레소자보드스크와 야곱렙스크 이외의 지역인구는 일단위 수가 40명, 50명으로 되어 있어 정확성이 결여된 감이 있다. 그러나 거주자를 이와 같이 대략으로 파악할 수밖에 없기 때문에 이것을 신뢰할 수밖에 없다. 이 자료는 1997년 현재 연해주에 거주하는 고려인수로 이 곳에는 최근에 재이주한 사람도 포함되어 있다. 그러나 최근 중앙아시아에서 이주하여 온 사람들은 정한 거처가 없이 천막생활을 하거나 이동을 자주하여 파악하기 어려운 사람도 있다. 이런 사람들을 합하여 2003년 현재 중앙아시아에서 이주한 사람을 3만~4만 명으로 파악하고 이에 따라 연해주에는 약 4만 명의 고려인이 거주한다고 한다. 따라서 이 자료는

연해주 고려인의 지역별 집계

(1997년 현재)

지 역	인원수	백분율
우수리스크 (Ussurisk)	15,400	50.6
파르티산스크(Partizansky)	3,000	9.8
나홋트카(Nakhodka)	3,000	9.8
블라디보스톡(Vladivostok)	2000	6.5
아르톰(Artem)	2000	6.5
스파스크다리(Spasskydari)	1000	3.2
달네고르스키(Dalnegorsky)	160	0.5
아르세니예프(Arseniev)	328	1.1
레조자보드스크(Lesozavodsk)	420	1.3
키로프스크(Kirovsk)	80	0.2
호롤스크(Khorolsk)	40	0.1
항카이스크(Khankaysk)	40	0.1
체르니콥스크(Chernigovsk)	800	2.6
미하일롭스크(Mikhailovsk)	400	1.3
핫산스크(Khassank)	120	0.3
시키돕스크(Shkotovsk)	320	1.0
나제진스크(Nadejdenk)	200	0.6
라좁스크(Lanzovsk)	100	0.3
올긴스크(Olginsk)	50	0.2
아르세니예프(Arseniev)	328	1.1
아누친스크(Anuchinsk)	50	0.2
코바렐롭스크(Kovalerovsk)	120	0.3
크라스노아르메이스크(Krasnoarmeysk)	50	0.2
옥자빌스크(Oktyabrsk)	200	0.6
테르네이스크(Ternesk)	60	0.2
추기브스크(Chuguevsk)	80	0.2
야콥렙스크(Yakovlevsk)	65	0.2
연해주 합계	30,411	

자료 : 연해주 고려인재생기금.

연해주 고려인들의 분포사항을 대략 파악하는 데 도움을 주는 것이 된다. 이에 의하면 고려인들이 비교적 많이 거주하는 곳이 우수리스크, 파르티치산스크, 나홋트카, 블라디보스톡, 아르톰 그리고 스파스크달리 등이다.

이 자료에 의하면 고려인이 가장 많이 거주하는 곳이 우수리스크로, 옛 이름은 소왕령(蘇王嶺)이라 한다. 이 곳은 인구 16만 명의 작은 도시로 TSR철도에 연하여 있는 도시이지만 중국에서 러시아로 넘어오면 처음 도착하는 국경도시이기에 교통의 요지라 할 수 있다. 중국을 왕래하는 장사가 성행하여 무역의 중심지가 되어 우수리스크에는 두루스바라는 큰 도매시장이 있어 중국제품이 이 곳을 통하여 연해주와 하바로프스크 그리고 사할린까지 전달된다. 시내에는 러시아시장과 중국시장이라는 두 시장이 있다. 중국시장은 중국사람이 많아서 생긴 이름이지만 실상 중국조선족이 더 많이 장사하는 시장이다. 이 곳에 연해주의 고려인은 물론 멀리 사할린 거주 고려인들까지 왕래하기에 중국, 러시아, 한국 등에 거주하는 한인들이 모이는 시장이 되어 있고 따라서 이 곳에서는 한국말로 모든 상행위가 이루어지고 있는 국제적인 시장이다.

다음으로 고려인이 많이 거주하는 파르티치산스크는 중국이름으로 수찬(水淸)이라 하는 곳으로 블라디보스톡의 서북부에 위치한 인구 7만 명의 도시이다. 이 곳은 블라디보스톡에서 가장 가까운 농촌으로 한인들이 1937년 중앙아시아로 강제이주당하기 전 많이 살았던 곳의 하나이다. 나홋트카에는 고려인은 4000여 명이 거주하고, 블라디보스톡에는 고려인 약 3000명이 거주하는 것으로 추산된다.

러시아는 구소련시절 북한과 혈맹관계를 가진 나라였다. 러시아는
한국전쟁시 북한을 도왔고, 경제원조를 하였으며, 해방이 되고 북한
이 너무 어려웠을 때 러시아는 북한을 구제하는 방법으로 노동자를
연해주와 하바로프스크 그리고 사할린 일대에 초빙하여 노동을 하게
하였다 하며, 이들의 연인원이 2200만 명에 달하였다고 한다. 이들
중 아직 연해주에 남아 있는 사람들이 있으니 이를 "조포"라 한다.
현재 북한은 블라디보스톡 건축사업에 노동자를 투입하였고 이웃한
하바로프스크에는 벌목공 700~800명을 투입하여 하바로프스크에는
벌목출장소가 있다. 또한 아무르주에 1500명의 벌목공이 작업하고
있다. 이들은 생산물분배식으로 러시아가 60% 그리고 북한이 40%로
나눈다고 한다. 이 생산된 벌목들은 64%가 중국으로, 30%를 일본에
보내고 한국에는 5%가 온다고 한다.

한국의 경우도 벌목에 관계한 적이 있다. 1991년 현대계열의 스베
틀라나사가 연해주에 들어가 연간 100만m³의 산림을 벌채하기로 하
였다. 그러나 과다한 수출세와 지역 환경보호위원회의 반대로 무산
되고 말았다.

러시아가 한국하고 관계를 갖기 시작하는 것은 1988년 서울올림픽
참가를 계기로 1990년 노태우 대통령과 고르바초프 서기장이 샌프란
시스코에서 정상회담을 갖고 수교협정에 서명함으로부터 시작된다.
1990년 6월 고르바초프 서기장과 노태우 대통령이 샌프란시스코 정
상회담을 가졌고 이어 동년 9월에 양국이 수교협정에 서명한다.
1992년 노태우 대통령과 옐친 대통령이 서울회담을 갖고 "한·러기
본관계조약"을 채결하였다. 이 조약은 과거의 적대관계를 청산하고
새로운 우호선린관계를 제도적으로 마련하는 것이지만 당시 중요한

것은 두 정상이 러시아 블라디보스톡 동부에 위치한 항구도시 부근에 한국공단을 조성하기로 합의한 것이다. 그 후 1995년 양국 간의 기본합의서가 교환되고 2년간의 토지조사와 마케팅조사를 실시하고 1997년 한국과 러시아의 의회의 승인만을 기다린 채 오늘에 이르고 있다.

1994년 김영삼 대통령이 러시아를 방문하여 한국과 러시아를 상호보완적·건설적 동반자 관계로 규정하고 정치와 경제만이 아니라 군사분야 등 전면적인 협력관계를 확대하였다. 한편 옐친은 러시아가 북한에 자동군사개입조항을 사문화하고 대북 무기공급을 중단할 것 그리고 핵사찰에 공조할 것 등을 약속하였다.

이러한 우호적인 한러관계가 1996년 갑자기 냉각된다. 한국과 미국이 주도하는 북한 경수로사업에 러시아를 배제시켰으며, 러시아가 남북관계에 러시아를 포함한 4자회담을 제의하였으나 이것이 무시당하였으며 다시 러시아가 북한문제에 6자회담을 제의하였으나 한국이 이것을 묵살하였다. 그뿐만이 아니라 한국이 대러 투자에 소극적이고 경협차관의 상환을 독촉하는 등 러시아에 대하여 비우호적 태도로 일관하였다. 이에 대한 보복으로 러시아는 최덕근 영사 사건에 냉담하였고, 1998년 조성우 참사관을 추방하는 사건을 야기한다.

그러나 1999년 김대중 대통령이 러시아를 방문하여 한국과 러시아의 분위기를 호전시켰고, 2000년 유엔 밀레니엄회의에 참가한 김대중 대통령은 푸틴 대통령과 남북철도문제 해결에 합의를 본다. 2004년 노무현 대통령의 푸틴 대통령의 초청으로 모스크바를 방문하여 한러 간의 상호신뢰를 회복하고 포괄적 동반자 관계를 확인하게 된다.

한국과 이러한 관계를 갖는 사이 러시아는 북한하고 정상화를 가져 온다. 1994년 이바노프 외무부 차관이 평양을 방문하여 정상화조치를 시작하여 1996년 4월 이바노프 외무차관과 이그라첸코 부총리가 평양을 방문하여 "러-북한 경제과학기술 공동위원회"를 개최하고 교역확대, 에너지지원, 북노동자 연해주 진출, 제3국시장 공동진출, 합작투자기업 설립 등을 약속하였다. 다시 2000년 2월 러시아와 북한의 정상회담이 개최되고 "러-북한 신우호조약"을 체결하였으며, 이어 동년 7월 푸틴 대통령의 역사적인 평양방문이 이루어지고 2001년 7월에는 김정일 국방위원장의 모스크바 답방이 이루어진다.

한국과 러시아 관계는 오랜 냉전시대의 적대관계를 가지고 있었으며 특히 한국의 외교적 경험부족으로 인하여 국제적인 신망을 상실하여 버렸고 좋은 기회를 모두 잃어버린 셈이 되었다. 물론 러시아와의 관계는 북한이라는 변수가 작용하여 평탄한 것만은 아니다. 그러나 한국이 보다 적극적이고 우호적인 관계를 유지하고 발전시킬 수 있는 기회를 한국이 스스로 멀리한 것이 되고 말았다.

선임대통령의 전략

한국과 러시아의 외교적 관계에서가 아니라 한국의 대통령으로서 연해주에 특별한 관계를 갖거나 관심을 갖기도 하였다. 전두환 대통령의 "홍개호 프로젝트"가 그것이다. 전두한 대통령은 연해주에 한인 농업지대를 조성하기 위하여 전경환을 연해주에 파견하여 국제농업연구원의 이병화 원장과 함께 농지구입을 서둘렀다. 이것을 홍개호 프로젝트라 한다. 그러나 계약을 끝냈을 때 전두환 대통령이 수감되어 결국 홍개호 프로젝트는 수포로 돌아가고 말았다.

다음 노태우 대통령의 "광개토왕 프로젝트"가 있다. 노태우 대통령은 연해주에 한인들의 자치주 건설을 계획하여 물밑작업은 진행하였다. 이것은 하바로프스크주 내의 유대인 자치주를 모방하여 연해주에 고려인 자치주를 설립하려는 것이었다.

이에 대해 당시 러시아의 고르바초프 대통령은 1999년 30억 달러 차관의 배상금으로 동해안에 있는 달레네골스키 라이온을 한국에 양도할 용의가 있다고 하였다. 그러나 이 곳은 연해주 중심부에서 너무 멀고 외진 곳이라 노태우 대통령이 거부하였다. 그 후 후문에 의하면 이 곳에 금광과 다이아몬드 광산이 있는 곳이라 한다.

김대중 대통령은 연해주에 농업개발을 위한 프로젝트를 추진하였었다. 김대중 대통령은 연해주 일대의 농지를 차관하여 농사를 계획하고 농림부 관계자 10명에게 연해주 일대의 토지 등 농업조건을 철저히 연구하게 하였다. 이들의 보고서를 기초로 연해주 쌀농사를 위하여 국회에 지원을 요청하였다. 그러나 국회는 한국에서도 쌀이 남아도는 판국에 외국에 가서 농사를 짓기 위하여 예산을 요청하는 것은 언어도단이라 하고 거부하였다. 이로써 김대중 대통령이 추진하려던 연해주농업개발도 좌절되고 말았다.

이와 같이 한국의 역대 대통령은 연해주의 농업진출을 계획하였고 연해주 개발에 관심을 가졌었으나 이들이 모두 실패한 것은 대통령이 직접 관여하려 한 것과 연해주에 진출한 한국인들이나 중앙아시아에서 이주하여 온 동포를 활용하지 않은 점 그리고 연해주정부와 관계없이 사업을 진행하려 한 것 등을 원인으로 들 수 있다.

사업가의 진출과 공로

농사를 짓거나 사업을 하기 위하여 연해주에 진출한 사람도 많으나 관광으로 여행한 사람 또는 뜻이 있어 연해주를 방문한 사람들을 합한다면 해외의 어느 지역 못지않게 가장 많은 한인들이 연해주를 왕래하였다고 할 수 있다. 연해주에 뜻을 품고 왕래하거나 연해주에 애정과 연해주를 위하여 일을 한 분 중에 대표적인 몇 사람들 열거하여 그들의 연해주에서의 활동과 업적을 보기로 한다.

연해주에 진출하여 연해주를 위하여 활동한 사람 중의 으뜸이 고려합성의 장치혁 회장일 것이다. 그는 그 곳에서 고생하는 동포인 고려인을 돕는 뿐만이 아니라 연해주 자체를 위하여서도 많은 업적을 남겼으며 연해주의 산업경제, 영농사업 그리고 문화지원 등 다 방면에서 큰 공적을 남긴 분이다. 그는 1992년 "한러극동시베리아협회"를 설립하고 연해주에 진출하기 시작하였다. 이 협회는 한국과 러시아의 지도급 인사를 초청하여 매년 서울과 연해주를 교대하면서 대규모 국제회의를 추진하여 왔다. 1992년 제1차 한러극동회의를 서울에서 개최하였고 이에 한국인 90명과 러시아측 인사 61명이 참가하여한국과 러시아의 경제적 유대를 강화하기 시작하였고 제2차는 블라디보스톡에서 그리고 1994년 서울에서 개최된 재3차 합동총회에서 나홋트카 공단계획을 발표한다. 1997년 제6차 합동총회는 유지노사할린스크에서 개최하였다. 21세기 한러 양국의 공동번영을 모색하는 이 국제학술대회에 러시아 연방정부와 시베리아 극동지역 29개 주정부 및 경제단체나 기업에 관여된 사람 전부를 초대하여 러시아 측에서 90명 그리고 한국 측에서 90명이 참가하였으니 이 학회의 규모를 알 수 있다.

장치혁은 20여회나 경제사절단을 대동하고 러시아를 방문하여 한국기업과 러시아기업 간의 협력을 추진하였고 1993년에는 러시아 기업인 24명을 한국에 초청하여 자본주의 시장경제에 대한 연수회를 개최하였다. 동년 11월에는 한국의 금융전문가로 구성된 강사진을 블라디보스톡에 1주일간 파견하여 러시아 극동 시베리아 10개 지역의 금융인 100명을 초청하여 은행의 역할과 기능, 시장경제체제하에서의 은행업무 그리고 국제거래기법 등을 교육시켰다.

그의 가장 큰 업적은 1995년 극동대학에 한국학대학을 건립한 것이다. 극동대학 외국어학과에 소속되어 있는 한국어를 독립시켜 하나의 대학으로 완성하고 독립된 건물을 건립하였다. 이것은 장치혁 회장의 부친 장도빈 선생을 기념하는 건물로 입구에 장도빈 선생의 흉상이 있다. 장도빈 선생은 연해주에서 독립운동을 하신 분이시다. 지상 5층 지하 1층, 연건평 980평의 이 대학에는 5년제 정규과목으로 한국어 학과, 한국역사학과, 한국경제학과 등 3개의 학과가 있고 총 학생이 300명에 달한다.

그는 또한 "한러경제과학기술사절단"을 조직하여 이들을 노보시비르스크에 보내기도 하였다. 학계를 도와 준 것으로는 우수리스크 농업연구소와 하바로프스크농업연구소에 연구비를 지원하여 연구를 계속할 수 있게 하였다. 한편 멀리 모스크바대학의 국제한국학센터를 설립하여 모스크바대학을 후원하기도 하였다.

장 회장은 1993년 "고려학술문화재단"을 조성하여 발해 유적지 발굴사업을 추진하였다. 서울대학교 고고학과 송기호 교수를 연해주에 파견하여 연해주의 극동대학과 우수리스크 사범대학 교수들과 협력하여 발해 유적지를 발굴하게 하고 발해사를 정리하게 하였다. 한편 학술문화재단은 동국대 김창수 교수에 의뢰하여 사학자로 구성된 연구단을 구성하여 연해주 일대 독립운동유적지를 발굴하고 연해주 일대의 독립운동사를 정리하는 사업을 지원하였다.

그는 농업에 관심을 갖고 1992년 아무르주에 2억 8000만 평의 농장을 조성하였고 연해주에서는 손얏센 농장에 합작농장을 조성하였다. 앞에서 본 나홋카 공단을 추진한 것도 장치혁 회장이다.

장치혁 회장은 유전과 가스정에 관심을 보여 1994년 이르쿠츠크 가스전 개발과 가스관 시설사업을 위하여 이르쿠츠크 주정부와 가스 개발 의향서를 교환하고 이르쿠츠크 경제사절단이 방한시 한국석유 개발공사와 협력하게 하고 중국과 러시아 총리의 공동성명서를 얻어

냈다. 유전개발은 뒤에서 다시 보기로 한다.

그는 1993년 대전에서 개최된 EXPO에 출품을 못하고 있는 러시아에 100만 달러를 기증하여 우주선 미르(Mir)를 전시하게 하였다. 이것으로 러시아는 체면을 차릴 수 있었고 한국인들은 러시아의 첨단기계를 관람할 수 있었다.

그는 연해주로 재이주하는 고려인을 돕기 위하여 우수리스크에 "카레스키돔"이라 하여 고려인 재생기금의 독립된 건물을 구입, 수리하여 기증하였다. 그는 안중근 의사 단지동맹기념비를 세우고 이상설 선생 추모비를 건립하기도 하였다. 이 밖에도 심장병 어린이 30여 명을 한국에 초청하여 무료로 치료받게 하였으며 러시아에 대홍수가 났을 때 30만 달러를 지원하기도 하였다.

그는 이러한 큰 사업 이외에도 러시아 수해나 지진이 발생하면 의연금을 보냈고 학생들에게 장학금을 주는 등 많은 공헌을 하여 러시아는 1996년 그에게 우호훈장을 수여하였다.

다음으로 박길훈 회장을 들 수 있다. 대한주택건설사업협회 서울지부장인 박길훈 회장은 1998년 15억 원을 투자하여 "연해주한인동포재활기금"을 설립하고 첫째 사업으로 연해주정부가 제공한 고려인 정착촌 보수사업을 지원하였으니 1998년에서 2000년까지 500채의 주택보수비로 3억 1000만 원을 지급하였다. 그리고 이 곳에 입주한 고려인들의 생활지원사업으로 농사를 짓기 위한 영농자금을 조달하였으니 라즈돌노예 등 6개 마을농민들이 사용하는 농토 400평의 영농자금으로 2억 원을 지원하였다. 이 곳 6개 마을에서 가르치는 한글학교교사 3명을 파견하는 비용을 일체를 담당하였었다.

박길훈 회장의 공로는 우정마을 건설이다. 대지 40만 평에 23억 7000만 원을 들여 31동의 주택을 건설하여 중앙아시아에서 이주하여 온 고려인들이 살게 하고 농지 700만 평의 우전농장의 영농자금 7억

2000만 원을 지원하였다.

이것과는 별도로 연해주 일대에서 공부하는 고려인 자제를 위하여 1억 6000만 원의 장학금을 수여하였으니 수혜자가 600명에 달하였다.

연해주농업을 언급하면 빼놓을 수 없는 분이 국제농업개발원의 원장인 이병화 원장이다. 위에서 본 것과 같이 퇴임한 전두환 대통령의 명을 받고 연해주에 온 전경환 씨의 지시에 따라 1996년 항카호 부근 9개 라이온의 농업관계자와 220만ha의 농지개발계획을 수립하고 계약을 채결하였으나 전두환 대통령이 수감된 상태라 그의 이른바 홍개호 프로젝트 는 모두 수포로 돌아가고 말았다. 그 후 이병화는 한국의 농업단체를 접촉하여 53개 기업체에게 연해주개발의 참가를 권유하여 현재 연해주에서 활동하는 농업단체들 대부분이 그가 알선한 셈이다.

이병화는 농업전문가로서 연해주에서는 3위일체 농업개발전략이 필요하다는 것을 정부에 건의한 바 있다. 3위일체 농업이란 한국의 자본, 북한의 노동력 그리고 러시아의 자원을 합하여 공동작업을 도모하는 것이다. 그는 항카호 주변의 10만ha에서 곡물 30만 톤을 생산하여 토지사용료로 러시아에 10분의 1인 3만 톤을 지급하고, 27만 톤을 한국과 북한이 분배하자는 것이다.

남서울교회의 홍정길 목사는 1992년 남북나눔운동본부를 설립하고 연해주의 영농활동을 통한 북한동포에게 식량보내기운동을 전개하고 있다. 북한에 식량을 보내기 위하여 연해주에 156ha의 농지를 확보하고 중앙아시아에서 온 고려인 22명에게 감자를 경작하게 하며 가을에는 이들의 감자를 전부 수매하고 러시아인의 감자를 더하여 북한에 보낸다. 5년째 계속된 이 사업은 보통 5억~6억 원의 예산이 소모되며 1700톤 전후의 감자를 북한에 보내는 것이다. 북한을 돕는 사업으로 북한이 큰 수해를 당하던 1995년 한국교회 북한수해돕기운동을 전개하였었다.

홍정길 목사는 고려인 정착사업으로 2005년부터 "달레"라는 사업을 전개하고 있다. 이것은 미하일노프카에 자립농가를 육성하기 위한 프로그램으로 자립하기 위한 농가에게 농자제 공동구매와 공동작업 그리고 생산물의 공동출하 등을 장려하는 한편 비닐하우스 영농법, 양돈·양계의 새로운 축산법을 가르치고 원동문화개발기구를 통하여 이들을 한국에 초청, 영농기술을 지도하고 있는 것이다.

홍정길 목사의 보다 큰 업적은 문화활동이다. 러시아인들이 연해주와 같은 원동지역에 거주하면서 고급문화에 굶주리고 있다고 판단, 블라디보스톡을 중심으로 문화활동을 장려하여 러시아인들에게 고급문화에 접할 기회를 주는 동시에 블라디보스톡에 국제학교를 건설하여 교육사업을 전개하고 있다. 현재는 초등학교, 중학교의 수준이지만 국제학교를 대학수준까지 발전시킬 계획을 갖고 있다. 그는 하바로프스크 출신의 천재소녀 바이올리니스트를 세계적인 음악가로 양성하는 사업을 후원하고 있다.

가장 큰 사업을 전개하는 곳이 김현동 위원장이 이끌고 있는 동북아평화연대이다. 1996년 중앙아시아에서 연해주로 이주하여 온 고려인들이 불우한 환경에서 생활하는 것을 한국과 자매결연을 맺고 도와 주는 일에서 시작한 연해주돕기운동은 정착촌 정착사업, 영농지도사업 등 구체적인 사업으로부터 이주자 국적문제를 위한 법률지원사업, 연해주 의료협력사업 등을 전개하고 있다. 동포를 간접적으로 돕는 운동이 고려인의 날 행사를 후원하는 것이다.

동북아평화연대가 현재 주력하고 있는 정착사업은 러시아인들이 물러난 허술한 자택을 구입하여 중앙아시아에서 이주하여 온 고려인들이 살게 하는 사업과 연해주에서 살기 시작한 고려인들에게 영농기술로 비닐하우스 재배 그리고 유기농법 등을 지도하고 이들이 생산한 콩으로 청국장을 만들어 판매하는 것이다.

한편 연해주의 경제적 후원을 위하여 동북아 민족현장투어를 실시하고, 경제인 세미나를 개최하며, 동평정책포럼을 진행하고 있다. 경제인 세미나는 한국, 중국, 러시아의 중요도시를 순회하면서 개최하여 개최지 한인과 그 곳 원주민들에게 경제적인 중요성과 협력을 호소하는 것이다. 경제포럼은 동북아공동체, 한민족공동체 형성과 같은 보다 차원 높은 의제를 중심으로 포럼을 진행하는 것이다. 이것을 통하여 동북아 한인들의 네트워크 구축을 서두르고 있다.

한편 김현동이 이끄는 동평은 연해주의 문화사업으로 한인이민 140주년 기념관을 건립하고 이 곳을 중심으로 각종 문화사업, 교육사업 등을 전개하고 있다. 연해주정부가 설치한 한민족학교인 제3학교의 민족학교화운동을 지원하고 있으며 우정마을 문화센터를 운영하고 있다.

연해주를 위하여 동평은 한국에서 동북아청년캠프를 진행하여 대학생, 고등학교 학생들의 연해주 체험과 봉사활동을 지원하고 있다.

연해주 콩밭(오른쪽이 동평의 김현동위원장이다)

그리고 연해주의 소식지인 "미르"를 발행하고 있다. 최근에는 동평의 활동을 명실공히 동북아로 확대하여 일본동포청년들의 운동인 원 코리아 페스티벌을 후원하고 있다.

한러문제연구원의 권영갑은 "동북아과학에너지연구와 발전센터"를 건립하여 친환경자동차 그린 카(Green Car)의 한국, 일본, 중국, 러시아 4개국의 공동생산을 제안하였고, 수소에너지 공공개발을 주장하였다.

에너지문제연구소의 윤갑구는 유전가스만이 아니라 전기의 공동개발과 공동이용을 위한 동북아 에너지공동체 방안을 제의하였다. 특히 중국의 북경, 한국의 서울, 일본의 동경을 잊는 이른바 베세토(Beseto) 벨트로 동북아시아가 하나가 되었을 때 이것은 세계경제를 주도할 수 있는 기반을 갖추고 있다는 설을 주장하고 있다.

해외한민족역구소의 이윤기 소장은 블라디보스톡 신한촌에 기념물을 건립하는 사업을 추진하여 신한촌을 알게 하는 공로를 세웠다. 구 신한촌 지역에 세워진 신한촌 기념탑은 높이 6m에 가로세로 1m의 거대한 석탑 3개가 세워진 것으로 특이 이 돌이 한국에서 운반되어 갔다는 데 의미가 있고 운반과 건립 등 총비용에 2억 5000만원이 소비된 대대적 사업이었다. 그는 또한 이기택과 협력하여 "동북아문화교류협회"를 구성하여 핫산지역 농업과 독립군 유적지 비석 건립사업 등 추진하고 있다.

창가학회는 고려인돕기운동본부를 결성하여 연해주 고려인들의 정착사업과 초기 농업지원사업을 전개하고 있다. 농업으로 진출한 사업가로 오명환을 들 수 있다. 그는 한인들의 기금을 모아 핫산지역에 농업을 시도하고 있다.

유럽이나 일본 또는 중국의 수도와 같이 명소, 관광지가 아닌 지역으로 고려인을 돕는다는 명목과 선배들이 독립운동을 전개하였던 지역이라도 보겠다는 명목, 그리고 광활한 대지에 농사를 짓겠다는 등 특별한 명분을 갖고 한반도 이외의 지역을 여행하였다면 그 곳이 연해주일 것이고, 가장 많은 한인정치인, 국회의원, 문인, 학자, 작가, 실업인, 언론인 등이 여행한 곳이 연해주일 것이다. 한국의 대통령이 관심을 보인 것으로도 한인들의 연해주에 대한 관심과 한인에게 연해주의 의미를 알 수 있다. 이제 연해주의 개별사항으로 연해주 내에서 진행되는 정착촌 지원사업, 연해주 영농사업, 연해주에서의 기업활동, 연해주의 문화와 교육사업을 보기로 한다. 그리고 연해주와 관련하여 유전개발문제, 시베리아철도문제, 두만강 하류 개발문제, 나홋트카 공단문제, 사할린문제, 중앙 시베리아의 한인과학자 문제 등 연해주 외각에 있는 문제들을 보기로 한다.

06
연해주 정착촌사업

러시아에 거주하는 이른바 고려인들은 한민족이민사의 제1기생으로 가장 먼저 한국을 떠난 사람들이다. 이들의 후손인 재러 고려인들이 중앙아시아에서 연해주로 재이주하는 것은 가장 먼저 한반도를 떠난 한인들이 아직도 자리를 잡지 못하고 방황한다는 의미에서 한인이면 누구나 도와야 하는 문제이다. 더욱이 이 연해주로 다시 돌아오는 고려인들의 딱한 사정을 보면 이들을 돕지 않을 수 없다. 고려인들 사이에서도 자생적인 운동을 전개하려는 몸부림이 있었고 이를 도우려는 연해주정부의 지원도 있었다. 이들이 모두 실패로 돌아가고 현재 다시 새로운 정착촌사업이 진행되고 있다. 연해주정부에서 지원하였던 사업이 어떤 것이었으며 왜 실패하였는가를 보기로 하고 다시 시작한 새로운 정착사업이 어떤 것인가를 보기로 한다.

수찬 고려인자치구 복안

중앙아시아에서 연해주로 이주하여 온 사람 중 파르티산스크에 거주하는 김 블라디미르이라는 분이 파르티산스크 부근에 고려인촌을 건립하려는 계획을 가졌었다. 그는 중앙아시아 우즈베키스탄 페르가

나주의 경제장관을 역임한 사람이다. 그는 그 곳에서 농업의 탁월한 지도력을 발휘하여 두 번이나 노력영웅의 훈장을 받는 사람이다. 페레스트로이카를 전후하여 중앙아시아에서의 전망이 없다는 것을 파악한 그는 일찍이 1989년 연해주로 이주하여 왔다. 당시 그는 페르가나의 고려인 20명에게서 한 사람에 1억 루블씩을 거두어 연해주에 와서 고려인촌을 건설하고 이들 투자자를 초청하기로 약속하였다. 당시 러시아의 1루블은 미화 1달러와 같았다. 그는 파르티산스크에 정착하자 주정부와 교섭하여 1991년 12월 대지 25ha를 받고 이 곳을 "수찬 고려인지구"라 하였으며 이 곳에 250채의 가옥을 건설하고 각종 공공건물을 건설하여 하나의 생활단지를 건설하려 하였다. 그는 가옥을 설계하고 도시설계를 하는 등 고려인촌을 건설하기 위한 준비를 진행시키고 있는 사이 러시아 경제가 파탄에 이르고 루블화의 가치가 하락하여 루블화는 마치 휴지와 같이 쓸모가 없게 되었다. 따라서 중앙아시아에 남아 있는 그의 친구는 김 블라디미르를 사기꾼이라 하게 되었다.

김 블라디미르는 이것을 만회하기 위하여 1992년 러시아교민 대표단의 일원으로 북한의 신년하례식에 참가하였다. 이것을 기회로 그는 김일성 수령에게 연해주 사정을 호소하고 경제적인 지원을 요구하였다. 그러나 김 수령은 사정이 딱한 것을 이해하지만 경제적인 지원을 할 능력이 없다고 하였다. 김 블라디미르를 이번에는 러시아 모스크바를 방문한 노태우 대통령에게 면회를 신청하고 연해주에 고려인 마을 건설을 설명하고 후원을 요청하였다. 노 대통령는 자기를 수행한 동아건설에게 문의하라 하였다. 동아건설은 파르티산스크 부근의 고려인촌 부지를 돌아보고 김 블라디미르를 서울로 초청하여 서울구경을 시키고 돌려보냈다. 이것은 건설업자의 입장에서 채산이 맞지 않아 포기한다는 것을 의미한다.

김 블라디미르는 다시 고합을 방문하여 장치혁 회장에게 호소하였으나 고합 역시 호의를 베풀지 않았다. 이에 김 블라디미르는 민간단체인 "러시아 한인돕기모임"과 같이 한국에서 언론에 호소하고 일반인에게 모금을 호소하였다. 그러나 이 곳에서도 호응을 받지 못하여 김 블라디미르가 추진하는 고려인촌 계획은 완전히 수포로 돌아가고 말았다.

손얏센농장

중앙아시아에서 연해주로 이주한 고려인들은 이 집계에서 보는 것과 같이 연해주의 모든 지역에 고려인들이 없는 곳이 없는 것과 같이 수 세대 수십 세대들이 흩어져 살고 있다. 그 중에서도 가장 많이 분포되어 있는 곳이 우수리스크이다. 중앙아시아에서 이주하여 온 고려인이 우수리스크 시내에도 거주하지만 많이 집결하여 있는 곳이 우수리스크 시내에서 북으로 40km 거리에 있는 손얏센농장(孫文農場)이다. 이 곳은 1937년 한인들이 강제이주를 당하기 전 순한인들이 살던 마을로 당시 회장은 김 미하일로비치였다. 이 곳과 이웃한 랴리치농장에 살던 한인들이 중앙아시아로 이주하여 이룩한 농장이 저 유명한 김병화농장이다. 따라서 중앙아시아의 고려인들이 다시 손얏센농장으로 돌아온 것은 옛날 자기들이 살던 곳에 온 것이 된다.

이 곳에 온 고려인들은 농장의 추진하다 미완성으로 남아 있는 빈 집을 얻어 이것을 수리하고 보수하는 한편, 농장의 일부를 얻어 농지를 개간하여 농사를 지었으며 고생 끝에 기반을 구축하고 잘 살게 된다. 그러나 이런 가구가 소수에 불과하다.

중앙아시아에서 연해주로 재이주하여 온 고려인들을 돕기 위하여 조직된 것이 "고려인재생기금(PONDE)"이다. 고려인재생기금은 고려인단체로 우수리스크 칼리나나 거리 35번지 2층 건물을 소유하고 있었다. 이것은 고합의 장치혁 회장이 10만 달러를 들여 구입하고 8만 달러를 들여 수리하여 고려인재생기금에 기증한 것이다. 재생기금 건물에는 재생기금 사무실 이외에 새마을운동 지부, 동북아평화연대 지부, 고려인 민족문화자치기금, 한글학교, 노인회 그리고 한국식당 등이 들어 있었다. 현재는 전부 고려인 이주 140주년 기념관으로 옮겨가서 고려인재생기금 건물은 경제인회관으로 사용하고 있다.

고려인 노인단

고려인재생기금이란 연해주 고려인협회 회장과 대표 등 15명이 1993년에 조직한 단체이다. 15명이란 나홋트카 2명, 파르티산스크2명, 아르톰 1명, 블라디보스톡 1명, 아르세네브 1명, 알렉고스크 1명, 우수리스크 7명 등이다. 고려인재생기금은 조직상 각 도시에 있는 민족문화자치회의 상부조직에 해당하며 중앙아시아에서 연해주로 이주하여 오는 고려인의 정착사업을 위하여 조직된 단체이다. 특히 고려인재생기금의 초대회장인 김 테미르 아파나시예비치 시절인 1998년 연해주정부로부터 군막사를 받았다.

고려인재생기금은 회장 1명, 부회장 1명, 사무장 1명, 회계 1명을 두고 있으며, 원동신문 편집장과 고려인재생기금 내 1층에 있는 한국식당이 고려인재생기금에 산하기관이다. 그리고 6개 정착촌에는 고려인재생기금의 감독을 받는 농장지배인이 1명씩 있다. 2001년 현재 회원은 240세대 850명이 회원으로 등록되어 있다. 그리고 부설기관으로 원동신문 이외에 우수리스크 문화센터인 고려하우스를 두고 있었다.

연해주에는 고려인재생기금 이외에 고려인 민족문화자치회(약하여 NK 엔카)가 있다. 1993년 블리디보스톡에서 시작하여 현재는 블라디보스톡, 우수리스크, 아르툠, 파르티산스크, 아르신예브 그리고 나홋트카 등 6개의 엔카가 있으며 그 상부조직으로 연해주 엔카가 있다.

초기 정착촌사업

1998년 1월 연해주로 이주하는 고려인들에게 반가운 소식이 전하여졌다. 즉 연해주정부가 고려인재생기금 앞으로 연해주 사령 No. 64-P호 "연해주에 소재한 해체된 군사도시를 연해주 고려인재생기금에 이양하여 무상으로 이용하게 하는 것에 대한 명령"이라는 공문을 보내온 것이었다. 이에 따라 고려인재생기금에 수여된 지역은 보즈드비젠카(Vozdvizhenka), 라즈돌노예(Razdolnoye), 포포프카(Popovka), 플라토노프카(Platonovka) 그리고 오레호보(Orekhovo) 등 5개 마을이다. 이들은 군 막사가 있거나 군인가족이 거주하던 아파트가 있는 곳이다.

보즈드비젠카는 우수리스크에서 가장 가까운 곳에 위치하고 비행장이 있던 곳으로 대지가 100ha나 되는 가장 넓은 곳이었으며, 영내에는 막사건물 2동, 식당 2동, 상점 1동, 창고 3동이 있다. 그러나 이 모든 건물이 워낙 낙후하여 사용이 전혀 불가능한 곳이었다.

라즈돌노예

라즈돌노예는 나제진스키군에 속하는 지역으로 우수리스크에서 남으로 45km와 블라디보스톡에서 북으로 60km 떨어진 두 도시 중간에 위치하여 교통이 편리한 곳이다. 대지 면적 72ha에 군사령부로 사용하던 2층건물 3동, 장교클럽, 목욕탕, 체육관, 식당 등이 있었다. 군사령부 건물 3개 동에 수용가능한 세대가 150세대이고 그 중 1개 건물과 장교클럽은 그런 대로 수리하고 사용할 수 있으나 나머지 건물은 크게 파손되어 사용이 불가능한 것이었다. 인근에 학교 3개교가 있고 기차역과 버스정류장 그리고 병원이 도보로 10분 거리에 있어 교통이 편리한 곳이었다.

정착촌에서 가장 먼저 고려인이 입주한 곳이 라즈돌노예였다. 1998년 5월 이 곳에 25세대가 입주하였고 1년 후인 1999년 5월에는 30세대가 입주하였다. 이 곳에 있는 3개의 군막사 모두 배수, 난방, 전기시설이 없었으나 다행히 한 개 막사에 전기와 난방시설이 가동하여 이 곳과 장교막사 그리고 식당건물에 사람이 입주하였다. 사람들이 입주하고 있는 군막사의 방은 약 33m^{2}의 정사각형의 방으로 한 세대가 한 방을 사용하고 있었다. 창과 문이 없어 담요로 창문을 가리고 낡은 침대에 웅크리고 자는 형편이었다. 이 곳의 보다 큰 문제는 수도가 없어 100m 떨어진 보일러실의 물을 떠다 먹는 것이었다.

이 곳에 입주한 세대에게 한 세대당 2~3ha의 농경지가 지급되어 있으니 이 경작지들은 거주지에서 약 20km 떨어진 곳에 있어 농사짓기에 몹시 불편하였다. 그나마 첫해 농사는 홍수로 인하여 완전히 물에 잠겨 수확을 한 톨도 하지 못하였고 다음 해에는 4세대만 농사를 짓고 다른 세대들은 인근도시에 나가 장사를 하거나 막노동을 하였다. 이 곳 주민의 대부분은 동북아평화연대에서 제공하는 생계보조비로 생활하였다. 동북아평화연대 이외에 서울에 있는 원불교 박청수 교무가 정착촌 보수비로 3000만 원 그리고 생활지원금으로 미화 2만 달러를 지원하였고, 대한주택공사의 박길훈 회장이 주택보수비와 영농비용으로 15억 원을 지원하였다. 이것으로 역부족이지만 입주자에게 창문과 방문을 달아 주고 부분적이나마 수리를 하고 도색을 하여 입주한 세대는 거주가 가능하게 하였다. 한편 한농복구회에서는 한글반을 운영하였고 표고버섯 재배를 시도하였으나 이것도 성공하지 못하였다. 2003년 대한적십자사에서 가옥보수비로 약 2만 달러를 지원하였으나 이것 역시 효과를 거두지 못하였다. 결국 라즈돌노예도 다른 정착촌과 같이 연해주정부에 반환하고 말았다.

이러한 남루한 곳을 수리하고 보수하기 위하여 한국에서 보수비가 조달된다는 것을 알고 연해주정부는 다시 두홉스크에, 노보네즈네(Novonezhino) 그리고 끄레모보(Kremovo) 등 3개 지역을 더 주었다. 새로 양도한 3개 지역에서 두홉스크에는 입주가 곤란하나 노보네즈네는 블라디보스톡에서 동남으로 104km 떨어진 곳으로 산으로 둘러싸인 산속 시골마을이다. 크레모보는 공군사령부가 있는 곳이고 고려인들이 입주할 때 옆 동에는 러시아인들이 거주하고 공군본부도 그대로 활용하고 있었으며 고려인에게 할당한 3개 아파트는 간단한 수리만 하여도 입주가 가능한 곳이었다.

포포프카는 우수리스크 북방에 위치하여 호롤스키군에 속하였고 군청소재지로부터 약 7km, 블라디보스톡에서는 300km, 우수리스크에서 90km 떨어진 곳에 있다. 포포프카는 대지가 25ha에 군인가족이 사용하던 6층 아파트 2동과 식당 1개, 창고 15개가 있었다. 2개 아파트에는 135세대가 거주할 수 있다.

포포프카에는 1999년 현재 33세대가 입주하고 있었다. 이 33세대에는 고려인이 대부분이지만 러시아인 3세대와 아직 철수하지 않은 군인 2세대가 포함되어 있었다. 이 곳은 아파트라 침실, 부엌, 거실 등이 나뉘어 있어 군막사의 방보다 주거가 편리하였으나 배수, 난방 시설이 없고 단지 전기만 들어왔다. 물은 약 1km 떨어진 곳에서 탱크로 받아 트랙터로 옮겨 사용하고 있었다. 고려인들이 입주한 아파트는 1층에서 2층까지 사용하지만 비닐이나 널빤지로 창문을 막고 살며 난방이라야 벽돌 위에 코일을 감아 사용하여 추위에 견디기 어려운 것이 다른 지역과 같으나 이 곳은 특히 건물이 낙후하고 기울어진 것이 붕괴의 위험마저 있으며 4층, 5층은 폐허와 같아 더욱 거주가 불안한 상황이었다.

포포프카에 입주한 고려인들은 1호를 제외하고 전부 우즈베크에서 온 사람들이었고 특히 한 아르가지라라는 사람을 중심으로 그와 인척관계에 있는 사람들이 5호나 되었다. 말하자면 한 사람을 중심으로 그와 관계된 사람들이 연줄로 이주하여 입주한 것이다. 이들 대부분은 중앙아시아에서 연해주 다른 곳에 이주하였다가 이 곳으로 입주한 사람들이고 한 집만이 특이하게 중앙아시아에서 크림반도로, 그 곳에서 다시 알타이로 그리고 우수리스크로 갔다가 이 곳으로 이주하여 온 사람이다.

이 곳 주민들도 세대당 2~3ha의 경작지를 받았고 개인용 이외에 공동으로 경작할 토지 400ha를 주정부에서 받았다. 공동경작지에는 콩을 심었고 개인밭에는 오이, 토마토, 수박, 고추 등 채소를 재배하였다. 이들의 경작지는 주거지에서 15km 떨어진 곳에 있었고 농사를 짓기 위해 각 세대는 농지 옆에 농막을 짓고 있었다. 이 곳은 다행히 고려인재생기금의 영농후원으로 움막을 지었으며, 대한주택공사의 후원으로 영농기자재와 비료를 구입하였고 한농복구회의 후원으로 비닐하우스를 짓고 야채를 재배하였다. 그러나 이 곳도 수해로 인하여 1년의 농사를 완전히 망치고 말았다. 근년에는 아파트의 전기요금을 내지 못하여 전기가 끊기어 이웃한 농가로 이주하였으며 김문일 목사의 도움으로 농사를 계속하고 2002년에는 오이재배로 재미를 보았다고 한다. 그러나 결국 이 곳도 입주자가 더 오래 지탱할 수 없어 주정부에 반환하고 말았다.

플라토노프카

플라토노프카는 포포프카보다 더 북쪽에 위치하고 항카호 서쪽에 위치하여 중국에 가까운 곳으로 블라디보스톡에서는 400km, 우수리스크에서 140km 떨어져 있다. 이 곳은 대지 1544ha에 아파트가 4동, 4세대 입주가능한 장교용 주택이 7동, 식당이 2개소, 창고가 11개, 상점이 1개 있었다. 이 곳 아파트는 한 동에 75세대가 거주하는 곳이기에 전체로 316세대의 입주가 가능한 정착촌이었다.

플라토노프카에는 17세대가 입주하였다. 이 곳 아파트도 3칸 자리와 4칸짜리가 있었으며 아파트에는 전기, 전화, 난방이 들어왔으나 수도가 없어 밖의 우물을 이용하고 있었다. 이 곳 입주자들도 전기요금을 내지 못하여 전기가 끊기었고 러시아인들이 전깃줄을 훔쳐가

난방시설이 전무한 상태가 되었다. 플라토노프카는 6개 정착촌에서 생활환경이 가장 열악하였다.

이 곳 주민들도 세대당 2~3ha의 개인경작지와 공동경작지 1400ha를 받았으나 200ha만 경작하기로 하였다. 이 곳의 농지는 주거지에서 5km 떨어진 곳에 있으며 그 부근에 논 5000ha가 있었다. 다행이 홍수의 피해가 가장 적어 오이와 수박을 출하하여 수입을 올리었으나 러시아인에게서 농기계를 대여받기 위하여 수산업회사에 속한 러시아인의 토지도 경작하여 수학을 한 다음 토지임대료를 지불하여야 하기 때문에 말하자면 러시아인의 소작인으로 별소득이 없고 월동에는 다른 지역과 같은 어려움을 겪고 있었다.

플라토노프카는 동북아평화연대에서 원조하는 500루블의 생활보조비로 빵을 사고 국을 끓여 먹는 최저생활을 하고, 옷도 한국에서 보내온 구호물자로 충당하여 겨울에 침구가 부족하는 등 어려움을 겪고 있으며 영양실조로 팔다리가 휜 어린이를 볼 수 있었다. 동북아평화연대에서는 더블캡 트럭 1대를 지원하고 1마리에 2000달러 하는 젖소 송아지를 12세대에 한 마리씩 나누어 주었다.

플라토노프카는 한농복구회의 도움으로 유치원을 보수하여 4가구가 입주하였다. 또한 한농복구회는 가구당 1000루블의 영농자금을 지원받아 농사를 짓는 것 이외에 병아리, 새끼염소, 새끼돼지 등을 사서 기르기 시작하였다. 이 곳에서도 집은 그대로 살고 있으면서 농지는 이웃한 주민의 명의로 바꾸어 놓았다.

이 곳은 한인들이 중앙아시아로 강제이주를 당하기 전 한인들이 벼농사를 짓던 곳이고 현재도 새마을운동본부가 관리하는 논을 러시아인이 관리하고 있어 앞으로는 이 곳 고려인도 벼농사를 지을 수 있는 조건을 갖추고 있었다.

그러나 아파트 입주 고려인들은 군막사를 버리고 인근의 러시아

주민들이 버린 빈집을 빌려 살고 몇 집은 빈 유치원을 주거지로 사용하고 농사도 러시아인의 토지를 임대받아 경작하는 소작인이 되어 있었다. 이 곳도 결국 주정부에 반환하고 만다.

크레모보

공군본부인 크레모보는 미할릴로프카군에 속하고 블라디보스톡에서 북으로 200km, 우수리스크에서 52km 떨어진 곳에 위치하여 차로 2시간 30분 거리에 있다. 아파트 6동이 있었으며 그 중 3개 동에 1999년 현재 60세대 120명이 거주하고 있었다. 이 곳에 입주한 고려인들은 카자흐, 키르기즈, 타지크공화국 등 중앙아시아 각지에서 온 사람들이 고루 섞여 있는 것이 특성이었고 중앙아시아에서 직접 온 사람도 있으나 대부분은 우수리스크, 파르티산스크, 아르톰 등 연해주 다른 지역에 거주하다 이 곳이 유리하다는 소문을 듣고 온 사람들이었다. 이 곳 아파트는 다른 지역에 비하여 외형상 양호한 편이었으나 내용에서는 수도, 난방, 가스시설이 노후되어 일부만 사용이 가능하였다. 이 곳도 난방시설이 없어 벽돌에 코일을 감아 난방으로 사용하여 겨울에 다른 지역에 있는 친척을 찾아가기도 한다.

이 곳 입주자들도 거주지에서 5km 떨어진 곳에 세대당 1.5ha의 텃밭을 받았고 이들 개인 소유를 합한 50ha 이외에 별도의 공동소유로 50ha, 도합 100ha의 경작지를 갖고 있었다. 농지까지 거리가 있어 주민들은 농지 옆에 농막을 짓고 봄에 나가 가을 추수시까지 농막에서 생활하고 농산물을 직접 도시의 장에 가져간다. 그러나 1999년 홍수로 큰 피해를 보아 이 곳을 떠나거나 인근 러시아인의 농지를 빌려 농사를 지을 계획을 하기도 하였다. 이 곳 입주자들의 문제는 대부분이 국적을 취득치 못해 보험, 연금 등을 받지 못하는 것이었다. 이 곳 고려인들도 거주하고 있는 아파트의 전기요금을 내지 못하여 철거를 당하고 옆 건물로 이주하여 호당 500루블의 임대료를 내고 살고 있다.

노보네즈네

노보네즈네는 블라디보스톡에서 104km, 아르톰에서 100km 떨어진 곳에 위치하여 블라디보스톡에 가장 가까운 곳에 위치한 곳이다. 이 곳은 장교숙소로 2층 건물 5개 동에 60세대의 입주가 가능한 곳에 2001년 현재 14세대 34명이 거주하고 있었다. 이 곳 아파트는 장교용이라 면적이 넓은 편이었고 수도, 전기, 하수, 난방 모두 가동되어 고려인 정착촌에서 가장 양호한 곳이었다. 이 곳 입주자도 세대당 2~3ha의 경작지 도합 23ha를 받았고 거주지에서 약 5km 떨어진 곳에 경작지가 있었다. 문제는 트랙터나 농업장비가 전혀 없었고 농작물을 운반할 차량이 없는 것이었다. 밭에 가까운 곳에 냇물이 흐르고 있으나 양수기가 없어 물통으로 물을 퍼다 모종을 하였다. 한농에서 봄에 비닐, 종자, 비료 등을 지원하였으나 트랙터가 없어 밭갈이를 하지 못하여 시기를 놓쳐 버렸고 동북아평화연대에서 지급하는 생계비로 겨우 생활을 유지하며 노동을 할 수 있는 사람들은 인근의 아르톰이나 블라디보스톡에서 노동을 하거나 장사를 하여 생계를 유지하고 있었다. 이 곳 입주자들은 멀리 있는 자기들의 밭을 사용하지 않고 인근주민들의 밭을 빌려 개별적으로 농사를 짓는 이도 있었다. 이 곳도 결국 주정부에 반환하고 만다.

우수리스크에서 가장 먼 곳인 오레호보에는 러시아군이 철수한 후 고려인 14세대 20명이 입주하여 거주하였고 경작지 70ha를 확보하였으나 첫 농사시 수해로 농지가 완전히 물에 잠겨 100% 수확을 하지 못하고 결국 모두 철수하였으며, 한농복구회에서 중국조선족을 데려다 농사를 짓고 있다.

정착촌의 특성

1999년 5월과 2001년 5월 정착촌의 사항은 아래와 같이 달라졌다.

정착촌의 인구이동상항

(단위 : ha, 명)

정착촌	대지	아파트수	1999년	2000년	2001년
라즈돌노예	192	130	30	8	14
포포프카	2,531	160	33	7	8
플라토노프카	1,415	332	17	9	9
크레모보	50	120	60	22	42
노보네즈네	120	50	12	7	14
입주자 합계			152	53	73

위에서 보는 것과 같이 1999년 152세대가 있던 정착촌에 2000년에는 53세대로 크게 감소한 현상을 볼 수 있다. 이와 같이 정착촌의 인구가 감소한 원인은 1999년 첫 농사가 홍수로 인하여 완전히 실패하였기 때문이다. 2000년의 홍수에 이어 다시 입주한 세대가 증가하였으나 2001년에는 가뭄으로 농사가 또 실패하였다.

정착촌에 입주한 고려인들은 공개모집에 의한 것이 아니라 아름

아름으로 친인척을 따라 입주한 자가 대부분이었다. 따라서 한 아파트가 형제자매 또는 아들, 사위가 같이 거주하는 경우가 많았고, 혼자 입주하고 식구들이 중앙아시아에 남아 있는 경우 또는 식구의 일부는 이 곳 정착촌에 입주하고 일부는 도시에서 장사를 하는 경우 등도 있었다. 정착촌 입주자의 대부분은 우즈베키스탄, 키르기스탄에서 온 사람이었고 카자흐스탄에서 온 사람은 드물었다.

정착촌을 도운 한인들이 많고 여행자들도 기회가 있으면 얼마간의 지원금을 주기도 하였다. 알려진 분으로 천안 로터리클럽의 강동복 총재가 2000년에 포포프카의 전기공사와 지하수공사를 위하여 2000달러, 그리고 크레모보에 난방수리비로 4000달러를 지원하였고 6개 정착촌에 겨울 양말 한 사람에 두 켤레씩 기증하였다. 이한설 목사가 라즈돌노예 전기비로 500달러를 지원하였고 적십자사에서 시가 1대당 4000달러 짜리 구급차 1대를 지원하였다.

정착촌 입주자들의 대부분은 동북아평화연대에서 맺어준 자매결연 사업으로 세대당 5만 원의 후원금으로 생활을 하여 왔으니 2001년 당시 크레모보 37세대, 노보네즈네 13세대, 오레호보 12세대, 플라토노프카 12세대, 포포프카 23세대, 라즈돌노예 20세대가 지원을 받았고, 정착촌 이외의 지역에는 우수리스크에 32세대, 스파스크에 4세대, 블라디보스톡에 8세대 등이 후원을 받았으니 정착촌은 117세대 정착촌 이외는 44세대가 후원을 받고 있었다. 이 밖에도 동북아평화연대는 정착촌의 월동생필품으로 쌀과 식품류 등 8000달러에 해당하는 물자를 지원하였다.

한농복구회는 포포프카의 난방공사비로 2527달러, 그리고 크레모보의 전기수리와 난방비용으로 4116달러를 지원했다. 또 연해주 고려인을 돕기 위해 2000년 3월 "고려인돕기운동회"를 조직하고 정착촌마다 한 쌍의 부부가 입주하여 한글반을 운영하고 유기농법을 지도하였으며 정착촌에 따라서는 비닐하우스 농법을 지도하기도 하였다. 한농복구회는 고려인재생기금에 쌀 10톤과 행사비조로 도합 1만 달러, 운영비로 월 8000달러씩 1년간 10만 달러, 영농비로 7만 7224 달러를 지원하였다. 한농복구회는 고려인 후원을 위한 자원봉사대를 조직하여 이들이 정착촌을 순회하면서 노력봉사를 하고 구호물품을 모아 도와주기도 하였다. 한농복구회는 한국에서 연해주 고려인 돕기 가무단 순회공연을 하여 모금하여 고려인들을 돕기도 하였다.

정착촌을 후원한 단체로 사회교육방송, 복음주의협의회, 불교계 단체의 후원이 있었으며 이웃사랑회에서도 도움이 있었다. 정착촌의 어린이를 돕는 사업으로 "아이들과 미래"에서 6개 정착촌의 어린이를 가진 65세대에게 담요와 물통 그리고 난로를 후원하였다. 한편 온누리 사회복지재단은 2000년과 2001년까지 1년간 6개 정착촌 거주 고려인 환자들을 후원하였다. 이것을 위해 러시아 의사 1명을 고용하여 6개 정착촌을 순회하게 하고 그의 처방에 따라 처음에는 한국에서 약을 보냈으나 후일에는 러시아에서 약을 구입하여 환자들에게 보냈다.

고려인돕기운동의 강원지부 임원과 자원봉사자 등 16명은 2002년 5월 13일부터 9박 10일간 정착촌 라즈돌노예, 오레호보, 크레모보, 그리고 스파스크를 순회하면서 지원금 5만 달러와 1톤이 넘는 물품을 가져다주었다. 이러한 단체 이외에도 이미 언급한 것과 같이 대한주택공사, 원불교, 새마을운동본부, 적십자사 등이 도움을 주었다.

그러나 3년간 계속된 흉년으로 인하여 이러한 모든 것이 수포로 돌아갔으니 대부분의 정착촌 입주자가 정착촌을 떠나고 말았다. 고려인들이 정착촌을 포기한 이유에는 흉년만이 아니라 정착촌 대부분이 교통이 불편한 곳에 위치하였고 무엇보다 정착촌을 고려인들에게 주었다고 하나 소유가 국가자산위원회에 속하기 때문에 집을 수리하고 거주하여도 개인의 재산권 행사가 불가능한 것 또한 원인이 되어

미련없이 정착촌을 떠나는 것이었다. 이에 고려인재생기금은 정착촌을 연해주정부에 반납하고 다만 라즈돌노예 한 곳만 동북아평화연대가 인수하여 새로운 정착촌으로 만드는 사업을 진행 중에 있었다. 그러나 라즈돌노예마저 연해주정부가 2003년 5월 반납을 요구하여 마지막 정착촌마저 완전히 연해주정부에 넘기고 말았다. 말하자면 1998년 김 테르밀 회장 시기에 시작한 정착촌 사업은 2003년 강 예프게니 회장 시기에 모두 주정부에 반환하고 고려인재생기금은 완전히 손을 뗀 것이 되었다.

정착촌을 떠난 사람들은 극히 일부는 중앙아시아로 되돌아갔으며 대부분 연해주의 다른 지역 특히 대도시에 이주하여 그 곳에서 장사를 시작하여 생활기반을 구축하려 하고 있다. 따라서 정착촌은 연해주의 정부가 의도한 만큼 그리고 연해주의 고려인들이 생각한 것보다 기대에 못 미치는 결과를 초래한 것이다.

07

새로운 정착사업

　고려인 정착사업을 제일 목표로 추진하던 동북아평화연대가 정착촌사업에 실패하자 전략을 바꾸어 새로운 지원사업을 전개하고 있으니 이것을 새로운 정착사업이라 한다. 새로운 정착사업은 러시아인이 헐값으로 팔거나 버리고 떠난 개인주택을 구입하고 수리하여 정착하려는 고려인들에게 대여하거나 자기 것으로 소유하게 하고, 텃밭이나 거주지에 가까운 곳에 농지를 구입하여 영농과 정착사업을 동시에 진행하여 정착을 쉽게 한 것이다. 따라서 지원대상도 우정마을, 고행마을, 평화농장 등이 지원의 대상이 된 것이다. 이러한 새로운 정착사업은 2004년부터 시작하였으며 중앙아시아에서 연해주에 이미 이주한 세대 또는 중앙아시아로부터 새로 이주하여 오는 사람들을 대상으로 하였다. 최근 중앙아시아에서 이주하여 오는 고려인들은 주로 우즈베키스탄에서 이주하여 오는 사람들이다.

　오늘날 농사를 지으려면 1ha당 2000달러를 넘나드는 지대를 지불하여야 하고, 월 10% 이상의 고리대를 지불하고 영농자금을 마련하여야 한다. 연해주로 이주하여 온 고려인은 무엇보다 추운 기후와 치솟는 물가를 견뎌야 하는 불리한 조건에 있다. 다만 자녀들의 교육문제가 해결되는 연해주를 포기 못하는 안타까운 사정에 놓여 있다. 새로운 정착사업을 시작한 지 4년이 된다. 아직도 많은 어려움을 겪고 있으나 이 새로운 정착사업을 우정마을, 고향마을, 평화농장 그리고 6개의 영농센터를 중심으로 보기로 한다.

우정마을

대한주택건설협회가 연해주에 건립한 마을을 "우정마을"이라 한다. 우정마을이 건립된 취지는 이러하다. 서울에 위치한 대한주택건설협회는 한국에서 1994년부터 독립유공자의 노후주택을 건설하는 사업을 추진하기 시작하였다. 때마침 대한주택건설협회 서울지부장인 박길훈 회장이 라디오를 통하여 원불교 박청수 교무님이 연해주 건물을 위한 지원이 있었다는 것을 들었고 연해주 고려인을 도울 계획을 세웠다. 박회장은 1998년 8월 "연해주 한인동포 재활후원기금"을 설립하여 정관을 정하고 본인이 이사장으로, 원일종합건설의 김문경 사장, 신안건설사업의 우경선 사장, 월드건설의 조규상 사장을 각각 이사로 그리고 신명종합건설의 박갑두 사장을 감사로 임원진을 구성하였다.

연해주 한인동포 재활후원기금은 연해주정부로부터 미하일노프카군 미할일로카리 일원의 대지 40만 평을 50년간 임대받고 2000년 1차로 3만 평 대지에 31세대의 단독주택을 짓기 시작하였다. 당시 총경비로 23억 7000만 원을 지원하였고 이것이 완성되어 현재 31세대가 입주하였다.

때마침 KBS에서 우리민족서로돕기운동본부와 대한주택건설협회와 협력하여 1999년 연해주 현지조사를 끝내고 2000년 1월 1일 "아리랑난장"이라는 생방송을 하여 연해주의 고려인 생활상을 소개하고 이 곳에 한인촌을 건설하기 위한 대대적인 모금운동을 시작하기로 하였다. 이에 연해주한인동포재활기금은 연해주에 1000채의 단독주택을 건립하고 이에 부수된 공공건물을 합하여 하나의 한인촌을 건립할 계획을 수립하였다. 그러나 KBS는 도중에 돌연 후원사업을 중지하여 결국 연해주 한인동포재활기금만이 주택사업을 끝내고 말았다. 현재도 주택건설을 위한 벽돌공장과 기와공장 2만여 평이 건설기지로 남아 있다.

연해주 한인동포재활기금은 위에서 본 라즈돌노예, 포포프카, 크레모보, 플라토노프카, 오레호보, 노보네지네 등 6개 정착촌에 1998~2000년에 3억 1000만 원을 지원하여 500여 체의 주택보수를 지원하였다. 또한 이 기금은 6개 정착촌의 영농자금으로 2억 원을 지원하는 한편 고려인들의 한글교육을 위하여 3년간 한국에서 파견한 한글학교 교사 3명을 후원하였다. 그리고 이 기금은 고려인과 러시아인 학생의 장학금을 위하여 1998~2000년에 600명에게 장학금으로 1억 6000만 원을 지원하였다.

한인동포재활후원기금은 미할일로프카군 두부키 마을 일대 농경지 2000ha(600만 평)을 49년간 임대받아 농장을 개설하여 1999년부터 콩, 메밀, 밀, 옥수수 등을 재배하였으니 이 곳을 "우정농장"라 한다. 이 곳의 특성은 카자흐스탄에서 이주한 고려인 9세대가 주인이 되어 농사를 짓는 것이다. 우정농장에는 트랙터 13대, 콤바인 7대, 차량 9개, 기타 장비 57대 등이 있다.

연해주의 정착촌은 위에서 본 것과 같이 정부의 호의에도 불구하고 거듭된 흉년과 시설의 낙후를 극복하지 못하고 결국 입주자들이 정착촌을 떠나 정착촌은 실패하였으나 정착촌을 돕는 과정에서 우정마을만이 남게 된 것이다.

우정마을이 하나의 고려인 공동체마을로 거듭나는 것은 우정마을이 동북아평화연대로 운영권이 넘어가는 2004년부터이다. 우선 마을

내에 문화센터를 건립하여 "솔빈문화센터"라 하였다. 동북아평화연대
는 입주자 25세대에게 비닐하우스를 보급하였다. 그리고 청국장 공
장을 만들고, 제조방법을 교육하여 고려인들이 집집마다 청국장을 만
들어 수익을 올리게 하였다. 솔빈문화센터에서는 각종 문화교육과
풍물교육이 지속적으로 진행되어 풍물놀이패는 이제는 여러 축제의
행사 등에 초청되기도 하고, 초기부터 한글교육을 받은 학생들은 어
느 정도의 한국어 소통이 가능하게 되어 어른들과 한국어로 일상대
화를 하게 되었다.

2007년도의 8.15행사 시에는 우정마을이 중심이 되어 마을공원에
서 "다민족 평화축제"를 행하였다. 이 곳에는 미하일로프카군 일원의
한국계 청년들만이 아니라 타민족의 청년 등 500여 명이 참가하여
명실공히 다민족 축제가 되었고 우정마을은 어엿한 고려인마을로 거
듭나게 되었다. 한편 한국뿐 아니라 유럽 등 외국에서도 많은 사람들
이 이 곳을 방문하여 우정마을은 이주민들의 정착모범마을로 연해주
내의 명소가 되었다.

우정마을

그러나 우정마을의 집들이 가진 텃밭이 작고 마을 주변에 농지가 확보되어 있지 않아 농업마을로서 성장하기는 어려운 실정이다. 하지만 우정마을은 1번 국도와 시베리아횡단철도 사이에 위치하여 여러 지역으로 통하는 사통팔달의 교통요지에 있기 때문에 우정마을은 다른 마을보다 유리한 위치에 있는 샘이다. 따라서 우정마을은 정착지원사업의 구심적인 역할을 하여 왔다.

고향마을

미할레로프카군의 순얏센마을 옆에 위치한 마을을 "로지나"라 부른다. 이곳은 대한주택건설협회가 우정마을 건설본부로 쓰던 마을로 90ha 27만 평의 대지 내에 밭 9만 평과 연해주 최대의 계사가 있는 농장이다. 동북아평화연대는 로지나농장을 기증받아 2007년 초 자연농업 시범고려인마을 "고향마을농장"을 조성하였다 이웃한 순얏센마을에서 고려인 25가구를 이주시키고 새로이 4가구의 고려인들이 입주할 예정이다. 이 곳에서는 자연농업 방식의 돈사, 계사, 우사와 채소 비닐하우스 단지를 조성하고 청국장, 된장 등 장류 가공공장 등이 들어설 예정이다. 주변 30ha의 밭에는 감자와 옥수수 등의 농사가 진행될 예정이다.

동북아평화연대의 농업센터도 2008년 초에는 우정마을에서 고향마을로 이주할 예정에 있다. 한편 이 마을 한쪽에는 대규모 청년텐트 캠프장을 조성하여 동북아평화의 생태교류의 장으로 사용할 예정이다.

평화농장

고합이 운영하다 포기한 한러합작 크레모바의 프림코농장의 지분

인수를 2007년 10월 마무리하였고(지분 54.6%) 그 중 일부를 동북아 평화연대가 인수받아 시작한 농장을 "평화농장"이라 하였다. 원래는 고합이 소유하였던 농지는 4200ha 규모의 농장이었으나, 약 10년간 방치되어 720ha의 토지만 남긴 채 나머지 토지는 군과 개인에게 반납되거나 이전된 상태였다. 동북아평화연대가 인수한 720ha는 말하자면 10년 이상 제초제, 화학비료 등을 전혀 사용하지 않고 콩, 보리, 밀, 귀리 등을 윤작으로 생산하여 자연농업의 생산지로는 최적조건을 가지고 있다고 하겠다. 현재 이 농장에서 생산한 콩으로 약 50가구의 고려인 가구가 청국장 등을 생산하여 한국의 안전한 먹을거리를 원하는 소비자들에게 공급하고 있다. 한편으로는 이 농장은 원래 사료농장시설이었는데 현재 침체상태에 있다. 마을에서 고려인들이 다시 시도 중인 돼지, 소 등의 자연축산에 필요한 유기농 사료를 보급하는 방향으로 사료농사를 재개할 것이다. 옥수수생산과 사료가공시설이 들어서면 작지만 실험모델로 충분히 기여하게 될 것이다. 그리고 한약재, 묘목 등 각종 새로운 종자와 작물도 실험될 예정이다.

평화 화분

중앙아시아에서 연해주로 이미 이주한 사람 중 농사지을 농가와 농사비용이 없어서 그 뜻을 이루지 못하고 연해주 내 도시에서 빈민화되어 있는 고려인들 있다. 이들 중 농업을 희망하는 이들을 대상으로 동북아평화연대는 2005년 하반기부터 지원사업을 시작하였다. 이들에게 가장 큰 문제는 주택문제였다. 고려인은 채소와 가축을 키울 수 있는 텃밭이 있는 농가주택을 선호하였다. 동북아평화연대는 한국의 여러 단체, 예컨대 아름다운 가게, 사회연대은행, 자연농업협회 등의 단체와 개인독지가의 지원을 받아 자매결연 형태로 크레모바, 아시노프카, 순얏센마을 등지에 러시아 농민이 살다 이주하였거나 이주할 사람으로부터 가구당 1500달러 정도의 가격으로 40여 채 이상의 주택을 구입하여 이것을 입주를 희망하는 고려인들에게 대여하여 주고 가구당 3000달러 정도의 농업자금을 대출하여 양돈, 양계, 비닐하우스, 밭농사 등을 할 수 있게 하였다. 이 중 7가구(4동)에 대출한 자연양돈사업이 성공적으로 자리를 잡아가고 있다. 자연양돈은 중국 연변지역의 북방자연농업협회가 10여 년 전부터 한국의 자연농업영돈기술을 전수받아 북방지역에 맞게 개량한 축산법으로 이미 수백 가구에 보급하고 있는 것이다. 이것을 연해주 고려인에게 전수하고 교육하여 준 것이다.

이렇게 주택을 갖고 영농기술을 습득하여 일단 정착은 하였으나 앞으로 중국 농산물과 경쟁하여야 하는 문제가 있고, 러시아 농촌에 주택도 수가 많지 않아 겨우 40여 가구 확보하였으며 앞으로 주택가격이 지속적으로 상승하여 보다 많은 주택을 확보하기 어려운 문제도 있다. 앞으로 러시아정부가 동평의 이주 사업을 정부사업으로 채택하여 대규모 이주사업이 생긴다 하더라도 주택에서 그 수요를 감당하기가 쉽지 않다.

신규 농업이주 이외에 기존에 6개 마을에 거주하고 있던 150여 고려인 농가구를 대상으로 2006년 겨울에 10회에 걸친 자연농업교육을 실시하였다. 이 농민들은 주로 1990년대 초반 중앙아시아에서 연해주로 이주하여 미하일로프카의 순얏센, 스파스크의 치카로프카와 노보루사노프카 등지에 자리를 잡은 사람들이다. 먼저 농업에 종사한 사람들이 잘 정착해야 다음 사람들도 농업을 잘 할 수 있지 않느냐는 주장이 설득력을 얻었다. 교육을 받은 가구 중 70가구에게 1000달러씩의 자연농업 자금을 대출하였다. 500달러는 기존의 농업을 위한 대출로 하고, 500달러는 새로운 자연농업을 위한 자재와 종자 등을 위한 대출로 하였다. 농자금을 대출받은 농민들은 육묘와 비닐하우스 농법으로 안정된 생산환경을 구비하였으니 이것은 중국식의 관행농업과 차별성을 갖는 새로운 농법으로 이것을 "고려인의 자연농업"이라 하여 연해주 기후와 토양에 적합한 농법을 시도한 것이다. 이것을 위한 자금은 재외동포재단과 사회복지공동모금회 등에서 조달하였다.

2007년 하반기부터 대출농가에서 실시한 것이 소 축산이다. 어미소 두 마리를 잘 키워 우유를 내면 한 달에 약 200달러 이상의 현금소득이 보장된다. 연해주에서는 소 사료에 대한 부담이 적고 치즈, 유산균 등의 유제품 시장이 넓어 매우 유리한 항목이다. 한 마리에 800달러쯤 하는 소를 후원인은 4인이 200달러씩 모아 한 마리를 지원한다. 지원받으면 농가는 3년 후 다른 농가에게 지원하여 주어야 하는 의무를 갖게 하였다.

70대 70 이산가족 이주사업

연해주로 이주하여 온 고려인들의 경우 가족의 일부나 가까운 친척이 중앙아시아에 있어 이산가족이 된 경우가 많다. 연해주로 이주하였어도 정착이 쉽지 않고 중앙아시아의 가옥과 농지를 청산하고 오자니 불안한 심정이 있기도 하여 가족 일부가 중앙아시아에 남은 것이다. 동북아평화연대는 고려인 강제이주 70주년인 2007년을 맞아 이산가족이 상봉하거나 재결합하는 사업으로 70명의 이산가족을 연해주로 초청하는 운동을 전개하였으니 이것을 "70대 70이산가족 이주사업"이라 한다. 연해주에서 초청하는 가족들은 먼저 6개 마을에 이주하여 살던 사람들 중 희망자들에 한하여 신청을 받았다. 한국의 사회복지공동모금회와 SKC 등의 지원으로 70대 70 이주사업을 실시하였으나 70가구를 채우지 못하고, 60명이 상봉으로 그치고, 40여 명만이 연해주로의 이주를 결정하였다. 이주자는 1인당 300달러씩의 교통비 지원, 200달러씩의 국적회복지원, 가구당 2000달러의 주택비 지원, 1000달러의 주택마련 대출, 3000달러의 농업대출, 월 300달러 이상의 동계 일자리 특별수당 등의 지원을 받았다. 이 중 4가구는 순얏센의 고향마을 신축부지로 이주하여 고향마을 건설과 청국장 공장에서 일을 하고 있다. 이 사업은 MBC의 강제이주 70주년 특집 2부작 "귀향"으로 방영되어 일반국민들의 호응을 얻은 것이다. 70대 70 이산가족 이주사업은 앞으로 중아아시아에서 연해주로 이주하여 올 고려인들의 이주과정과 이주비용을 산출하는 데 중요한 사항들을 시사하여 주는 중요한 참고가 되는 사업이었다.

6개 농업정착 지원센터

　동북아평화연대는2006년 1년간 미하일로프카와 스파스크 지역에 있는 6개 마을에 농업정착을 위한 지원센터를 조성하였다. 6개 마을이란 우정마을, 크레모바마을, 순얏센 마을, 치카로프카마을, 아시노프카마을, 노보루사노프카마을 등이다. 이 마을들에 고려인 거주사항은 우정마을에 25가구, 크레모바마을에 20가구, 순얏센마을에 29가구, 치카포브카마을에 100여 가구, 아시노브카 마을에 10가구, 노보루사노프카 마을에 25가구 도합 209가구가 거주하고 있다.

　이 마을들의 센터는 각기 다른 후원사로 이루어진 것이니 우정마을의 "그루터기센터"는 KBS "6시 내고향" 백년가약 프로그램이 지원하여 건설된 센터이고, 크레모바마을의 "사랑방"센터는 삼성봉사단이 지원한 것이며, 순얏센마을의 "보금자리센터"와 치카로프카마을의 "아름드리센터"는 KBS "사랑의 리퀘스트"가 지원한 것이고, 아시노프카마을의 센터는 자원봉사단체인 코피온에서 지원한 것이며, 노보루사노프카마을센터는 마을의 고려인이 자신의 집을 센터로 제공한 것이다. 이 중에서 특기할 것은 첫번째 농업센터 인그루터기센터의 건축을 지원한 노블하우스이다. 노블하우스는 이후 정착지원사업에 다방면의 많은 기여를 하게 된다.

　6개 마을에 있는 센터에는 한국의 청년자원봉사자들이 파견되어 상주하고 있으며 마을청소년들에게 한글교육을 실시하며 마을농업관련사업의 자문에 응하고 현지 고려인 동포들과 함께 센터를 운영한다. 한국의 여러 단체에서는 이 센터들을 매개로 의료봉사, 문화교육, 농업교육 등의 활동을 전개하고, 여름방학 때에는 학생들의 농활과 캠프 그리고 봉사활동 등이 마을센터의 중계로 이루어진다. 예를 들면 서울대병원에서 의료봉사가 있었고, 사랑의 리퀘스트의 문화교육봉사가 있었으며, 다음 한의원 등 의료봉사활동이 있었다. 한국의 문화재청과 강원도청 등의 문화강습이 있었고, 중국북방자연농업협회와 한국자연농업협회 등의 자연농업교육이 있었다. 한편 마리학교, 조선대, 경북대, 대일외고 등의 학생농활이 있었다. 이 마을 센터는 겨울에는 마을의 고려인들의 생일, 환갑, 돌 잔치 등을 하는 마을 공동체 행사를 수행하는 공간으로 활용되고 있다.

새 정착촌사업의 명목으로 동북아평화연대가 2004년 이후 연해주에서 전개한 사업을 종합하면 6개 지역에 지역센터를 건립하여 농촌의 네트워크를 이룩한 것과 주택지원 43가구를 지원한 것, 150가구를 대상으로 새로운 농업기술교육을 실시한 것 그리고 70여 가구에 농업자금을 지원한 것 외에 우정마을, 고향마을, 평화농장에서 콩을 생산하여 청국장사업을 성공시킨 것이라 하겠다.

연해주자원활동가

　동북아평화연대는 연해주에서 생산된 농산물을 한국에 반입할 수 없다는 것을 알고 있기 때문에 쌀이나 보리 등 곡물재배를 하지 않고 콩을 생산하여 콩을 가공하여 한국에 반입하는 방법으로 청국장을 만들기 시작하였다. 우정마을 중심으로 일대에 거주하는 고려인 50가구가 공장 또는 자기집에서 청국장을 만들어 상품화 하였다. 청국장은 가공품이라 한국에 반입할 수 있었으나 이것이 널리 알려지지 않아 한국에서의 청국장 판매가 극히 부진한 상태였다. 때마침 한국의 유명한 사회단체인 "고도원의 아침편지"에서 현지를 방문하였다. 이것을 기회로 2007년 10월부터 평화농장에서 생산한 콩을 연해주 시오테알린 산맥에서 채취한 차가버섯을 혼합하여 만든 '차가청국장'을 생산하고 이것을 "고도원의 아침편지"가 4회에 걸쳐 187만 회원에게 알렸다. 연이어 '러시아 연해주 답사 동영상'도 4회에 걸쳐 소개되었다. '좋은 의식주 문화를 만들어가는 행복공동체'라는 슬로건으로 재단이 출연하여 만든 온라인쇼핑몰 "꽃피는 아침마을"은 사상 최대의 접속자수를 기록했다 한다. 이에 힘입어 동북아평화연대는 10월 17일 "연해주의 아침, 고려인 차가청국장" 판매를 시작하였다.

　약 1톤 분량을 준비(2200박스 분량)하고 1주일간 특별가격판매를 시작한 것이 오전에 모두 품절이 되고 첫날에만 3톤 이상 주문 예약이 있었고 1주일 마감결과 총 14톤 분량의 주문으로 약 4억 5000만원 매출을 기록할 수 있었다. 차가청국장은 무공해자연산의 좋은 먹을거리일 뿐만이 아니라 조상들의 채취가 서려 있는 연해주에 재이주하여 온 고려인들의 정착을 돕는다는 취지가 잘 알려져 새로운 형태의 신뢰시장이 만들어진 것이다.

　2004년 우정마을부터 생산하기 시작한 고려인 차가청국장은 이제 고려인들의 명물이 되었다. 이에 힘입어 콩 경작지 1500ha를 5000ha로 확장하고 앞으로 자동화시스템을 도입하여 청국장만이 아니라 메주, 된장, 간장, 고추장 등 장류로 그 생산을 확대해 갈 예정이다.

정착사업 과제

1999년 연해주정부의 고려인정착을 위해 정착촌을 지원하였을 때 한인들은 정착사업을 수동적으로 후원하였고 위에서 본 것과 같이 정착촌건물을 주정부에 반납함으로써 끝을 보고 말았다. 그러나 2004년부터 시작한 새 정척사업은 동북아평화연대의 대표인 김현동이 연해주에 거주하면서 직접 진두지휘하여 성공의 기틀을 마련하였고, 연해주에서의 정착사업이 최소한 세 가지의 기본여건이 동시에 진행되어야 한다는 것을 체험하게 되었다. 즉 하나는 정착사업이 고려인을 위주로 하는 사업이어야 한다는 것, 둘째 정착사업에 반드시 영농사업을 동반하여야 한다는 것, 셋째 연농사업이 집단적인 것이어야 한다는 것 등이다.

첫째 정착사업이 고려인이 중심이 되어야 한다는 것은 지금까지 연해주에 진출한 한국농업기업들이 실패한 원인이고 새로운 정착사업이 성공하게 된 이유이기도 하다. 한국에서 진출한 대부분의 기업이 고려인을 위하여 농사를 짓는다고 하면서 실은 농업을 위하여 고려인을 이용하였으며 그것마저 없이 고려인들을 무시하는 경우가 대부분이었다. 고려인들이 주인의식이 없을 때 그들이 열심히 일할 이유가 없으며 그들을 고용인 취급할 때 사업이 성공할 리 없다. 동북아평화연대의 새로운 정착사업이 성공하게 된 것은 고려인들이 주인의식을 갖고 사업을 추진하여 나아갔기 때문이다.

연해주에 정착하기 때문에 농업으로 시작하는 것이 유리하다. 연해주농업은 소련이 붕괴한 후 침체기에 들어 폐허가 되었으나 이것이 오히려 연해주 땅을 화학제로부터 벗어난 오염되지 않은 땅으로 만든 것이다. 고려인들이 연해주에서 시작하는 자연농업은 장차 연해주를 유기농기지로 발전시킬 수 있는 호조건이다. 고향마을농장의 실험을 통해 자연농업이 일정한 규모와 시설을 갖추고 다시 평화농장이 정상화되면 고려인의 자연농업 브랜드는 더욱 가능성이 높아질 것이다.

새 정착사업에서 얻은 중요한 결과는 마을 지역센터를 건립한 것이다. 중앙아시아에서 연해주로 이주하여 온 고려인들은 개별적으로 어려운 역경을 넘기며 이주하여 온 사람들이기 때문에 마을공동체와 같은 의지할 곳이 필요하다는 것이다. 이것을 위하여 조성한 것이 6개 마을의 지역센터이다. 지역센터는 인위적으로 조성한 것이지만 고려인들은 이것이 자기를 위한 것이라는 것을 알게 되었을 때 이에 협력할 용기를 얻는다. 마을센터에 참여한 200여 가구의 내부거래가 조금씩 시작되고 회원들 간의 왕래가 잦아지고 있다. 이것은 고려인 농업공동체 사회가 부활하는 것이다. 그 동안 한 마을에 있어도 이웃 간에는 서로 왕래가 없었던 고려인들이 센터를 중심으로 모이고 있으며 갖가지 마을회의, 잔치 등 공동행사가 생기기 시작하였다. 연해주 정착사업은 이런 농업공동체를 기반으로 하는 것이다. 이런 공동체가 형성되면서 순얏센의 고향마을농장이나, 크레모바의 평화농장 같은 규모 있는 농업도 이루어지는 것이다. 이 곳에서 1937년 강제이주 당하기 이전 연해주에서 고려인들이 공동체를 이루고 살던 모습이 다시 살아나는 것을 볼 수 있다. 마을의 센터를 중심한 농촌의 부활은 장차 시베리아를 거쳐, 중앙아시아까지 고려인 20~30가구가 있는 농촌마다 마을센터를 만들어 구체적 네트워크를 형성하면 이후 유라시아시대를 준비하는 초석이 될 것이다.

현재 연해주에서 농업을 하는 고려인들에게 가장 필요한 것 중의 하나는 농업자금을 대출할 수 있는 금융기관이다. 러시아에는 "오베카"라는 신협 같은 조직이 있다. 스파스크 지역에서 상공업에 종사하는 고려인들은 일찍 이를 알고 상공신협을 조직하여 성공적으로 운영하고 있다. 새로운 정착사업의 마을센터는 이를 모델로 하여 금융기관을 조직할 움직임이 있다. 이를 통하여 기금을 모으고 이것을 저리로 마을주민에게 대여한다면 마을공동체는 훨씬 빠르게 자급자족하는 공동체로 발전할 것이다.

보다 중요한 것은 러시아 연해주정부의 협력이다. 고려인 정착사업과 영농사업이 연해주에서 이루어지는 한 연해주정부의 협력을 절대로 필요한 것이다. 첫번째 정착촌사업이 비록 실패로 돌아갔으나 연해주정부의 건의로 시작하였다는 것이 중요하고 이후에도 주 정부의 협력이 없이는 성공하지 못할 것이다. 연해주정부는 현재 진행 중인 고려인 농업이주 정착사업을 매우 관심있게 지켜보고 있다. 인구에 비해 땅이 너무 넓은 극동지역에서도 인구가 감소하여 고민인 러시아정부는 2007년부터 2개년씩 3차에 걸쳐 해외동포 이주프로그램을 시행중이다. 특히 연해주농업을 위해서는 초기 연해주를 개척한 고려인들의 재이주가 필요하다는 것을 연해주정부는 잘 알고 있다. 동평에서 진행하는 농업정착 지원프로그램도 제안되어 있는데 1차년도 계획에는 몇 가지 이유로 인해서 채택되지 않았지만 2009년부터 시행되는 2차 계획에는 채택될 가능성이 높다. 1990년대부터 시도된 고려인 농업이주정책이 실패한 것을 본 주정부는 동평이 추진한 새로운 시험에 대하여 매우 높은 관심을 가지고 지켜보고 있는 것이다. 이러한 관심 덕분으로 각 지역의 농업센터사업 등을 비롯하여 동평의 여러가지 지역사업이 군과 정부의 협조 아래 진행되고 있으며, 특히 양돈으로 상징화되고 있는 자연농업에 대해서는 연해주정부는 높은 관심을 갖고 있다. 이것에 대비할 제일 큰 문제는 주택문제이다. 일단 가능한 농가주택을 매입하고, 각 지역에 사용하지 않고 있는 구건물들을 인수하여 수리할 계획을 세워야 한다. 새로운 집을 짓는 비용은 수리하는 비용의 몇 배가 든다. 고향마을에서는 이미 구건물을 수리하여 사용하고 있다. 구건물의 구입을 위해 정부와 기업들의 규모 있는 지원이 필요하다. 이 건물들은 이후 북한에서 노동력이 올 때에도 매우 적절하게 사용될 것이다.

연해주 정착사업과 농업진출에 한국정부가 나서야 한다. 이미 늦은 감이 있으나 그래도 지금이 적기이다. 특히 환경문제가 대두되고 식량문제가 세계적인 문제로 대두되는 오늘날 한국정부는 한반도 이외의 지역에서 식량문제를 대처할 지역을 마련하여야 한다. 한국정부가 나선다 하여 직접 정부가 관여하면 그것은 그 나라의 내정간섭이 되기 때문에 현지에서 활동하는 NGO의 협력이 필요하다. 이것은 지원사업을 저비용으로 수행할 수 있고 현지에서의 리스크를 줄일 수 있기 때문이다. 예를 들어 평화농장을 실험농장으로 사용하여 연해주농업진출에 필요한 모든 정보를 수집하고 이런 농장을 기반으로 한국의 농기계들을 활용한 농기계사업단 같은 것을 구성하여 각 농장을 지원하는 사업은 당장의 수익사업으로도 타당성을 가지게 될 것이다.

우수리스크 평야

항카호 평야

08
연해주농업

　한국인은 공업화가 되었다 하나 원래 농업민족이었기 때문에 광활한 농지를 보면 크게 흥분하는 경향이 있다. 한반도와 같은 좁은 영토에서 농사를 지어 오던 한인들은 지평선이 보이지 않는 광활한 농토를 보면 흥분하고 그것을 소유하거나 그 곳에서 농사를 짓기를 바란다. 한반도에 가까우면서 이와 같이 한국인을 유혹하기에 충분한 농토가 있는 곳이 연해주이다. 따라서 연해주에 진출한 기업 중 농업에 종사하는 기업이 많다. 이 곳에서는 연해주의 농업환경이 어떤 것이고 한국에서 영농사업으로 진출한 단체들이 어떠한 상황을 경험하였는가를 보기로 한다.

연해주의 과거농업

　연해주의 농업은 항카호 부근의 항카평원과 우수리스크를 중심 한 우수리평원이 중심지가 된다. 연이어 전개되는 항카평원과 우수리평원의 농경지는 773만 4000ha나 되어 남한 경작지의 약 4배가 된다. 이것을 보면 수리안전답 약 6만 4000ha이고, 비수리안전답 12만ha, 밭 작물재배지 80만ha, 목초생산지 155만ha 그리고 방목장이 520만

ha이 된다. 이 지역은 작물재배에 필수적인 수자원이 풍부하고 항카호 배수장관리소가 관리하는 지역은 양수장, 배수 시설이 비교적 양호한 편이다.

페레스트로이카 이전 구소련시절의 연해주농업은 대략 다음과 같았다. 항카평원에서 생산된 쌀은 1980년에서 1990년 사이 연평균 800만 톤을 생산하였다. 감자는 1980년 4만 5000ha를 경작하였고 1981년에서 1985년 사이 평균 45만 8000톤을 생산하였다. 러시아인의 주식의 하나인 대두(콩)는 1980년에서 1990년 사이 연평균 10만 5700톤을 생산하였다. 옥수수는 1980년 28만 2000ha를 경작하여 1981년에서 1985년 사이 평균 30만 3000톤을 생산하였다(구천서 · 이병화, 1997; 101).

연해주의 농업에서 한인에게 관심이 가는 것이 쌀농사이다. 구소련시절 러시아정부는 1960년 후기에서 1970년대 중반까지 항카호 주변의 약 6만 5000ha의 늪지대를 논으로 개간하고 쌀생산을 주로 하는 10여 개의 국영농장을 건설하였다. 각 농장은 약 5000ha의 논을 소유하였고 종업원은 평균 400명이 되었다. 이들 농장에서 종업원들은 벼를 조잡한 건답직파방식으로 재배하여 ha당 1.5톤에서 2톤의 쌀을 생산하였다(박진환, 1997c; 29).

축산에서 젖소는 1981년 현재 43만 3000 두, 돼지는 46만 3000 마리가 있었고, 가금류인 닭, 오리, 칠면조는 559만 7000 마리가 있었다. 연해주의 특산물로는 양봉을 들 수 있다. 이것은 연간 7000톤을 생산하는 것으로 주로 개인농장이나 다차(별장)에서 생산되었다.

연해주에서는 외화획득의 목적으로 사슴과 밍크의 생산이 실시되었다. 사슴은 연해지방 11개 농장이 연합회를 조직하여 녹용을 수집하고 수출하였으니 녹용생산이 연간 35톤에 달하였다. 밍크와 여우 사육도 사슴과 같이 국영농장연합회가 결성되어 공동으로 사육하고

공동으로 수출하였다. 1992년 집계에 의하면 사육되는 밍크가 1200
마리에 달하였다(구천서 · 이병화, 1997; 105).

연해주지방은 농경지면적에 비하여 농업인구가 적고 겨울이 길며
농업작업일수가 짧기 때문에 농업의 기계화 없이는 작업이 불가능하
다. 러시아에서 생산된 농기계는 2000여 종에 달한다. 기종의 선택은
농장의 크기와 이용목적에 따라 농장에서 선택하고 선택한 기종은
주정부에서 일괄하여 농기계 보급소를 통하여 보급하였다. 기종의
구성비는 대략 농업용 트랙터가 35%, 콤바인과 목초수확기 19%, 운
반차량 30%, 원동기 16%의 비율이다. 보통 농기계 보유는 적절대수
의 20~30%를 여유 있게 보관하고 작업도중 기계가 고장이 나면 여유
로 보관하고 있던 기종을 바로 투입하여 작업을 계속할 수 있도록 하
였다. 그러나 구소련은 원동의 농장에서 필요한 농기구도 모스크바
부근의 유럽 · 러시아에서 생산하여 연해주를 위시한 극동지역 농장
에까지 보급하였다. 따라서 교통이 불편하여지면 연해주농업은 농기
계의 보급이 중단되기도 하였다(김상원, 2000; 133).

농지의 사유화

페레스트로이카 이후 구소련의 붕괴를 촉진한 것의 하나가 시장경
제로의 전환이다. 러시아가 시장경제체제로 전환하면서 1990년 집단
농장을 폐지하고 개인에게 농지를 분할하여 주고 농지사유증권(land
privatization check)을 발급하였다. 농지의 사유화에 따라 개인은 약
10~20ha의 토지를 소유하고 독립된 가족농을 시작할 수 있게 된 것
이다(박진환, 1997c; 2).

그러나 집단농업에 익숙하고 개인적인 영농경험이 없는 농민들은
혼자서 모든 일을 책임지고 수행하는 경영능력이 없어 가족단위의

영농을 하지 못하고 결국 농지사유증권을 지분으로 하는 주식회사 농장으로 개편하여 결국 집단적 농업을 하였던 것이다. 주식회사가 된 농장의 규모는 대략 8000ha이고 농장의 지분소유자는 평균 400여 명이다. 농민들은 자기의 땅이 농장 내의 '어디에 있는지도 모르고 싼 임금을 받고 생활하게 된 것이다. 말하자면 주식회사가 된 농장은 시장경제체제에 알맞은 농장이 되기에는 규모가 크고 농장소유주는 그 수가 너무 많았던 것이다(김상원, 2000; 133).

그러나 문제는 농장의 규모나 농민수가 아니라 국영시절과 같이 종자나 비료의 배급이 없어지고 생산된 것을 자신들이 팔아야 하는 어려움을 겪어야 했으며 특히 1992년에서 1995년까지 계속된 악성 인플레이션으로 농민이 저축한 루블화가 구매력을 상실하고 농민은 자체의 영농자금이 없어 집단농장에 맹목적으로 의존할 수밖에 없게 된 것이다(박진환, 1997a; 24).

한국의 농촌진흥청 진단에 의하면 구소련의 붕괴 후 가장 큰 변화는 집단농장이 국영농장에서 농업회사가 된 것이라 한다. 농업회사가 된 농장들에 투자가 끊겼으며, 농기계 부품의 조달과 영농자제 공급이 중단되었다. 이에 따라 영농활동이 위축되고 농업회사는 많은 부채를 지게 되어 농민들의 농업에 대한 의욕이 저하하였다. 그리고 시설과 기계가 노화하는 등 영농여건이 극히 악화된 것이다(농촌진흥청, 2001; 5).

농업개혁

연해주는 농지의 사유화 이외에 1991년 대외무역의 자유화를 내용으로 하는 급진개혁을 추진하였다. 급진개혁은 인플레이션을 조장하고 마이너스 성장의 부작용을 초래하였으며, 수입, 생산, 유통 등 각

분야의 여러 문제가 누적되어 농업이 극도로 침체하게 되었다. 이러한 현상의 가시적 결과가 농토의 축소현상이다. 연해주는 경작 가능한 총면적 250만ha 중 경작하는 농지가 80만ha로 감축하더니 2000년 현재 그것의 56.3%인 45만ha만을 경작하여 총생산량은 1990년의 40% 수준에 불과하게 되었다. 1990년 8만 톤을 생산하였다면 2000년에는 5000톤만 생산한 것이 된다. 이와 같이 쌀생산이 감소한 것은 재배면적이 1992년에 비해 28%에 불과한 24만 7000ha로 감소한 것도 원인이겠으나 농토 못지않게 노동생산성이 50%로 감소하였고 특히 연해주농업의 대규모 조방식 영농에 사용하는 트랙터가 10년 이상 되었고 콤바인이 15년 이상 되는 등 농기계의 노화로 인한 손실이 수학의 30% 이상이 된다고 한다.

생산의 감소는 쌀만이 아니라 감자의 경우 1980년 4만 5000ha에서 45만 8000톤을 생산하였으나 1990년 3만 6ha에서 34만 9000톤을 생산하였으며, 1995년에는 3만ha에서 25만 2000톤을 생산하였다. 옥수수의 경우 그 감소량이 더 심하여 1980년 28만 2000ha에서 1990년에는 15만 3000ha, 1995년에는 5만ha로 감소하였고 생산량도 30만 3000톤에서 27만 5000톤 그리고 1995년에는 3만 톤으로 감소하였다(구천서·이병화, 1997; 102).

2001년 한국의 농촌진흥청이 연해주를 조사한 바에 의하면 2000년 현재 경작이 가능한 농지 80만ha에서 56.3%인 45만ha만 경작하고 있었다. 이것을 종류별로 보면 보리, 밀, 귀리 등 곡물류 14만ha, 메밀 1만 4000ha, 콩이 9만ha, 벼가 8000ha, 감자 3000ha, 채소 2000ha, 초지 19만 3000ha였다(농촌진흥청, 2001; 5).

한국의 농촌진흥청의 관심이 많은 쌀농사의 경우 구소련시절 14개 국영농장에서 생산되고 있었고, 논의 총면적이 6만 4000ha였다. 2000년대의 경작은 8000ha에 한하였으니 총면적의 12.5%만 경작한 것이 된다. 벼농사를 대표로 하여 보면 사유화 이후 전에 행하여지던 이동작업대가 해산되었고 이에 따라 쾌토, 정지, 균평작업 등이 건답 상태에서 이루어지며 정밀작업이 이루어지지 않아 투하노동시간은 많아졌으나 단위수량은 감소하여 벼농사를 포기하기 직전의 상태가 된 것이다(이영렬, 1997; 70).

연해주 전체에서 관개면적은 350~400ha 정도로 극히 적은 편이다, 따라서 연해주농업은 관계시설 없이 강우에만 의존하는 천작지대(하늘농사)가 되어 있다. 배수가 양호한 곳에서 조생종 콩과 맥류의 재배가 가능할 뿐이다. 한편 연해주의 농지는 농지구획의 부정형으로 한 변이 수 백m, 수 천km가 되는 곳도 있다. 무엇보다 지형상 경사도가 완만하여 배수개선이 농업의 관건이 되어 있다(농촌진흥청, 2001; 7).

곡물생산의 쇠퇴는 축산업에도 영향을 주어 젖소의 경우 1980년 43만 3000 두를 사육하던 것이 1991년 40만 6000 두, 1995년에는 35만 두, 그리고 2000년에는 6만 두로 감소하였다. 돼지는 1981년 46만 3000 마리에서 1991년 36만 4000 마리, 1995년 20만 마리 그리고 2000년에는 1만 5000 마리로 감소하였다. 가금류는 4분의 1인 120만 수로 감소하였다. 이에 따라 우유생산량은 1990년 현재 연간 2404kg 이었던 것이 1999년 현재 연간 1535kg으로 감소하였다. 따라서 우유의 부족현상을 보게 된다(농촌진흥청, 2001; 5).

농업의 경영환경

개방 이후 연해주에 있는 대부분의 농장이 비용절감으로 영농이 부진한 데 더하여 생산성 증대를 위한 경영기술도 없다. 말하자면 농장재정의 악화로 비료, 농약 등 투입제 공급이 원활치 않고, 농기계 수리를 하지 않아 농기계의 사용이 불가능하다. 그간 연해주의 농업을 담당하던 극동농업과학연구소의 농업기술보급, 종자개량 등이 중단된 상황이고 특히 종자의 퇴화가 심하다. 더욱이 공산주의 체제하계획경제체제에서 훈련된 농업노동자들의 노동질이 떨어지고 그나마 농촌인구의 감소로 인한 노동력 부족현상까지 대두되고 있다.

한편 연해주에는 중국의 값진 농산물이 공식, 비공식으로 대량 유입되고 있다. 더욱이 농산물의 수집, 도매, 소매 등 농산물유통이 체계화되어 있지 않는 것도 연해주농업의 문제점이다(농촌진흥청, 2001; 8).

구소련이 붕괴되기 이전 농산물 가공공장은 상당한 수준에 있었다. 그러나 현재는 대부분의 공장이 전력부족으로 제대로 가동하지 못하고 있다. 전력부족은 1495mW의 용량을 가진 프리모스카이야 화력발전소가 석탄공급의 부족으로 전력을 충분히 생산치 못하기 때문이다. 전력부족은 연쇄적인 반응을 일으켜 산업이 축소되거나 마비되어 간다. 예컨대 우유가공공장의 경우 항카 라이온과 칼멘리보로프를 포함한 연해주 일대에 19개소나 있었다. 이것이 1995년 절반으로 감소하였고 이후 더욱 감소되어 가고 있다. 그 원인은 전력부족과 집단농장 자체의 붕괴로 종업원들이 각자 몇 마리씩 젖소를 할당받아 사육하기 때문이다. 농민들은 자기가 짠 우유를 멸균하지 않은 채 길거리에서 팔고 있는 형편이다.

러시아인이 많이 소비하는 소시지 공장의 경우 소고기, 돼지고기 합하여 1990년에 8개소가 있었다. 그러나 그 규모가 축소되는 한편 대부분 농민들이 자기 집에서 자가생산하여 자기가 소비하거나 판매하기에 공장이 크게 위축되어 있다.

페레스트로이카 이후 산업이 침체상태를 지나 경제의 붕괴현상에 직면하고 있으나 러시아에는 굶어 죽는 사람이 없다는 것이 신기할 정도이다. 이것은 도시인을 비롯하여 정부에서 개인에게 분배하여 준 다차라는 교외의 텃밭이 있기 때문이다. 수백 평에 달하는 다차에 사람들은 작은 간의주택을 짓고 주말을 즐기기도 하고 이 곳에 감자나 채소를 심어 자기가 필요한 것을 생산하기도 한다. 이와 같이 각 개인이 다차에서 생산하여 소비하는 것을 파악할 수 없다.

한편 블라디보스톡, 우수리스크, 아르톰 등의 중국시장이라 하는 "바잘"에 가면 네덜란드의 장미, 미국 캘리포니아 포도와 오렌지, 호주의 분말우유, 미국의 냉동 닭다리, 벨기에의 소시지, 중앙아시아의 멜론과 수박, 한국의 라면과 아이스크림, 베트남의 쌀 등 세계 모든 지역에서 온 제품을 구할 수 있다.

식량의 경우 식빵을 제외한 대부분의 식료품을 외국수입에 의존하고 있다. 쌀을 비롯하여 감자, 양배추, 양파 등 신선채소유는 중국에서 수입하고, 오렌지와 코카콜라, 초코파이, 라면, 비스킷 등 과즙음료수와 제과류는 한국제를 소비한다. 말하자면 연해주의 경우 농산물 생산과 농산물 가공은 발전하지 못하였으나 소비재와 소비 성향은 크게 발달하여 있는 것이다(구천서 · 이병화, 1997; 108).

연해주농업의 어려운 문제 중 하나가 노동력 문제이다. 연해주의 인구는 감소추세에 있으며 더욱이 중국인의 유입이 증가하고 있어 러시아는 더욱 심각한 고민을 하고 있다. 결국 연해주 농업노동력으로 충당할 수 있는 것은 중앙아시아에서 재이주하는 고려인과 북한인으로 추정하고 있다.

연해주에 거주하는 고려인의 경우 1989년 현재 인구조사에 의하면 약 8000명이 있었다. 그간 중앙아시아에서의 이주자의 증가로 2002년 현재 약 3만 명으로 추정하고 있다. 중앙아시아 거주 고려인의 경우 약 6만 명이 연해주의 재이주를 희망하고 있으며 그 중 60%가 농업을 희망하고 40%가 수산업을 희망한다고 추정한다. 연해주정부는 그 2배인 12만 명을 수용할 수 있다고 한다.

연해주에 일하는 북한의 조선인의 경우 1995년경 약 2000명이 농업에 종사하였으나 현재는 농사하는 북한인이 전무하고 대도시의 건설 분야에 약 3000명 정도가 일하고 있을 뿐이다.

연해주의 개혁방안

구소련의 붕괴된 이후 기울어 가는 경제를 복구하기 위하여 러시아는 블라디보스톡을 개방하였다. 블라디보스톡은 러시아의 태평양 함대가 있는 곳이기에 그간 개방을 꺼렸었다. 이 곳을 개방한 러시아는 이른바 "볼쇼이 블라디보스톡 경제특구"를 설정하고 UNDP의 후원으로 기획을 추진하고 있다. 이 계획에 따라 러시아는 한국, 북한, 중국, 일본, 베트남, 미국, 캐나다 등 태평양 연안국가들과 국교를 시작하여 영사관을 유치하였다. 블라디보스톡을 금융과 통신정보 문화의 중심지, 선박수리, 수산물가공 그리고 국방산업의 중심지로 육성할 목표를 세우고 있다. 이를 위하여 블라디보스톡은 외국의 은행을 유치하고 증권회사와 상품거래소를 설립하였다(구천서·이병화, 1997; 99).

블라디보스톡에는 이미 극동대학 외에 공업대학, 산업대학, 기술대학 등 9개의 대학이 있고, 러시아 아카데미의 14개의 지부, 예컨대 해양학, 지질학, 토양생물학 등의 지부가 있다. 그리고 국민경제연구소, 극동삼림연구소, 수력공학연구소 등 40여 개의 연구소가 있으며 5개의 공연장, 3개의 박물관 등이 있어 문화와 교육의 중심지로서의 기능을 수행하고 있다.

볼쇼이 블라디보스톡 경제특구란 블라디보스톡의 동쪽을 공업단지 그리고 서부를 농업단지로 개발한다는 것이다. 블라디보스톡 동부에는 나홋트카 항구가 있다. 이 곳은 공업과 수산업 중심지로 하고 블라디보스톡 서부는 우수리스크를 중심으로 농업단지를 조선하는 것이다. 이에 더하여 러시아는 러시아, 중국 그리고 북한이 공동으로 추진하는 두만강개발계획에 참가하고 있다.

연해주정부는 항카호 부근에 20만ha의 논을 개발할 계획을 수립하여 2002년에서 10년 간 총사업비 미화 3억 5000만 달러를 투입할 예정이었다. 20만ha의 경지는 기존의 6만 5000ha와 신규 15만ha를 합한 것이다. 기존의 논 6만 5000ha는 항카호 주변 4개 군에 있는 논으로 기반조성은 이루어져 있으나 현재는 휴경상태에 있는 것이다. 새로이 개간할 15만ha의 농지는 기존 영수시설 잉여능력이 있어 개발에 어려움이 없다. 경제성과 타당성을 분석한 결과 완공 후 4년 이내에 사업비가 회수될 것으로 추정하고 있다(농촌진흥청, 2001; 119).

이 사업의 목적은 기존의 농사시설을 회복하고 고용을 창출할 것이며 특히 중앙아시아에서 돌아오는 고려인들을 위하여 정착과 영농복구가 가능하도록 계획되어 있다. 그러나 1995년까지 중앙아시아에서 연해주로 재이주하는 고려인들이 증가세를 보이다 근년에 둔화되어가고 있다.

20만ha의 농지를 개간, 개발하기 위하여 연해주정부는 3억 5000만 달러의 외국인 투자를 물색하고 있으며 이것을 한국에 요청한 바도 있다. 한국정부는 이 계획의 재원조달계획에 실현성이 없다고 판단하고, 오히려 이것을 한국과 러시아의 정부 간 협정으로 하되 한국정부가 원하는 것을 얻을 수 있다면 실현가능한 것으로 보고 있다. 한국이 원하는 것은 한국의 후원으로 북한 노동자들에게 취업기회를 주고 연해주에서 생산된 곡물을 북한에 보내는 것이다. 이에 의하면 연해주정부가 제시한 것은 사업제안서에 불과하다. 따라서 보다 구체적인 사업으로 발전시키려면 사업에 필요한 타당성 조사를 선행하여야 한다. 한편 한국에서의 지원은 정부로부터의 차관형식도 될 수 있고 농업진출을 원하는 기업 또는 단체가 개발사업에 참여할 수도 있다. 그리고 시범농장 운영을 실시하여 시범농장이 성공적으로 운영되고 농업이 본궤도에 오른 후 본격적인 생산이 되어야 한다고 하였다(농촌진흥청, 2001; 20).

북방농업연구소의 연구보고

그간 한국에서는 연해주의 농업진출과 관련 없이 서울대 농과대학의 은퇴한 교수가 중심이 되어 한국과 인접한 북한, 중국의 동북 3성, 러시아의 연해주 그리고 일본의 동북부와 북해도 지역 등을 대상으로 농업기술과 경영, 경제적인 정보자료의 수집조사 연구와 기술협력을 통하여 한국농업의 세계화와 국제경쟁력 제고에 기여할 목적으로 1996년 2월 농촌진흥청의 허가를 얻어 사단법인 "북방농업연구소"를 설립하였다. 북방농업연구소에는 국내 학자 14명과 국외학자 3명이 연구위원으로 있으며 연구회원은 208명이 된다. 연구분야는 주로 농업경제, 벼, 옥수수, 두류, 특용작물, 원예, 축산, 수의, 농기계, 환경자재 그리고 농업경영 등이다(박래경, 2001; 1).

북방농업연구소는 연해주를 위시하여 중국의 동북 3성 그리고 일본의 북부지방을 대상으로 각 지역의 연구조사를 실시하고 『북방농업연구』라는 학술지를 발행하였다. 이 학술지에 실린 극동러시아 농업에 관한 논문 중 특히 연해주농업에 관한 논문을 추려 보면 다음과 같다.

『북방농업연구』 2권(1996)에 홍은희의 "극동러시아의 밭작물(콩중심) 재배현황과 문제점"(pp.33~48)이 있다.

『북방농업연구』 3권(1997.6.)에는 박진환의 "러시아의 집단농장제가 극복해야 할 경영 요인들-농장규모, 분화된 농업노동, 집단마을"(pp.1~25)과 이영렬의 "극동러시아 연해주의 자연환경과 토양특성"(pp.60~71), 박근식의 "북방지역 축산업의 조사보고 극동러시아 연해주 지방과 중국 흑룡강성 중심으로(pp.72~84). 그리고 박진환의 "극동러시아의 농업환경과 농업정착"(pp.85~111)이 게재되어 있다.

『북방농업연구』 4권(1997.11)에는 박진환의 "극동러시아 연해주 벼농사의 역사와 당면과제"(pp.1~32). 박래경, 김종호, 박영선의 "극동러시아 연해주의 벼 재배상의 문제점과 개선방안"(pp.33~50), 김종호·박래경·박영선의 "극동러시아 항카호 주변의 벼재배 개황과 증수가능성"(pp.51~71), 이영렬의 "극동러시아 항카호 주변 벼농사의 기계화 현황과 발전전망"(pp.72~82). 박근용·이정일·홍은희의 "극동러시아 항카호 주변의 옥수수 증수 가능성과 재배기술 개선대책"(pp.83~92), 홍은희·박근용·이정일의 "극동러시아 항카호 주변 콩 증수가능성과 재배기술 개선대책"(pp.93~100), 박진환·남철우·남정욱의 "극동러시아 연해주 시바코프 농장과 그 주민들"(pp.100~121), 남정욱·박래경의 "극동러시아 연해주지방의 벼농사를 위한 토지개발"(pp.121~149) 등이 있다.

『북방농업연구』 5권(1998.5)에는 박진환의 "극동러시아 연해주의 조선족과 벼농사"(pp.1~33), 박영선·박래경·김종호의 "극동러시아 연해주 벼건답직파 재배논의 제초제효과"(pp.34~52) 등이 있다.

『북방농업연구』 6권(1998.12)에는 박진환·남철우의 "극동러시아 농산물시장 기능들에 관한 연구"(pp.1~31), 박영선의 "극동러시아 작물 재배환경과 생산성과의 관계"(pp.32~60), 박래경·김종호의 "극동러시아 연해주의 쌀생산성 제고의 가능성과 기술적인 대책"(pp.61~80), 홍은희·백래경의 "극동러시아에서 콩 생산성 제고의 기술적 가능성"(pp.81~93), 박근용·이정일의 "극동러시아에서 옥수수 등 밭작물 생산성 제고의 기술적 가능성"(pp.94~105), 이영렬의 "극동러시아의 농업생산기반 정비 및 농작업 기계화기술"(pp.106~122), 박진환의 "시장경제 이후의 극동러시아 농업생산의 감소와 통일한국에서의 곡류공급 가능성"(pp.123~144), 박근식의 "러시아에 있어서 OIE List 가축전염병과 해외축산 개발의 문제점"(pp.145~158) 등이 있다.

『북방농업연구』7권 (1999.6)에는 박진환의 "시베리아 개척과 극동러시아의 인구증가"(pp.68~89), 남정욱 · 홍은희의 "극동러시아 아무르주의 콩 품종개량과 재배기술 개선에 관한 연구"(pp.90~96) 등이 있다.

『북방농업연구』8권(1999.12)에는 박래경 · 하용웅 · 황창영 · 남정욱의 "극동러시아 연해주에서 한국 민간단체 투자 및 직영농장의 경작실황"(pp.91~112)이 있다.

『북방농업연구』9권(2000.6)에는 박진환의 "극동러시아 아무르주 농업의 역사적 고찰"(pp.1~22), 박진환 · 배광옥의 "극동러시아 아무르주 콩의 한국시장에의 수출사례"(pp.32~60) 등이다. 이상과 같이 북방농업연구가 연해주를 연구한 것은 1997년에서 1999년까지고 논문의 수가 28편에 이르고 주된 관심사는 쌀농사와 콩 농사 등의 작물과 농업환경과 조건들이었다. 그 이후 에는 아무르주로 연구지역이 옮겨진다.

북방농업연구팀의 농업실습

북방농업연구팀은 1999년 한국에서 진출한 농업기업을 대표하여 페트로위찬스키 새마을농장을 대상으로 구체적인 실사를 실시하여 연해주에서의 농업을 진단하였다. 조사당시 페트로위찬스키농장에는 벼 442ha, 콩 268ha 그리고 옥수수 100ha 도합 810ha를 경작하였다 (박래경 · 하용웅 · 황창영 · 남정욱, 1999; 97).

농지를 경작하고 작물을 파종하는 시기는 벼의 경우 5월 10일에서 6월 8일 사이, 콩의 경우 6월 1일에서 19일 사이, 옥수수의 경우 5월

16일에서 31일 사이였다. 파종한 종자와 그 양은 벼의 경우 달리와 스토치네 등 7품종을 ha당 199.8kg, 콩의 경우 위내다 등 4품종을 ha당 87.4kg, 옥수수의 경우 러시스카야 등 4품종을 ha당 40kg을 파종하였다. 파종방식은 벼의 경우 담수직파, 콩의 경우 고휴재배, 옥수수의 경우 평휴재배 방식을 취하였다. 시비량은 ha당 벼는 204.1kg, 콩 217.8kg, 옥수수는 겨우 300kg였다.

페트로위찬스키 새마을농장에는 한국에서 파견된 새마을 직원 1명과 영농전문가 4명이 있었으나 2명은 도중에 귀국하여 한국인은 3명이 있었다. 현지에서 작업하는 러시아인은 트랙터 기사 1명, 물 관리인 4명, 야간감시원 1명, 잡무종사원 4명, 통역원 1명, 취사인 1명, 관리인 1명 도합 13명이 근무하였고 필요시 수시로 사용하는 인력이 6명이었다. 모든 작업은 대형 농기계를 사용한다.

벼의 경우 442ha에서 상작(上作) 30%, 중작 35% 그리고 하작이 25%로 평균ha당 2.37톤의 수확을 예상하였다. 콩은 268ha에서 상작이 40%, 중작이 50%, 하작이 10%로ha당 1.60톤의 수확을 예상하였다. 옥수수는 100ha에서 중작 50%와 하작 50%로 정하였으나 한발이 심하여 예상을 포기하였다.

그러나 수확한 결과는 벼 ha당 1.3톤, 콩 ha당 1톤을 생산하였고, 옥수수는 가뭄으로 토양수분이 부족한데다 까마귀의 피해로 50% 내지 60%의 수확에 끝이었다. 벼가 예상보다 크게 낮은 원인은 논과 품종 그리고 수확방법에 있었다. 논바닥의 균평도가 떨어져 완전배수가 안 되었다. 물에 잠긴 이삭 및 줄기는 동결되기 때문에 수확손실이 50~60%에 달한다. 벼의 품종이 키가 크면서 줄기마디에 굴곡현상이 나타나 도복에 가장 약한 품종이 60%에 달하였다. 그리고 대형 콤바인으로 수확하여 손실이 더 많았다.

콩의 경우 90cm 간격의 아랑폭으로 고휴재배를 한 것이 수확시 콤바인 바퀴와의 불균형으로 콩대의 예취부위가 콤바인 밑바닥에 휩싸여 수학에 큰 손실을 본 것이다. 말하자면 콤바인 수확시 균형작동에 지장이 없도록 이랑재배방식을 취하였어야 했으며 콩꼬투리 개열에 의한 손실을 줄이기 위한 적기 수확이 있어야 할 것이었다. 이와 같이 품종문제, 토지문제, 경작방법문제 그리고 수학문제 등으로 인하여 예상보다 크게 못 미치는 수학을 한 것이 된다(박래경 · 하용웅 · 황창영 · 남적욱, 1999; 102).

북방농업연구소의 회원들이 연해주 한인농업기업에 대한 진단과 연해주에서의 농업에 관한 전망 등을 제시한 것을 종합하면 첫째 러시아 농민의 집단농업을 지적하고 있다. 이것은 개인에게 나누어 준 농지사유화에도 불고하고 자기 농사를 짓는 농민이 없다는 것은 농업의 생산성이 낮고 수출농업으로의 발전을 어렵게 한다는 것이다(박진환, 2001; 25).

두 번째로 지적하는 것이 러시아의 시장경제 수준이다. 러시아는 지나치게 오랜 세월 계획경제체제에 있었기 때문에 수출을 권장하는 문화가 없다. 한국의 민간자본이 농업개발에 투자하였으나 이러한 사항에서는 몹시 힘이 든다. 따라서 한국의 민간자본이 효력을 거두려면 연해주를 포함한 러시아의 시장경제와 수출문화가 보다 높은 단계로 발전하였을 때까지 기다리는 것이 유리하다(박진환, 2001; 26).

세 번째로 지적하는 것이 토지소유제도이다. 러시아는 원칙적으로 외국인의 농지소유를 금하고 있다. 따라서 한국의 민간자본이 러시아에 진출하였을 때 주식회사인 농장과 합작투자를 하거나 주식회사 소유농지의 일부를 대여하여 차지(借地)농업을 할 수밖에 없다. 합작투자의 경우 농장의 생산성이 낮아 투입자금을 회수할 방도가 없으며 결국 중도에 포기할 수밖에 없다. 한편 차지농업의 경우 토지는 풍부하나 토지 이외의 생산요소들의 희소하여 투입자금의 회수가 되지 않는 농업이 되고 만다. 따라서 어떤 경우에도 농업의 수익성을 바라는 승산이 없는 것이다(박진환, 2001; 25).

이에 따라 연해주를 포함한 러시아의 농업을 재생시키기 위하여는 농업경영 방식과 농업환경의 대폭적인 개선이 전제되어야 한다고 한다. 농업경영방식의 개선이란 농장의 규모, 시설, 기자재, 농기계 등을 포함하여 전면적인 재평가가 있어야 하고 시장자율경제하에서 채산성 있는 농업경영방식으로 재검토되어야 한다는 것이다. 채산성 있는 농업경영방식을 수립하기 위하여서는 지역별로 재배작물을 선정하고, 선정작물별로 재배방식을 달리하며 작업공정별 작업방식, 토양, 가축사육 등의 자연환경에 대한 기초조사연구가 심도 있게 이루어져야 한다고 한다(이영렬, 1997; 71).

한국 농림부의 조사

북방농업연구소와는 무관하게 한국 농림부는 농림부, 농촌진흥청, 농수산물유통공사, 한국농촌경제연구소, 농협중앙회, 농업기반공사 등의 전문가 12명으로 조사단을 구성하여 1차로 2001년 4월 7일부터 28일까지 22일간의 조사를 실시하였고, 2차로 2001년 7월 17일부터 8월 8일까지 22일간의 연해주농업에 관한 조사를 실시하였다. 1차에서는 미하엘로프스키, 호롤스키, 치르니고프스키, 스파스키, 나덴스키, 한산스키 등 6개 군에서 현지에 진출한 한국기업을 진단하고, 2차는 호롤군에 있는 시바코프스키(Sivakovsky) 농장을 대상으로 한국-북한-러시아 3국 농업협력을 위한 시범농장 예비타당성 조사를 실시하였다.

농림부 조사팀이 진단한 러시아농업의 일반적 현황은 대략 이러하다. 말하자면 러시아 경제는 1991년 시장경제체제를 도입한 이후 중앙계획경제가 무너지고 시장경제가 아직 자리를 잡지 못하여 혼란상태에 있으며, 무엇보다 영농자재와 농기계의 공급이 10년 이상 중단된 사태로 농업생산이 현저히 저하되어 있다. 또한 비료와 농약의 사용량이 표준에 미달하여 토지비옥도가 현저히 저하되어 있다.

연해주에 진출한 한국의 영농단체 13개에 관한 평은 이러하다. 현지법인 설립한 단체가 고합, 남양알로에, 대한주택건설협회, 신성산연, 한농복구회 등 5개 소이며 나머지는 영농자금을 지원하고 수학을 곡물로 받는 계약재배를 하고 있었다. 이 중 고합만이 이익을 남기고 모두 어려운 지경에 있다. 한인의 진출기업이 어려움을 겪는 것은 러시아의 법률, 사회관습, 경제상황 등을 잘 모르고 진출하였기 때문이며 또한 한국과 다른 농업생산환경에 적응하지 못하였기 때문이다. 이를테면 연해주는 대형 농기계에 의한 대면적 영농형태였으나 한인들은 이것에 익숙지 못하였다. 일부는 부실한 계약상태였고 한국의 영농단체 중에는 농업에 경험이 없는 단체가 진출한 것도 있었다.

이 한인 영농단체들이 요구하는 것은 현지 농업센터의 건립, 러시아 법률전문가 양성, 생산물의 국내도입 지원, 자유로운 생산활동들을 위한 정부 간의 협정체결, 가공식품과 사료분야 개발지원, 고려인 지원과 농업개발의 연계추진, 한민족문화 네트워크형성과 시범사업추진, 기계화 영농단지 현지진출 등이었다.

한국, 북한 그리고 러시아 3개국이 협동으로 추진할 시범농장은 시바코프스키 농장으로 이 곳에 구역면적 2500ha의 시범농장을 가상하였다. 2500ha는 다시 세분하여 200ha의 시범구역, 55ha의 채소구역, 1900ha의 벼재배구역, 345ha의 기타구역으로 나누었다. 시범구역 200ha는 다시 150ha는 논, 50ha는 밭으로 구분하고, 채소구역은 노지채소 50ha와 시설채소 5ha로 나누었고, 벼재배 1900ha는 한국식과 북한식 각각 200ha씩으로 하고 러시아식 1500ha로 구분하였다. 한국식과 북한식은 이앙재배이고, 러시아식은 건답직파재배를 하는 것이다.

한국식 벼의 이앙재배구역은 농촌진흥청의 중묘이앙 표준재배법을 따르고, 북한식은 북한의 표준영농법을 따르되, 현장에 적용하기 어려운 기술들은 변용하기로 하였다. 농기계도 한국과 북한의 농기계를 별도로 도입하는 것으로 하였다. 러시아식 건답직파재배는 러시아의 표준영농법에 따르고, 휴경지 관리와 윤작체계는 러시아의 법률과 표준영농법을 따르기로 하였다. 러시아는 기계도 러시아산 대형 농기계를 투입하여 러시아식 기계화 영농체계를 따르기로 하였다.

소요되는 농기계는 트랙터 23대, 파종기 14대, 이앙기 12대, 콤바인 25대, 트럭 15대를 추산한다. 시범농장에 필요한 인원은 기사 42명과 보조원 22명 도합 64명이다. 북한인력을 사용할 경우 조절이 필요하다. 한국, 북한 그리고 러시아가 공동으로 농사를 지을 경우 비교를 통하여 기술교류와 교육의 장이 될 수 있다.

계약농장의 법적 형태는 한국이 중심이 되고 러시아 연해주정부, 호롤군 그리고 관련 농장이 공동으로 투자하는 유한책임회사가 적합할 것이라 하였다. 임차할 경우 한국대표, 소유주인 호롤대표, 사용권자인 농장대표가 참가하되 연해주정부가 입회자로 참가하여야 한다. 그리고 법인의 정관을 작성하여야 한다. 법인정관은 법적으로 규정된 내용이 모두 포함되어야 하며 특히 한, 북, 러 3국의 농업협력을 위한 사업의 범위와 북한 노동력의 활용을 명기하여야 한다.

농사에서의 추정수확량은 벼농사 시험구역에서 ha당 2.0톤부터 2.5톤을 예상하고, 한국 및 북한식에서는 ha당 2.5톤에서 5톤까지, 그리고 러시아식에서는 ha당 2톤에서 3톤을 예상한다. 콩수확량은 ha당 1.0톤에서 1.5톤을 추정한다. 벼는 사업시행 11년차부터 그리고 콩은 4년차부터 정상수확량에 도달할 것으로 계산한다.

총 사업비는 미화로 1105만 3000 달러를 추정하고, 현지법인 설립에서 설계, 시공, 농기계도입까지 3년의 기간이 소요될 것이라 한다. 사업비에서 가장 많이 경비가 필요한 곳이 농지기반조성 부분이다. 이 곳에 약 417만 7040달러가 예상되고, 다음이 기계구입비로 254만 3705달러, 조사설계비로 190만 7360달러를 예상하였다. 농기계 창고 와 사무소 그리고 숙소 등은 기존의 시설을 보수하는 것으로 하여 보수비만 책정하였다. 사무비 및 기타로 50만 달러를 책정한 것은 회사 등록 및 대행수수료, 농지임차수수료, 각종 고문료 등 사무소개설에 따른 비용이다.

연해주 시범농장의 경비산출에서 소득에 비하여 투자비가 많이 소요되어 경제적 타당성이 없는 것으로 나타난다. 그러나 북한에 지원하는 쌀을 국제시장에서 구입할 경우 연해주가 경제성이 있음을 알 수 있다. 한국의 국내 쌀가격은(2000년 현재 톤당 미화 1528달러) 국제가격보다 5배나 비싸기 때문에 국제시장에서 구입하여 지원하는 것이 경제적이다. 국제시장에서 2000년 FOB가격으로 톤당 431.7달러이었다. 그러나 연해주 시범농장에서 계획한 러시아식 재배구역의 쌀가격은 톤당 265달러이고 한국식 연농구역의 쌀은 톤당 241달러로 시범농장 평균톤당 쌀경영비는 253달러가 된다. 이 가격은 미국산 쌀 가격의 59%에 불과하기 때문에 FOB가격으로 환산하여도 경제성이 있다.

이 사업의 계량효과는 첫째 사업기간 중 20만 5420 M/T의 곡물을 생산하여 219만 6000명의 식량을 충당할 수 있고, 871억 7600만 원의 수입대체효과가 있다. 둘째 사업기간 중 9468명의 고용효과가 기대되며, 사업시행 4년차부터는 연간 203명의 고용증대가 기대된다. 셋째 노지채소의 현지판매로 사업기간 중 총 1188만 4000달러의 소득이 발생하며, 넷째 국내농기계 투입으로 총 12억 3500만 원의 농기계수출을 올릴 수 있다.

이 밖에도 다음과 같은 비계량효과를 기대할 수 있다. 말하자면 첫째 한국, 북한 그리고 러시아 3국간 농업협력체제를 구축할 수 있다. 둘째 북한에 식량제공이 가능하다. 셋째 식량안보를 위한 해외 식량 기지기반을 마련한 것이 된다. 넷째 러시아로의 농업진출교두부가 마련된 셈이다. 다섯째 러시아식 조방농업경영을 습득할 수 있다. 여섯째 국산농기계의 해외시장 판로가 개척된 셈이다. 일곱째 러시아의 고려인 일자리를 만들 수 있다. 여덟째 농업을 통해 타산업제품도 판로개척이 가능하게 된다. 아홉째 MM물량의 대체수입이 가능하게 된다. 열째 연해주 진출 농업투자 민간기업의 경영지도 및 상담이 가능하게 된다(농업기반공사, 2001; 272).

연해주농업과학연구소의 보고

2003년 블라디보스톡에서 개최된 제2차 동북아경제포럼에 참가한 연해주 농림국장 체르카신은 연해주농업의 환경과 조건을 다음과 같이 보고하였다. 러시아의 입장은 100년의 역사를 갖고 있는 국립 연해주농업과학연구소는의 자료를 기초로 하기 때문에 연해주에서 어떤 작물을 어떻게 경작하여야 하는가를 가장 잘 알고 있다고 전제하고, 불황인 근년에도 연해주에서는 다음과 같이 봄밀, 보리, 쌀, 귀리, 콩, 옥수수, 감자, 채소, 사료작물 등을 재배하여 왔다고 하였다.

[표 1]에서 보는 것과 같이 근년에 연해주에서는 비록 차이는 작아도 대체적으로 경작면적이 안정된 것을 말 수 있다. [표 2]는 농작물 수확량이 해를 거듭하면서 증가하는 경향을 볼 수 있다. 농작물에서 감자와 같은 작물은 연해주 내에서 자급자족을 이루고, 콩과 같은 작물은 여유가 있어 다른 지역에 수출하며, 밀과 소고기는 현지생산물

[표 1] 연해주의 농작물 파종지 (모든 등급의 농장)

(단위 : 천 ha)

	2004년	2005년	2006년	2007년
파종지 전체	357.1	360.8	349.5	342.6
곡물, 곡물콩류	97.3	108.3	101.5	107.8
봄밀	22.7	30.0	26.9	33.4
옥수수	4.9	4.0	7.4	11.9
보리	24.5	26.7	21.9	18.3
쌀	2.3	3.4	4.5	6.0
귀리	33.0	33.3	30.5	27.4
산업작물(콩)	128.5	137.5	134.5	126.1
감자	47.9	45.0	44.1	44.1
사료 작물	62.1	56.3	54.8	51.2

[표 2] 연해주 전체농장에서의 농작물 총수확량

(단위 : 천 톤)

	2004년	2005년	2006년
곡물, 곡물콩류 다음 포함:	115.5	124.3	140.0
봄밀	26.6	33.4	39.2
옥수수	10.1	9.7	19.1
쌀	3.6	5.2	7.6
콩	104.9	117.8	122.6
감자	484.4	454.5	464.5
다년초 건초	25.9	21.2	21.7

이 부족하여 중앙러시아 및 시베리아지역에서 들여오거나, 외국에서 수입하여 온다고 한다. 이러한 농작물 이외에도 연해주에서는 과수작물과 과일작물을 재배한다. 과수의 경우 살구, 자두, 배, 사과, 등이 유명하고 과일로는 구스베리, 딸기 및 기타 많은 작물들의 재배가 가능하다고 한다.

　최근 연해주에서는 닭과 돼지의 사육이 [표 3]에서 보는 것과 같이 증가세를 보이고 있다.

[표 3] 연해주에서의 가축사용량 및 축산제품 증가지표(모든 등급의 농장)

(단위 : 천 마리, 천 톤, 백만 개)

	2004년	2005년	2006년	2007년
돼지	51.3	40.8	41.4	62.8
조류	2342.7	2217.4	2780.3	2664.3
돼지고기(도체중)	4.9	4.2	4.4	-
닭고기(도체중)	9.1	12.0	13.9	-
계란	281.5	241.2	207.4	-

이러한 닭과 돼지의 사육은 밀이나 옥수수와 같은 사료의 생산과 밀접한 관계를 갖고 있으며 이들도 대체로 생산과 소비가 균형을 이루고 있다 하겠다.

농업에 관하여 연해주정부는 다음과 같은 사항에 중점을 두고 있다고 한다. 말하자면 ① 축산제품과 농업식물의 생산량 확대, ② 농축목장 발전, ③ 우량종자 개발, ④ 농업종사자들의 주요 장비개량 지원, ⑤ 농산물 생산시 위험대비 보험체계 발전, ⑥ 토질향상을 위한 정책, ⑦ 농경지역의 안정적인 발전지원 그리고 ⑧ 농업정책수행 시 정보지원 등이다.

국가가 수행하려는 농업부분발전 프로젝트를 시행하게 되면 연해주농업경제는 새로운 기술수준으로 발전할 수 있고, 제품경쟁력과 노동생산성을 높일 수 있을 것이라 한다. 현단계에서는 농업기업에 최소한의 노동력으로 식품생산량을 증가시킬 수 있는 기술을 도입하는 것이 중요하다. 현재 연해주농업과학연구소에 부여된 과제는 다음과 같은 것이다. 말하자면 바이오테크놀로지 방법을 이용한 육종 및 품종개량을 실시하는 것, 농산물 생산공정을 현대화하는 것, 그리고 토양의 비옥도 관리를 위한 기술 및 생물학적 방법을 마련하는 것이다.

과학은 국제적인 것이기에 세계적인 성과를 따르되 이 연구소에서는 연구와 실제를 조화시키는 데 주력하고 있다. 연구의 국제적인 협조를 위하여 이 연구소는 매년 미국, 중국 등 기타 외국 파트너들과의 접촉을 확대해 가고 있다. 한국과도 협력 관계를 맺으니 수년 전 한국 고합의 장치혁 박사의 지도하에 노지 야채재배와 농작물 재배를 실시하였다. 이것은 연해주 우수리스크지역에서 채소재배가 가능하다는 것을 보여 준 귀중한 경험이라 할 수 있다. 한국업체들은 콩, 쌀, 곡물 및 기타 작물재배를 위해 연해주농업에 자금을 투자하고 있다. 이를 통해 수출용을 포함한 식품생산량을 확대해 나가고 있다. 이러한 면에서 양국은 다양한 형태의 협력을 모색할 수 있다. 예를 들어, 러시아 남부 로스토프주에서는 한국이 투자한 사탕수수를 포함한 곡물에서 에탄올 생산공장을 건축 중에 있다. 이것은 날로 수요가 증가하는 생물연료로 앞으로 큰 전망이 있는 분야이다.

연해주는 경작지를 넓히고, 수확량 증가를 통해 많은 종류의 제품 생산량을 확대할 수 있는 가능성이 있는 곳이다. 무엇보다 토지와 자연기후조건이 이를 가능하게 한다. 식물재배에서 가장 전망이 좋은 분야로 들 수 있는 품종이 쌀, 콩 그리고 채소이다. 연해주에는 쌀 경작지를 4만~4만 5000ha까지 확대할 수 있다. 쌀의 경우 국내외시장에서 쌀가격의 상승과 연해주에서 생산되는 쌀의 품질이 우수하여 수요가 증가하고 있는 추세이다. 연해주쌀의 품질이 좋은 것은 품종이 좋은 것과 재배기술의 향상 그리고 좋은 토양과 기후조건 등 때문이다.

콩 생산량도 25만~50만 톤까지 확대할 수 있다. 특히 중국과 한국의 업체들이 연해주에서의 콩재배에 큰 관심을 보이고 있다. 이에 러시아 콩연합이 적극적으로 참여하고 있다. 연해주의 자체 원료는 대부분 식물성 기름 및 가축사료로 사용되고 국내시장에서는 미국 및 중국으로부터의 수입에 의존하고 있는 실정이다. 현재로서는 콩의 종자개량이 문제가 되고 있다. 그러나 문제는 러시아에는 유전자가 변형된 품종을 재배하는 데 제약이 있으며, 식품생산시 유전자변형에 대한 감독이 철저한 것이다. 세계적으로 유전자변형에 대하여 이러한 제품이 건강에 위험한지, 아닌지에 관해 의견의 분분하다. 일부 국가들은 경작에 유전자변형 작물을 광범위하게 사용하고 있고, 어떤 나라들은 엄격하게 금지하고 있다.

연해주는 생태학적으로 깨끗한 식물이란 유전자변형이 없으며 화학비료, 광물비료 등을 사용하지 않고, 유해폐기물을 방출하는 산업체가 없으며, 물, 공기 및 토양이 위생기준에 적합한 지역에서 생산된 식품을 뜻한다고 이해하고 있다. 국제시장에서 이러한 식품은 매우 비싸게 판매되고 있고, 자체적으로 소비되고 있다.

연해주농업 및 가공분야에 외국투자를 유치할 때 좋은 조건이 제시될 것으로 생각한다. 외국투자는 상호이익이 되어야 하며, 그렇게 될 수 있을 것으로 생각한다. 세르게이 미하일로비치 다리킨 연해주 주지사는 어느 한 연설에서 연해주 경제에 대한 개인투자의 효과는 러시아 중앙지역에서 보다 더 높으며, 평균 약 20%에 달한다고 지적한 바 있다. 말하자면 연해주지역의 투자환경은 매우 좋다고 할 수 있다.

또한 연해주의 기후조건은 독특하기 때문에 농업에 있어 꼭 고려해야 한다. 또한 과학기관이 축적한 경험을 잘 사용하여야 한다. 이곳 학자들과 협력하고 있는 제품생산업자들은 보다 안정적이고 좋은 결과를 창출하고 있다. 예를 들어, 경작에는 전문과학지역기관이 검사한 작물이 사용되어야 한다. 이러한 관점에서 연해주농업과학연구소는 한국측의 좋은 파트너가 될 수 있다. 이 곳 연구소는 중국, 미국, 네덜란드 등의 국가들과의 협력계약서에 따라 콩, 곡류, 옥수수, 감자 등에 대한 품종테스트를 실시한 경험이 있다. 공동생산 파트너가 요구하는 품종으로 농작물 육종체계를 마련하는 것이 중요하다.

마지막으로, 연해주농업과학연구소는 외국 파트너들과의 평등하고 상호이익이 되는 협력을 위해 개방되어 있음을 강조하고 있다. 따라서 공동의 노력은 양측에 긍정적인 결과를 보여 주게 될 것이며, 양국의 경제적 발전과 성장에 도움을 줄 것으로 생각한다고 하였다.

말하자면 연해주정부의 농업에 관한 입장은 그간 연해주농업이 안정을 되찾았기 때문에 한국이 농업에 투자하고 러시아와 합작하는데 아무 어려움이 없으며 최근 외국과 협력하는 것과 같이 한국과도 협력할 의사가 있음을 말하고 있다.

한국농업기업의 진출

페레스트로이카 이후 한국의 기업이 연해주로 진출하면서 동시에 농업에 관한 사업도 전개하여 나아갔다. 1991년에서 1998년까지 사이에 진출한 한국의 농업기업을 보면 다음과 같다.

한국회사명	군 별	영농지역	경지면적	진출시기	주요 영농
고합상사	미하일노프카	코러스, 손얏센	12000ha	1991	콩, 메밀, 채소
대아산업	달리네르첸스크	오레호보		1991	벼, 콩, 옥수수, 채소
한농복구회	파르티산스	파르티산스크	500ha	1996	무공해 채소
	달레네친스키	오레호보	500ha		메밀, 채소, 특용작물
대경	우수리스크	스체프노예	800ha	1996	콩 옥수수
새마을운동	호롤스키	페트로이한스키	4900ha	1997	벼, 콩
		시바코프스키	,000ha		
대한주택건설협회	미하일노프카	드루쥐바	4000ha	1998	메밀, 콩, 옥수수

한국회사명	군 별	영농지역	경지면적	진출 시기	주요 영농
남양알로에	호롤스키	노보제비찬스키	2100ha	1998	벼, 생약
	호롤스키	루고부예	3000ha	1998	
농촌지도자	체르니코프스키	비자모프브카	4500ha	1998	벼
발해영농	야누친스키	크라지단카	370ha	1999	벼, 콩
신성산업	라즈돌노예	나제르진스키	200ha	1999	버섯, 약초, 채소
경기농업경영인	스파스크	노보셀스코에	7200ha	2000	벼, 콩
농촌지도자중앙협회	체리지코프카	바지모프카	300ha		벼
대진회	야누친스키	젬추권	7000ha		
순복음교회	블라디보스톡		NA	1999	NA
여주군 농민단체	호롤군		18300ha	NA	NA
제주도 칠대농장	핫산군		19000ha	NA	NA

이상의 한국영농단 이외에 일본인과 중국인이 경작하는 영농단지는 다음과 같다.

일본 구보다	스파스크	젤래노들스키	3100ha
중국 임차	한카스키	블라디미르, 베트롬스키	6300ha
중국조선족	한카스키	멜구놉스키	5700ha

이상과 같이 한국농민단체가 16개나 되고 일본소유가 1개 중국소유가 2개 있었다. 한국기업에게는 전부 49~50년의 장기 경작권을 인정하였으나 일본과 중국의 것은 1년씩 매년계약을 갱신하여 한국과는 크게 달랐다.

연해주에 진출한 한국기업은 농민과의 계약과 운영에서 몇 가지 유형을 볼 수 있다. 첫째 유형은 이른바 합작농업이고, 둘째는 위탁농업, 셋째는 직영농업 그리고 넷째 혼합영농이 있다.

일명 계약농업이라 하는 합작농업의 대표적인 예가 고합이다. 고합이 연해주로 진출한 것은 1992년 8월 한러 극동협회를 창설한 이후이다. 고합은 1993년 한국산 채소로 토마토, 오이, 수박, 참외를 시험재배하여 450kg을 생산하였다. 다음해인 1994년에는 연해주의 극동농업과학연구소와 합동으로 20ha에 콩을 시험재배하였다. 이것을 토대로 고합은 1995년 3월 아무르주에 현지법인 코루스(KORUS-I Co. LTD)를 건립하고 동년 5월에 연해주에 현지법인 프림코(PKRIMKO Co. LTD)를 설립한다.

고합의 농지는 연해주의 경우 우수리스크에서 북으로 25km 떨어져 있는 크레모프스키 농장 1만 3000ha와 순얏센 농장 1만 2000ha 그리고 아무르주는 탐보군에 있는 프리불노예 농장 5만ha 중 6600ha를 합하여 도합 3만 1600ha를 계약하여 합작농장으로 경영하고 있다. 합작이란 투자자와 경작자가 50대 50으로 투자와 이윤을 분배하는 것으로, 한국인 현지관리인을 두되 또한 현지인을 지사장으로 두고 있다(국제공업개발원, 1999; 22).

2000년 조사당시 프림코에는 트랙터 36대, 콤바인 14대, 트럭 15대와 종업원 130명이 있었다. 2000년도 경작은 보리 725ha, 귀리 710ha, 밀 780ha, 매밀 165ha, 콩 665ha 도합 3025ha를 경작하였다. 여기에서 생산된 것을 보면 보리 ha당 1.26톤, 귀리 1.40톤, 밀 0.93톤, 매밀 0.41톤, 콩 0.97톤을 생산하였다. 프림코 농장은 마브라모프카강과 일리스카야강이 합류하는 지점에 위치하고 비교적 높은 지대에 위치한 농장으로 경작하기에 어려움이 없었으나 관개 배수시설이 없고 기상변화에 의존하는 영농으로 1999년에는 한발, 2000년에는 수해를 당하였다(농촌진흥청, 2001; 83).

고합은 합작영농의 대표적인 사례이다. 합작영농은 50대 50으로 지분을 나뉘되 진출기업은 자금을 투자하고 현지농장은 기존 투자부분인 농기자재 등을 현시가로 추정하여 추정금액만큼 투자하는 것이다. 이 곳에는 경영권분쟁이 발생할 소지가 많다. 말하자면 투자자가 현실사정에 정통하지 못하기 때문에 현지의 농장장이 경영권을 장악하는 것이 일반적이다. 현지경영인은 투자자보다 자기의 이익을 위하고 이익금의 외부유출을 막기 위하여 고의적으로 이익산출을 하지 않는 경우가 허다하다. 특히 현지경영권자가 고용인을 선택할 수 있기 때문에 투자자가 고려인이나 다른 한인들의 고용을 부탁조차 할 수 없다. 또한 현지농장의 출자대상인 현물에 대한 가치평가가 어려워 실제 고합의 경우 현지농장이 출자한 장비가 대부분 노화되어 부품비 및 장비수리비로 막대한 비용이 추가되었다. 고합은 연해주 합작회사에 233만 달러 그리고 아무르주 합작회사에 130만 달러를 소비하는 등 큰 손해를 보았다(서울대 농업개발연구소, 2001; 170).

위탁농업

새마을운동 중앙협의회와 남양알로에, 대순진리 그리고 농촌지도자중앙협의회는 위탁영농법을 취하였다. 위탁영농이란 투자기업이 일정액에 해당하는 영농비를 투자하고 수확후 투자액만큼의 수확량을 현물로 받는 것을 말한다. 수확량의 일정비율을 받기 때문에 수입이 확실하다. 위탁영농은 경영권자가 고용인을 선택할 수 있기 때문에 현지 고려인이나 북한 노동자를 고용할 수도 있다(서울대 농업개발연구소, 2001; 170).

새마을운동 중앙협의회는 우수리스크에서 북쪽으로 120km 지점에 있는 호롤군의 4개 벼생산 국영농장 중 2개 지역인 페트로위찬스키의 농장과 시바코프카 농지를 50년 장기 경작권을 획득하여 2년 간 북방농업연구소에 시험재배를 위탁하였고, 이것이 끝난 1999년부터 본격적인 영농에 착수하였다. 경작지는 시바고프스키 국영농장 6000ha와 페트로위찬스키군 내의 5000ha 도합 1만 1000ha이고 이것이 전부 수리안전답이었다(국제농업개발원, 1999; 23).

새마을운동 중앙협의회가 농업을 시작한 1999년 전체면적의 10분의 1인 1000ha로 시작하였고 매년 경작면적을 확대하여 3년 후에는 전면적인 영농을 실시하려 하였다. 새마을운동 중앙협의회는 그간 순수영농비로 160만 달러, 집단가축사육사업비로 5만 달러 그리고 가축신용사업비로 3만 달러를 지불하였다(서울대 농업개발연구소, 2001; 171).

남양알로에는1998년 호롤군의 새마을 수도생산농장 2개, 말하자면 루가보(Lugovoe)와 노보제비찬스키 농장 도합 8400ha를 50년 간 임대받아 현지법인 유니베라 러시아(Univera-Russia)를 설립하고 위탁 영농을 시작하였다. 남양알로에는 1999년 1월 연해주에서 생산된 벼 180톤을 북한의 개성무역주식회사인 광명성총국을 통해 구상무역을 하여 북한을 지원한 바 있다(국제농업개발원, 1999; 23).

남양알로에는 2001년 3월 한산군 크라스키노면에 1000ha의 토지를 영구임대 받았다. 이 곳 크라스키노 농장은 북한에서 27km, 중국에서 25km 떨어진 곳에 있다. 이 곳 농지의 400ha는 채종포 그리고 600ha는 생약단지로 사용한다. 생약단지에는 천연약용식물로 베리류, 버섯류, 향료식물류 등을 재배하고 있다. 이 곳 농장에는 상시고용인 2명과 20~30명 규모의 수시고용인을 두고 있었다(농촌진흥청, 2001; 93).

1998년 진출한 농촌지도자중앙협의회는 체르니고프스키(Chernigovsky) 군의 바지모프카에(Vadimovskoe) 농장 4500ha를 50년간 계약체결하고 위탁영농방법으로 3년 계약재배를 실시하고 있다. 바지모프카에 농장 총면적은 4500ha이지만 1차 연도인 1999년 100ha, 2차 연도인 2000년에는 500ha, 그리고 3차 연도인 2001년에는 1000ha에 벼와 콩을 윤작하면서 시험재배를 하였다. 이 곳 농장은 토양이 비옥하여 작물수확이 비교적 많은 편이다. 예컨대 이 곳에서 콩의 수확량이 ha당 2.2통이었으니 이것은 극동러시아에서 단위면적당 가장 높은 수확량이 된다. 그리고 이 농장인근에 극동지역에서 규모가 가장 큰 약 15만 톤의 곡물을 저장할 수 있는 도정공장이 있다(국제농업개발원, 1999; 24).

직영농업

대한주택건설협회의 영농방식은 직영영농이라 하여 한국기업이 100% 투자하고 이익과 손실에 대하여도 100% 투자기업이 책임을 지는 것이다. 대경, 대아산업, 한농복구회 등이 이 영농법을 취하고 있다. 이 영농법은 영농과정에서 발생하는 현지인의 도덕적 해이현상을 어느 정도 방지할 수 있는 장점이 있다. 또한 고용인을 선택할 수 있어 현지 고려인이나 북한 노무자를 고용할 수 있다. 그러나 직영영농은 초기 영농기반조성에 많은 비용이 들고 모든 것을 자기 책임 하에 이루어지기 때문에 현지의 제도, 영농조건, 영농기술 등에 대한 완벽한 준비가 필요하다(서울대 농업개발연구소, 2001; 170).

대한주택건설협회가 경영하는 미하일노부카군 야브라모프카의 말리-두부키 농장을 우정농장(4000ha)이라 한다. 이 곳은 중앙아시아에서 재이주하는 고려인을 위한 사업의 일환으로 고려인에게 집을 지어주는 우정마을과 그들이 농사를 지을 수 있게 하려는 우정농장으로 하나의 복합체를 이루고 있다.

우정농장은 미하일노부카 군유지를 50년 간 임대받은 밭으로 초지로도 사용할 수 있다. 2000년 조사당시 중앙아시아에서 온 고려인 12명이 일을 하고 있었다. 농기계 보유로는 트랙터 14대, 콤바인 7대, 파종기, 농약살포기 그리고 건조기 등이 있었다. 이 곳의 토양은 평평한 지형이고 점질토로 이루어져 있어 배수가 원만치 않으며 더구나 관개와 배수시설이 되어 있지 않아 수해가 있었고 이에 따라 옥수수와 메밀 등의 생산이 감소되었다.

우정농장은 1999년에 1000ha에 콩 600ha와 메밀 250ha를 경작하여 콩은 ha당 1.03톤, 메밀은ha당 0.68톤을 생산하였다. 2000년에는 2000ha를 임대하여 콩과 옥수수를 재배하였으며 옥수수를 190톤 생산하였다. 2000년 당시 이 곳 농장에서는 돼지 50마리, 닭 200수를 자체 소비용으로 사육하고 있었다(농촌진흥청, 2001; 90).

한국농촌복구회, 약하여 한농복구회라는 단체는 1992년 하바로프스크에 진출하였다가 1996년 라조주에서 5만 평의 시범농장을 경영하였고, 2000년 제1농장으로 달네레첸스키군의 오레호보 농장 500ha를 49년 간 무상임대하여 영농을 시작하였다. 그 후 제2 농장으로 라스제스젠카에 위치한 농토 500ha를 임대하였다.

한농복구회의 영농특성은 무공해 농산물을 생산하는 것으로 친환경 농업구현을 목표로 하고 있다. 한편 고려인의 안정적 정착을 지원하고 러시아의 농업기술지원을 목적으로 하고 있다. 한농복구회는 2001년 제1 농장인 오레호보의 500ha 농지에 쌀 400ha와 나머지 100ha에 옥수수, 감자, 양배추, 중국배추, 수박, 당근, 양파 및 채소 등을 재배하고. 제2 농장인 라스제스젠카 500ha에는 콩을 재배하였다. 한농복구회는 한국인 13명, 중국조선족 노무자 49명, 고려인 20명 그리고 임시로 러시아인 2300명을 고용하고 있었다(농촌진흥청, 2001; 96).

대경은 블라디보스톡 농과대학교 연구소에 속한 우수리스크 스체프노예에 있는 농지 3000ha를 싸게 임대하여 1997년 1000ha에 옥수수를 재배하였으나 수해를 입어 손해를 보았다. 그러나 1999년에는 콩 500톤을 수출할 수 있었다. 콩의 경우 톤당 180달러를 받아 손해를 보지는 않았다. 그러나 대경이 크게 이익을 본 것은 장미 3000 포기를 재배하여 판매한 것이다. 대경은 트랙터 75마력 4대, 80마력 3대, 150마력 1대, 콤바인 3대를 갖고 있으면서 2000년 이후의 영농에 대하여는 보고된 바 없다. 대경의 특성으로 영농 첫해에 200명의 북한 노동자를 고용하였던 경험이 있다(농촌진흥청, 2001; 109).

대한주택공사 자체의 조사에 의하면 인건비가 낮아 농업생산비가 한국보다 유리하지만 경쟁국가인 미국이나 중국에 비해 농업기술이 낮고 노동생산성이 낮으며 태국, 인도네시아 등 동남아시아 국가에 비하여 기후가 불리하다. 한편 도로, 철도, 항구 등 교통환경은 그런대로 양호한 편이나 곡물창고, 정미소, 곡물선적시설 등 유통기반시설이 미흡하고 인구가 적은 것이 농산물 소비시장이 취약한 것이 농사에 불리한 점으로 지적된다. 대부분 한국의 기업들이 농산물을 북한에 지원하는 것으로 계획하였으나 북한으로의 반출 또한 용이하지 않은 것으로 더욱 곤란을 겪고 있다. 러시아에서는 국내에서 생산되는 곡물류를 국외반출이 자유롭지 못하다. 이에 더하여 러시아는 미국과의 대러시아 곡물지원조건으로 미국의 싼 농산물이 유입되고 러시아 농산물을 외국에 방출하는 것을 금하고 있다. 더욱이 미국에서 미사일 개발금지조건으로 미국의 닭고기를 무상으로 러시아에 지원하기에 이로 인하여 러시아의 양계업이 모두 중지되고 이것을 사료의 생산을 중지시켰으며 닭을 길러 사육하던 러시아의 농산물유통의 고리가 끊긴 것이 되었다. 말하자면 곡물의 대부분은 사료로 사용하였고 닭을 사육하여 밍크의 식량으로 하여 밍크산업이 이루어지던 것이 모두 중단되고 만 것이다.

한편 한국에서는 외국에서 곡물을 수입하지만 최소시장접근 또는 현행 시장접근방식으로 물량을 의무적으로 수입하여야 하며, 수입절차는 GATT의 무차별 대우원칙에 따라 국제공개경쟁입찰방식과 저관세율을 적용하여 러시아의 농산물이 한국에 유입될 수 없는 것이다. 북한으로 농산물을 보낼 경우도 남북협력기금의 구입방식이 국제입찰방식이기 때문에 연해주의 농산물이 중국의 것과 경쟁을 할 수 없어 대상이 되지 않으며 또한 9개의 영농기업 중 어느 기업의 농산물을 구입하면 특혜성 시비가 생기어 또한 곤란하게 된다. 이러한 이유로 생산된 농산물의 판로소비지가 없는 것이 문제가 되었고 북한으로의 반입이 어려워지면서 농업수지타산이 맞지 않아 결국은 농업을 포기하여야 했다.

혼합영농

혼합영농법이란 위탁농업과 직영영농을 혼합한 것으로 경기도 농업경영인이 하는 농법이다. 말하자면 위탁영농형태를 취하되 진출기업이 경영권의 일부를 장악하는 형태이다(서울대 농업개발연구소, 2001; 170).

경기도 농업경영인 11명이 합작으로 2억 원을 투자하여 호롤군의 노보셀스코에 농장을 임대하고 현지법인 "한카와 코리아(Hankha and Korea)"를 설립하였다. 이 곳 농업의 특성은 계약재배와 판로에 있었다. 농업을 시작할 때 농장에게 자금을 주고 벼농사를 짓게 하고 수확을 모두 수매하는 것이다. 2000년의 경우 200ha에 영농비 미화 4만 달러를 지불하고 벼 200톤을 납부하게 하였다. 납부된 쌀은 국제농업개발원의 중개로 대북지원단체가 구입하여 갔다(농촌진흥청, 2001;

102).

2001년에는 370만 루블로 벼 1000톤을 계약하였고 미화 2만 7000 달러로 콩 200톤을 재배하였다. 벼농사는 수로 내에 제초작업을 기계로 작업하기 어려워 농장작업원이 하여야 한다. 이에 따라 20명이 물관리, 40명이 제초작업 등에 종사하고 있다. 따라서 영농자금 외에 지불하여야 할 금액 등으로 이 역시 농업상 수지가 맞지 않아 결국 장기전에 대비하지 못하고 실패하고 말았다.

특수작물

버섯재배를 목적으로 하는 신성산업은 나데젠키군 차브리차카에 있는 라지돌노예 농장 140ha와 제2 농장으로 알렉세이브카에 150ha의 농장을 갖고 있다. 러시아에는 50여 종의 버섯이 있고 이 야생버섯들의 종균채취와 증식시험으로 버섯을 재배하고 있다. 신성산업이 재배하는 버섯은 표고버섯, 영지버섯 그리고 느타리버섯 등이다. 버섯재배를 위하여 종균간이증식시설을 설치하고 버섯목 10만 개에 재배하고, 수확된 버섯의 70%를 일본에 수출할 예정이다. 원래 연해주에는 150종의 식용버섯이 있고 채취량이 약 3만 톤에 달하였으며, 툰드라에서 생산되는 버섯은 키가 1m 넘는 것도 있다. 버섯과 관계되는 것은 아니지만 시호테알린 산맥의 남쪽에는 1937년 인삼재배가 성행하여 약 600만 평의 인삼제배가 있었다가 폐쇄되었으며 1970년 부활하여 야누친스키군의 센센 국영농장에서 재배하고 있다.

신성산업은 버섯 이외의 한약재를 재배하고 야생약제를 채취하고 있다. 약재채취는 더덕, 도라지, 간대, 산마늘, 드룹 등 약 30 종이 된다. 이 밖에 오미자와 산딸기, 머루 등 야생과일도 재배하고 있다 (농촌진흥청, 2001; 97).

위에서 본 연농기업 이외에 최근에도 여러 기업들이 연해주로 진출하고 있다. 하림이 사료단지를 조성하기 위하여 진출하고 있고, 농촌공사가 블라디보스톡에 농업기반을 조성하기 위하여 식량지사를 설치할 움직임이 있으며, 동양물산이 농기계진출을 꾀하고 있고, 단산회사가 크레모바 방향으로 농장을 확보할 예정이라 한다. 박권수는 돈사를 고려 중이라 한다.

최근 식량위기설이 나돌면서 한국 내에서도 해외에 농업기반을 조성하여야 한다는 의견이 대두되고 있으며 이에는 대략 세 가지 안이 있다. 그 하나는 국제농업원의 이변화 원장이 주장하는 것으로 해외진출은 연해주로 나가야 한다는 안이 있고, 기후가 좋은 우크라이나로 진출하여야 한다는 충북대 성진경 교수안이 있으며, 보다 넓은 아무르주 진출을 주장하는 서울대 김완배 교수의 안이 있다. 농지확보보다 급하며 멀지만 남미에서 콩과 밀을 사올 수 있다는 단기계획을 주장하는 사람도 있다.

성공한 두 사례

연해주에 진출한 한국 영농기업의 대부분이 경험부족과 러시아의 현지농업사정에 어두워 영농에 실패하고 이미 철수하였거나 철수 중인 기업이 대부분이지만 남양알로에와 대순진리만이 활발한 활동을 하여 이익을 보고 있다.

대순진리회는 사화복지사업의 일환으로 식량기지 확보를 위하여 연해주에 진출하여 위탁농업으로 시작하여 생산된 벼 500톤을 북한에 보냈다. 2002년 대순진리회는 연해주에 "아그로상생"이라는 현지법인을 설립하고 고려인 정착사업과 영농수익사업을 본격적으로 추진하여 농경지 임대를 확대하여 갔다. 2002년부터 2007년까지 구입한 토지는 7개 군에 걸쳐있는 17개의 농장으르 논이 4만 7162ha, 밭이 5만 3858ha, 초지가 1만 8053ha 그리고 임야가 1만 2350ha로 총면적이 13만 2423ha에 이른다. 이것은 여의도 면적의 1400배에 해당하는 토지가 된다. 투자한 총비용이 1200만 달러라 하며 농지 이외에 트랙터가 185대, 콤바인이 64대, 트럭이 '89대, 자동차가 14대 도합 338대의 장비가 있으며 종업원이 블르디보스특 사무실 근무자 5명까지 합하여 총 733명이 영농활동에 종사하고 있다. 2006년의 경우 1만 5346ha의 농지에 벼, 밀, 콩 등 식량작물과 보리, 귀리, 옥수수, 메밀 등 사료작물을 파종하여 총 2만 3364톤을 수확하여 농사에 성공한 사례가 되었다. 이번 농사에 콩을 위주로 하였으며 콩은 청국장을 만들어 성공하였으며 된장용 메주생산과 콩가루수출을 도모하고 있다. 쌀의 경우 관개수로가 복구되는대로 벼농사를 확대하여 갈 예정이다. 다행이 러시아가 2005년부터 중국산 쌀의 수입을 금지하여 연해주에서의 쌀생산의욕을 부추겨 주었다.

대순진리가 농업에 성공한 이유로 생각할 수 있는 것이 막대한 자원의 조달을 지속적으로 할 수 있는 재력과 인내심이었으며, 특히 많은 고용인 이외에도 현지를 방문하는 신자들의 보이지 않는 봉사와 노력이 있었기 때문에 가능하였던 것이라 할 수 있다.

남양알로에는 1999년 남양알로에 대학생 해외봉사단을 연해주에 파견한 것을 인연으로 현지법인 "유니베라 러시아"와 "유니젠 러시아"를 설립하고 연해주 크라스키노에서 콩재배와 약용식물을 재배하기 시작하였다. 농장규모는 2.150ha이고 영농인원은 41명이며 총 투자액은 340만 달러였다. 남양알로에가 성공한 것은 2002년에 450ha에 시작한 약용작물인 치료제인 황금(skullcap, 黃芩)을 재배한 것이다. 유니베라는 3년의 개간 및 토양개량과정을 거쳐, 2006년부터 황금을 생산하는 데 성공하니 이것은 특별 약종이며 특히 관절염 치료제로 유명하고 미국 콜게이트사의 치약원료와 필립스사의 건강식품 등으로 생산지인 연해주에서 미국으로 직접 수출하여 약 900억 원의 이익을 본다고 한다. 황금은 세계에서 이 곳에서만 재배되는 것이다. 이 곳의 한랭한 기후조건과 게르마늄지대 그리고 기계형 영농의 대량생산에 적합하여 성공을 이루었다.

남양알로에가 연해주에서 성공한 것은 특별 약용작물의 재배에 적합한 지질과 지대를 발견한 것도 있으나 러시아인의 인간적 유대관계를 잘 이용하고 농업위원회 위원장을 농장장으로 기용한 것 그리고 러시아인의 가족중심적 생활방식을 잘 이용한 것도 있다. 그러나 무엇보다 중요한 성공의 비결은 러시아의 법규를 철저하게 연구하여 법을 어기지 않토록 노력한 것이라 한다.

쌀과 콩

한국에서 연해주에 진출한 영농기업이 가장 관심을 갖는 것이 쌀재배와 콩생산이다. 연해주 자체에서도 연해주의 3대 농작물로 콩, 감자 그리고 쌀을 친다. 연해주에서 쌀농사가 시작된 것은 1918년으로 소급한다. 한인들이 불가능하다는 쌀농사를 연해주에서 시작한 것이다. 매년 쌀농사 지역이 확대되어 1930년에는 1만 3900ha에 쌀농사를 지었다. 1937년 한인들이 중앙아시아로 강제이주를 당한 후 쌀농사는 연해주에서 자취를 감추었다.

강제이주 당시 미처 수확을 끝내지 못한 논에서 야생벼가 되어 버린 볏대가 있는 논을 보고 당시 한인들이 어떻게 농사를 지었는가를 알 수 있었다.

그 후 1976년 연해주정부가 항카호 부근에 논을 조성하여 벼농사를 시작하였다. 이것 미국이 자기들의 위성국에 식량을 공급한다는 것을 보고 소련도 북한과 동남아시아의 위성국에 쌀을 보급하기 위하여 시작한 것이다. 이 곳 연해주에는 야포니가 쌀만 재배되어 이것을 위성국에 보급하니 북한은 잘 먹지만 동남아시아 모든 나라들은 닭의 사료로 사용할 뿐 사람들이 먹지를 않았다. 그러나 소련은 농경지 조성사업을 확대하여 벼농경지도 더욱 확대되었으며 1990년 구소련이 와해되기 전 논이 6만 6000ha였고, 13개 병농사 집단농장이 있었으며 연평균 9만 톤의 쌀을 생산하였다. 그 후 구소련의 붕괴로 위에서 본 것과 같이 다른 농작물과 같이 벼농사도 급격히 축소된 것이다(신명철, 2003; 118).

연해주의 주산물 중 하나가 콩이다. 콩은 콩자체의 소비도 많으려니와 특히 한국, 중국, 일본 등에서는 콩나물, 콩기름, 된장, 간장 등에 콩을 많이 사용하며 두부를 먹는 나라들에서 콩의 소비는 무한하다 할 수 있다. 한국의 경우 콩의 자급률은 3%에 불과하고 97%를 외국에서 수입한다. 2003년 기준 한국은 약 180만 톤의 콩을 수입하며 그 중 140만 톤은 콩기름용이고, 40만 톤이 식용이다. 수입처는 미국, 캐나다, 브라질이고, 수입콩의 절반이 GMO콩이다. 한국정부는 콩을 수입할 때 3%의 관세로 싸게 수입해서는 고가로 매각하여 그 이익금으로 농안기금으로 사용한다고 하나 실적은 매우 미미하다. 일반인이 콩을 수입할 때는 487%의 고율관세를 지불하여야 한다. 연해주의 콩을 수입할 시 300%가 손익분기점이 된다고 한다(이병화, 2005; 10).

아리랑농장

위에서 본 한국기업 진출 영농사업단과는 다른 고려인이 운영하는 큰 농장이 아리랑농장이다. 전체 규모 450ha에 달하는 아리랑농장은 고려인으로 중앙아시아에서 이주하여 와 사업에 성공한 김 미하엘이 1994년 설립한 개인회사이다. 영구사용권을 인정받은 개인소유의 토지 60ha와 나머지는 장기임대한 토지이다. 농지 330ha에 토마토, 오이, 가지, 양배추, 고추, 수박, 호박, 당근 등 채소만을 재배하였고 12ha의 온실이 있었다. 150ha에는 콩 50ha와 보리 100ha를 경작하고 있었다(농촌진흥청, 2001; 112).

아리랑농장의 영농방법은 농지재배와 비닐하우스재배의 두 종류가 있다. 비닐하우스는 약 12ha의 시설을 보유하고 있으며 여기에 주로 토마토를 재배하고 있다. 비닐하우스는 1년 내내 채소류를 재배하는 것이니 2월에서 4월까지는 석탄을 이용하여 물을 끓여 파이프를 통하여 비닐하우스 온도를 조절하고 있다.

아리랑농장의 특성 중 하나가 고용인이다. 이 곳에는 2000년 현재 고려인 약 80명 그리고 중국조선족 120명을 고용하고 있었다. 한때 북한 노동자도 고용하여 보았으나 북한 노동자는 주택노동자로 중국조선족보다 노동생산성이 떨어져 고용하지 않는다고 한다. 중국조선족은 일을 잘할 뿐만이 아니라 이들을 고용하면 계약을 잘 지키고 각종 농자재도 쉽게 구할 수 있어 이들을 고용한다고 한다.

아리랑농장은 고려인이 경영하는 농장이라는 것 이외에 몇 가지 특성이 있었다. 아리랑농장의 주인인 김 미하엘이 암살당하고 동생인 김 니콜라이가 현재 담당하고 있었다. 그는 농장 이외에 소시지 공장, 식당 그리고 중국의 농산물수입업을 겸하고 있는 일종의 그룹을 이루고 있다. 두 번째 특성은 위에서 본 고용인이다. 아리랑농장의 세 번째 특성은 곡물재배보다 채소재배에 중점을 두고 있다. 이것은 연해주에 진출한 한국기업들이 곡물재배를 주로 하는 것과 대조가 된다. 농장주인인 김 니콜라이는 현재 우수리스크 민족문화자치회 회장과 우수리스크 시의원을 겸하고 있다

아리랑농장에서 채소류를 재배하여 도매상에 판매한다. 연해주의 보다 많은 채소는 중국에서 수입하는 것이지만 이것에 비하여 아리 랑농장의 채소는 신선도면에서 중국농산물보다 유리하고, 중국수입 농산물이 농약을 많이 사용한 것이었으나 아리랑농장은 무농약으로 인하여 고가격이면서도 중국산을 능가하여 수익성이 높은 것으로 알 려져 있다. 아리랑농장은 닭과 거위를 길렀으나 현재는 돼지 200마 리, 양 300마리만 기르고 있었다.

본삼농장

아르톰에 위치한 농산물 도매시장의 사장인 고려인 김 에릭 본감 모비치가 운영하는 농장이 본삼농장으로 핫산군 크라스키노면에 속 한 1200ha의 농장이다. 이 곳에서는 국경경비대에 납품할 농작물을 계획된 농작물만을 재배한다. 품종은 야채, 토마토, 양배추, 무, 감자, 옥수수, 오이, 중국배추, 가지 등이다. 이 농장에는 러시아산 트랙터 5대, 파종기 2대, 쇄토기 3대, 중경제초기 2대 등이 있다(농촌진흥청, 2001; 114).

한국진출 영농단

이상에서 2개의 현지 고려인이 경영하는 농장과 16개의 한국에서 진출한 영농단체의 영농방법을 보았다. 고려인들의 농장까지 합하여 연해주의 농업을 말하자면 크게 두 종류로 대분할 수 있으니 하나는 한국기업들이 추진하고 있는 것과 같이 곡물재배를 하는 농장이고 하나는 고려인이 하는 채소재배농업으로 대분할 수 있다. 말하자면 한국에서 진출한 기업들은 모두 곡물재배의 전작농업에 치중되어 있는 것이 특성이다.

　한국에서 진출한 영농기업들은 처음 고합에서 보는 것과 같이 합작영농을 취하였으나 이것에 문제점을 발견하여 그 후에 진출한 새마을운동중앙협의회와 남양알로에는 위탁영농을 취하였다. 이것에서도 약점을 발견되고 특히 고려인을 위하여 농사를 지으려는 대한주택건설협회에서는 직접영농법을 택하였다. 그리고 이들보다 뒤에 진출한 경기도 농업경영인 연합회에서는 위탁과 직영을 혼합한 혼합영농법을 택한 것을 볼 수 있었다.

　어떠한 영농방법을 택하든 그리고 어디에서 어떤 영농을 하든 한국에서 진출한 영농기업들은 모두 유사한 경험을 한다. 이들이 가진 문제점을 지적하자면, 첫째 진출동기가 불명확한 것이다. 대부분 고려인을 돕는다는 명목으로 진출하였으나 실제 고려인을 고용하는 농장은 우정농장뿐이다. 둘째, 진출지역과 재배품목이 제한되어 있는 점이다. 진출지역은 항카호 부근에 한정되어 있고 경작품종은 주로 콩, 옥수수, 매밀 그리고 벼 등이다. 셋째, 한국진출 기업들은 사전준비가 미흡하고 정보 및 전문성이 부족한 것을 들 수 있다. 넷째, 러시아 당국과의 계약 및 이행상에 문제점이 있다. 다섯째, 수확 후 현물처리에 어려움이 있다는 점이다. 여섯째, 물류비의 과다로 인하여 수확된 농산물의 국내반입이 어려운 점 등이 문제로 대두되고 있다.

　이와 같이 연해주에 진출한 한국영농기업들이 낯선 현지에 진출하여 실패와 시련을 거듭하면서 나름대로 각기 자리를 잡아가고 있는 것으로 보이나 모두 실패하고 겨우 2개 사업단만 재미를 본 것이 된다. 무엇보다 큰 문제는 선행자의 경험이 뒤에 오는 기업에게 전달이 되지 않고 매번 진출자마다 새로운 시행착오를 되풀이하는 것이다. 특히 연해주농업에 관한 북방농업연구소의 실험실습이 있었고 한국농림부의 선행연구가 있었다. 그러나 이것들을 참고로 하는 기업이 거의 없었고 연해주정부 농림부의 충고에 귀를 기울인 영농기업체는 더욱 없었다. 이에 서울에서는 연해주진출 영농기업단체와 관련단체 등 18개 단체대표들이 2002년 2월 1일 서울 새마을연합회에 모임을 갖고 연해주농업개발협의회를 결성하였다. 이 곳에서 연해주진출 국내기업들의 효율적 영농협력방안을 모색하였고 효과적인 교민지원 사업방안을 협의하였으나 이것도 1회에 그치고 지속하지 못하였다. 그리하여 연해주에 진출한 영농단체 2~3개만 성공하고 모두 최근 2~3년 사이에 철수하거나 휴업상태에 있다.

09

삼각농업

　연해주의 광활한 농토를 개발하여 영농사업을 전개함에 러시아와 북한 그리고 한국이 합작하려는 것을 "삼각농업" 또는 "3위일체 공생농업"이라 한다. 러시아는 영토를 제공하고, 북한은 노동력을 제공하며, 한국은 자본과 기술을 제공하여 공동으로 농사를 짓는다는 계획이 3위일체 공생농업인 것이다. 광활한 농토를 가진 연해주가 바로 이웃한 지역에 있고 북한이 식량난으로 굶어죽는 사람이 있으며 이것을 안타깝게 지원하려는 한국이 연해주에 진출하고 있어 연해주를 방문한 사람 또는 연해주를 아는 사람은 쉽게 연상할 수 있는 것이 3위일체 공생농업이다. 위에서 본 것과 같이 한국의 북방농업연구팀이 1999년 페트로위찬스키농장에서 이미 설험을 하여 보았고 한국 농립부에서도 시바코프스키농장에서 이미 삼각농업에 타당성을 조사한 바 있으며, 러시아의 부총리가 이것을 언급하였으며 한국의 농업 전문가 이병화도 이것을 주창하여 왔다. 이것에 대한 타당성과 각국의 입장을 보기로 한다.

한국은 이미 농업기술선진국으로 세계 여러 나라에 진출하여 합작을 하거나 단독으로 농업기업을 추진 중에 있으며 특히 북한에 관하여 북한의 식량을 도와 주고 있는 입장에서 러시아와 협력하여 북한의 노동력을 활용할 수 있는 해외농업개발부분에 투자하면 상당히 효율적이라 생각한다. 남북한의 합작생산이 본격화할 경우 남북을 합한 대규모 농산물시장이 형성되어 다른 산업영역에도 영향을 줄 것으로 생각하며 더 나아가 남북통일에도 기여할 것으로 생각된다.

그러나 북한 노동자를 고용하여 작업할 때 문제가 발생하면 이에 대하여 책임을 저야 하기에 러시아를 통한 간접 채용방법을 취할 수밖에 없다. 더욱이 한국과 북한 사이에는 아직 완전히 상대방을 신뢰할 수 있는 상황에 이르지 못하고 있으며 이에 제3자의 개입을 바라니 이 곳이 러시아가 된다. 러시아의 입장은 같은 사회주의 국가인 북한을 도와 준다는 면목으로 북한 노동자를 자기들의 통제 하에 두어 우선 한국과 러시아가 고용계약을 하고, 러시아가 다시 북한과 고용계약을 하여 중간자로서의 이익을 보려는 속셈이 있다고 본다.

러시아의 입장

러시아는 미국과의 핵확산금지조항 약속에 따라 2005년까지 미국으로부터 냉동닭고기, 냉동돼지고기, 밀, 옥수수, 콩 등 다섯 가지 농축산물을 매년 1800만 톤에서 3000만 톤까지 무상지원을 받기 때문에 식량은 자급자족이 되고 있다. 이에 따라 러시아 농토에서 생산된 곡물은 생산비의 절반으로 팔리고 있다. 예컨대 쌀과 콩의 생산비는 약 200달러이지만 시장에서는 130달러에 팔리고 있다. 그러나 러시아는 생산된 곡물을 절대로 외국에 팔지 못한다.

극동러시아 정책당국은 1998년 러시아 영토 내에서 북한의 노동자와 한국의 자본이 합작하는 삼위일체 공생농업을 주창한 바 있다. 1999년 5월에는 총회에서 북한 노동자를 고용할 수 있는 여섯 가지의 소득증대방안을 제정하고 이것을 한국측에도 통보하였다. 6개 증대방안이란 버섯, 장뇌삼, 한우, 사슴, 밍크, 청여우 및 모피가공 그리고 관광자원개발을 말한다. 러시아는 특히 북한 노동자를 자기통제하게 두고 노동력 사용을 실시하고 있으며 이것을 희망하고 있다(국제농업개발원, 1999; 60).

북한의 입장

북한은 일찍이 북한과 가장 가까운 러시아의 핫산(哈山)지역에 관심을 갖고 이 곳에 경제특구를 건설할 계획을 갖고 있었다. 그러나 이 곳에 인프라스트럭처 등을 고려하여 적지 않은 비용이 소요될 핫산개발을 포기하고 나진 선봉으로 특수지역을 변경하여 이른바 두만강개발을 추진한 것이다(국제농업개발원, 1999; 53).

북한은 연해주로 농업이 진출하는 것을 바라나 러시아가 북한에게는 토지경작권을 허용하지 않아 러시아농장의 농장과 1년씩 계약하는 방법으로 농업노동자의 진출이 있었다. 그리고 러시아가 한국에게는 25~50년 장기임차권을 주기에 한국과 공동으로 농업을 추진하는 것이 바람직하다.

남북이 공동으로 제3국에 진출하여 농업개발을 실현하기를 원하는 것은 한국 못지않게 북한이 바라는 것이다. 북한은 식량부족현상을 현재와 같이 외국이나 한국의 원조에 의존할 수만은 없는 것이고 장기적인 대안이 필요하며, 외국에서 공동으로 개발할 경우 한국의 자본과 선진농업기술을 쉽게 습득할 수 있다고 본다. 그러나 북한은 한국의 자본이나 기술의 지원 내지 원조를 직접 받기보다 다자간 협력을 통한 대북 지원방식을 더 선호하고 있다. 한국과 합작할 경우 북한 노동자의 집단탈출과 자본주의 사상에 전염될 우려가 있기 때문이다. 따라서 한국이 영농자금을 대여하되 북한 노동자와 접촉이 없기를 바란다(국제농업개발원, 1999; 56).

그러나 북한 김정일은 2001년 7월 러시아 방문시 극동러시아 대통령 대행 콘스탄틴 폴리코프스키에게 2007년까지 제대군인 25만 명을 영농현장에 보낼 수 있다고 하였다. 2002년 3월 한국측 정보담당자와 북한의 연해주 노동자 담당자가 아르톰 공항 부근의 한 농장에 세계 최대규모의 양돈장을 개조하여 25만 명의 노동자를 수용할 숙소를 조사한바 노동자 10만 명은 수용할 수 있다고 하였다. 그리고 북한이 한참 어려웠을 때 연해주 지사 세르게이 다르킨은 북한 난민 20만 명을 수용할 수 있다고 하였다. 이 일련의 발언들은 북한 노동자의 연해주 진출을 시사한 것이고 그 단위가 20만 명을 거론하였다는 것이 주목된다(이병화, 2005; 9).

호롤계획

한국에서는 1996년 국가안전기획부장 권영해, 소비자보호원장 허신행 그리고 국제농업개발원 원장 이병화 3인이 러시아 농지개발보고서를 작성하여 대통령의 허가를 받았다. 이것은 연해주에서의 3국 합작농업을 위한 시험을 실시하는 것으로 러시아는 호롤군 부군수인 코왈렌코, 한국측은 이병화, 북한측은 보위부감독관 김상진이 참석하여 계약을 체결한 것이다. 이것을 "호롤계획"이라 한다. 이것은 북한 노동력을 실험하여 보는 계획으로 미화 200달러에 벼 1톤을 생산할 기준으로 하고 초과되는 양은 북한이 갖기로 한 것이다. 실험으로 100ha를 경작한 결과 1ha에서 무려 4톤을 생산하고 비용은 미화 135달러에 불과하였다. 한국에서 1톤당 230달러를 계산하는 것에 비하면 상당히 염가로 생산하였다는 것을 알 수 있고 북한의 노동력이 양질임을 증명한 것이 된다(국제농업개발원, 1999; 58).

북한과의 삼위일체 공생농업을 본격적으로 추진하기 위하여 1996년 7월 연해주에서 북한의 영광무역총사장 김덕홍을 만나 한국의 자본, 북한의 노동력, 그리고 러시아의 농지를 합한 삼각협력을 합의하고 필요한 노동력 230~250명을 영광무역이 담당하기로 하며 1997년 5월에 농업을 시작하기로 계약을 체결하였다(국제농업개발원, 1999; 56).

한편 이병화는 연해주에 가 북한의 주체과학아카데미 원장인 김덕수, 김봉수 그리고 보위부 책임자인 문상주 3인과 같이 우수리스크 농업대학에서 남북과 농업대학이 다시 가계약에 서명하였다. 1997년 1월 약속한 230명의 북한 노동자가 연해주에 도착하였으나 동년 2월 김덕홍이 남한으로 황장엽과 함께 망명하였다. 이에 따라 영광무역과의 계약은 황장엽의 망명으로 수포로 돌아가고 230명의 북한 노동자는 1999년 3월에 북한으로 귀국하고 말았다(국제농업개발원, 1999; 57).

포싯트 농장

핫산군 바르밧샤읍 부근에 위치한 포싯트 국영농장은 350ha의 농토를 가진 곳으로 핫산 부군수 베르료브의 부탁으로 북한 노동자를 고용하여 옥수수와 감자를 재배하였다. 이에 한국은 1997년 1년만 영농자금을 지불하기로 하고 이병화 원장이 비상주 감독관으로 있기로 하였다. 약속한 1년이 지났고 농업은 성공하였다. 또한 이 곳에서 농민 개인별로 생산도급을 주면 공동으로 재배하는 것의 2배가 생산된다는 좋은 교훈을 얻었다. 그러나 농장책임자가 영농자금을 절반이상 착복하는 것을 보고 한국측에서는 이 사업에서 손을 떼고 말았다. 이것을 일본 오사카에 있는 조총련계의 경제법과대학 과학기술연구소가 인수하였고 북한 노동자 150명이 그대로 고용되어 작업을 계속하였다. 그러나 그 후 농장의 진입로가 차단되고 외부인의 출입을 금하여 내부사정을 알 수 없게 되었다(국제농업개발원, 1999; 58).

주택건설협회 영농계획

연해주 주정부는 대한주택건설협회에 대하여 한인동포지원사업의 일환으로 위에서 본 20만ha의 농지를 제공할 의사가 있다 하였다. 이에 주택건설협회는 한국과 북한 그리고 러시아 3국이 공동으로 농사를 지을 생각을 하였다. 주택건설협회의 계산으로는 20만ha를 개발하여 그 곳에서 쌀 12만 톤, 콩 6만 톤, 메밀 4만 톤, 옥수수 18만 톤을 재배할 경우 연간 예상되는 수익이 400억 원에 달할 것이라 한다. 따라서 농기계 구입 등 경영비에 1000억 원을 공제하여도 크게 이익이 있을 것이라 판단하고, 한국정부에 영농기반조성사업을 위해 정부의 저리융자를 요청하고 또한 정부의 대북지원사업으로 이 곳에서 수확된 농산물의 구매를 요청하였다.

이러한 요구에 대하여 한국정부는 농업기반공사가 주관이 되어 농업과 정책전문가 17명을 동원하여 1차로 1997년 3월과 2차 1997년 6월에 걸쳐 연해주 미하일로프카군 우정마을 건립지 일대와 이에 인접한 항카호 주변 일대를 조사하였다. 조사한 내용은 농축산의 환경, 관개배수 시설현황, 유통기반시설과 정책환경 등이었다.

농업기반공사의 조사결과 제출한 의견은 다음과 같았다. 첫째, 러시아는 낮은 인건비로 인하여 축산과 곡물류 등의 농업생산비가 한국보다 유리하여 향후 발전가능성은 있으나 농업선진국인 미국이나 중국에 비하여 대등한 국제경쟁력을 확보하는 데 한계가 있다. 이를테면 미국과 중국 동북 3성에 비해 농업기술과 노동생산성이 낮으며, 태국이나 인도네시아 등 동남아국가에 비해 기후조건이 불리하다.

둘째, 항카호 주변의 농장은 집단농장으로 경지정리와 관개시설 등이 완비된 상태였으나 1991년 구소련 연방체제가 붕괴된 이후 영농활동이 중단되어 시설이 노후하여 버렸다. 셋째, 연해주인구가 228만 명에 불과하여 농산물 소비시장이 취약하고 주소비시장인 모스크바까지의 원거리인 9297km로 서울과 부산의 25배로 인하여 유통비용이 과다소비된다. 주변의 도로, 철도, 항구 등 교통환경은 양호하나 곡물창고, 정미소, 곡물선적시설 등 유통기반시설이 미흡하다. 넷째, 러시아정부의 외국인투자유치법 미비 등 제도적 여건도 아직은 열악한 형편이다. 말하자면 농업기반공사의 평가는 부정적인 것이었다.

한편 주택건설협회가 요구한 초기단계에서의 농기계구입과 기반시설정비 및 구축에 소요되는 자금에 대한 정부차원의 저리융자지원에 대하여는 다음과 같이 평하였다. 첫째 정부차원의 정책금융지원은 국내영농사업을 대상으로 하고 있어 현재까지는 해외영농사업에 대한 지원사례가 없었다. 그러나 지원가능성 문제와 관련 영농목적 및 사업성공가능성 등 종합적으로 검토하여 지원할 경우 법률적, 제도적·제약요인은 없다. 다만, 현재 해외농업 개발 활동중인 여타 기업고합 등 9개 회사와의 형평성 논란이 대두될 수 있을 것이다. 둘째, 농협의 상호금융지원은 조합원을 대상으로 하도록 규정된 농협 정관상 해외영농기업에 대한 저리의 융자지원은 불가능하다. 이것 역시 부정적인 평가였다.

연해주에서 산출된 곡물의 한국반입에 대하여는 원칙적으로 불가라는 입장을 취하고 있다. 그것은 한국의 경우 쌀자급률이 102.7%이지만 WTO 규정에 의하여 최소시장접근 또는 현행 시장접근물량의 의무화라는 규칙에 의하여 최소한 쌀의 5%를 외국에서 수입하여야 하는 모순을 갖고 있다. 이러한 상황에서 수입을 할 때에도 GATT의 무차별 대우원칙에 따라 국제공개경쟁입찰방식과 저관세율을 적용을 하여야 하는데 연해주쌀은 미국이나 중국 또는 동남아시아의 쌀과 경쟁력을 가출 수 없어 국제경쟁입찰에 참여하여 낙찰될 가능성이 희박하다.

연해주에서 생산된 곡물을 북한으로 지원하는 경우 정부가 일괄 구매하여 대북지원을 할 수 있다. 이 때의 문제는 남북협력기금을 사용할 수 있으나 연해주에 진출한 한국기업 9개의 영농기업 중 특정기업 생산물을 구입할 경우 특혜성 시비와 국제입찰방식에 의한 저가 매입을 도외시한 점 등이 문제가 된다. 또한 해외 농업투자 방법을 통해서까지 대북식량지원을 해야 할 필요성에 대한 국민적 공감대 형성이 곤란할 수 있을 것이다. 말하자면 주택건설협회 안을 정부의 농업기반공사가 부정적인 평가를 한 것이다(농업기반공사, 2000).

한러문제연구소 안

서울에 있는 한러문제연구소 또한 연해주농업개발에 관한 계획을 갖고 있다. 이것은 앞서 본 러시아가 20만ha의 토지개간을 위하여 3억 5000만 달러의 외국투자를 요청한 것을 기반으로 한 것이다. 연해주가 한국에 제시한 20만ha의 농지를 개발하기 위하여서는 러시아가 주도권을 잡고 한국과 북한이 협조하는 방식을 고려한 한러문제연구소는 계획안을 작성하여 러시아 의회인 두마의 한국계 대표인 덴 유리(정홍석)를 통하여 푸틴 대통령에게 전달하였다. 이 안의 특성은 북한 노동력을 사용하거나 중앙아시아에서 이주하여 온 고려인을 고용하는 것이다.

이러한 의안이 러시아에서 수용되어 러시아 푸틴 대통령이 북한을 방문하였을 때 북한에 전달한 것으로 알려져 있다. 이것에 대하여 현재까지 북한측이 공식의견 개진이 없는 것으로 알려져 있다.

이상과 같이 연해주의 삼각농업에 관한 계획이 실현에 옮기기 직전까지 간 것이 셋이나 되었다. 포싯트농장계획이 그러하였고 주택건설협회 안 그리고 한러문제연구소 안도 모두 러시아가 발의하여 추진하려 한 것이었으나 한국측의 농업기반공사와 같은 전문기관이 부정적인 태도였으며 특히 북한의 의사가 어떤지를 알 수 없었다. 결과는 오늘까지 그 뜻을 이루지 못하고 유야무야한 상태에 있는 것이다.

연해주의 농업전망

연해주는 한반도에 가까운 곳이면서 광활한 농지가 있다는 것을 안 한인들은 고려인을 돕는다는 목적과 해외에 식량기지를 확보한다는 생각을 갖고 연해주농업에 착안하였다. 연해주는 농업을 위시하여 경제 전체가 사회주의 통재체제에서 자유주의 개인전용으로 전환하였고 그 과정에 야기되는 심한 진통 속에 있을 때 한국이 진출한 것이다. 구소련이 와해되면서 농지를 농민개개인에게 분배하여 주었으나 개별화한 농민이 농사를 짓지 못하고 다시 모여 공동농장을 이룩하였다. 공동농장은 종자대, 비료대, 수확물의 판매처 등이 없어져 농사를 짓지 못하고 있는 상태에 한인들이 진출하기 시작하였다. 1991년 대하산업을 시작으로 2001년까지 고합상사, 대경, 한농복구회, 새마을운동 중앙본부, 대한주택건설협회, 남양알로에, 농촌지도자 중앙회, 신성산업, 발해영농사업단, 순복음교회, 경기도농업 경영

인연합회, 여주군 농민단체, 국제농업개발원, 제주도 칠대농가, 그리고 대순진리회 등 16개의 단체가 진출하였다.

한국에서 진출한 영농단체들은 러시아의 호의로 방대한 농지를 50년이나 무상으로 임대받아 농사에 착수하였다. 그러나 연해주의 영농조건을 사전에 연구한 단체가 없고, 한국에서 연구한 결과를 참고한 영농단체도 없으며 러시아식 농업에 문외한이어서 러시아의 호의에도 불구하고 모두 실패로 돌아간 셈이다. 한편 연해주에 진출한 한인들이 생각할 수 있는 것의 하나가 한국이 자본과 기술을 대고 러시아가 농지를 대며 북한의 노동력을 동원하면 좋은 결과가 있을 것이라는 이른바 3각농업을 구상하게 된다. 그러나 이것도 참가하는 3개국의 이익이 다르고 특히 북한측의 비타협·비협조적인 태도로 결국 성공하지 못하고 말았다.

그러나 250만ha의 광활한 농지를 어떻게 하든지 활용하는 방안을 모색하여야 한다. 특히 식량위기에 대비하여야 할 한국정부는 연해주만이 식량기지를 확보할 수 있는 곳이기 때문에 정부는 서둘러 연해주농업에 관심을 가져야 한다. 무엇보다 과거의 실패를 거울삼고 연해주에서 활약하던 농기업이나 민간단체의 고충과 실패를 거울삼아 이들과 새로운 협력방안을 모색하여야 할 것이다.

연해주농업진출은 그간 많은 시행착오를 하였으나 이제부터라도 정부의 적극적인 지원이 있어야 한다. 그러나 정부가 직접 나서지 말고 연해주농업 지주회사와 같은 반관반민의 회사를 설립하여 관리하게 하고 무엇보다 10년의 역사를 자랑하는 러시아의 연해주농업과학연구소와 같은 연구소와 협력하는 연구기관을 두어 지속적인 연구를 하게하며 러시아의 발전전략과 보조를 같이하여야 성공할 수 있다고 생각된다.

연해주농업이 현재로서는 상업적 영농여건이 불리하지만 장기적인 안목으로 한국의 자본과 영농능력을 결합시켜 국가적 차원에서 곡물 이외에도 축산, 채소, 사료작물 등의 복합영농을 추진하여 미래에 닥칠 식량위기에 대처하여야 할 것이다. 2006년 현재 콩 1조 2285억 원, 옥수수 1조 1764억 원어치나 수입을 하여야 하고 더구나 곡물가격이 향후 10년 계속하여 20~25%의 상승을 예상하고 있는 상황에 연해주에서의 영농기지확보는 절대적인 중요성을 갖는다. 노동력에서 10만ha 개발에 초기에는 노동력 2000명이 필요하고, 운영안전기에는 1000명이 필요하다 하니 북한 노동력과 중앙아시아에서 올 고려인을 고려할 수 있다.

연해주농업 협력방안을 모색한 농촌공사 환경지질사업처의 김인철에 의하면 다음과 같은 다섯 가지의 전략적 측면을 고려할 수 있다 한다. ① 연해주농업지대는 3개국의 접경지대이기 때문에 농사 이외의 대극동지역에의 국가적 전략을 수립함에 유연하게 대처할 수 있는 곳이다. ② 이 곳의 농업은 북한 식량자원 프로그램으로 하여 장차 북한의 노동력이 진출하여 노동력을 제공할 수 있는 곳으로 남북협력의 구체적인 협력이 가능한 지역이다. ③ 청정농업환경에서 친환경농업에 의한 수입농산물의 안전공급처로서 연해주농업이 유리한 입장에 있는 곳이다. ④ 이 곳의 사료작물이 풍부하고 사료작물의 경작이 유망하여 한국으로서 해외축산기지 확보에 의한 저렴한 사료를 공급받을 수 있는 호조건을 갖춘 지대가 된다. ⑤ 무엇보다 이 곳이 한국으로서는 해외농지확보에 의한 탄소배출원의 추가확보가 가능한 지역이 된다. 이러한 고려에서 연해주농업은 한국으로서는 절대불가분의 관계를 가질 수 있는 것이다.

10

연해주정부 보고

2003년 블라디보스톡에서 개최된 제2회 동북아경제포럼에 연해주 정부의 담당자가 출석하여 연해주의 농업, 임업, 수산업 그리고 관광 산업에 관하여 발표한 것이 있어 이 곳에서 보기로 한다. 이것은 그 간 한국에서 연해주로 진출한 영농기업들의 분야가 얼마나 좁은 것 이었나를 보고 연해주에는 보다 넓은 범위에 생산영역에서 활동이 가능하다는 것을 알기 위해서이다.

농업

연해주농업국장 체르카신은 "연해주의 농업과 가공과 가공업"이라 는 제목으로 연해주농업 일반에 관하여 발표하였다. 그에 의하면 연 해주농업의 중요한 생산물은 콩, 쌀 그리고 감자이다. 콩은 주식회사 "연해주의 콩"과 우수리스크에 있는 제유지방 콤비나트가 유명하다. 원래 연해주에서 콩 15만 톤을 생산할 수 있고 콜 기름 8557톤, 마요 네즈 1276톤, 마가린 3054톤을 생산하였다. 그러나 2002년 현재 9만 2000ha를 경작하여 콩 5.27톤만 가공하고 있다. 그러한 이유는 설비 가 노후하였기 때문이다. 2005년에는 15만ha를 경작하였다. 앞으로 시설이 현대화하면 유망한 영역의 하나이다.

쌀의 경우 연해주는 지구상에서 생산되는 최북단에 속한다. 쌀농사가 한창이던 1970년과 1980년대 13개 농촌협동조합이 있었고 4만 9000ha를 경작하여 11만 3000톤의 쌀을 생산하였다. 쌀농사에도 타격이 있었고 최근 회복세를 보여 2002년에는 1만 4000톤을 생산하였다. 그러나 그간 쌀의 연구를 계속하여 아시아 태평양 지역국가들이 갖지 못한 품종인 "한카이 429"종과 "한카이 520"종을 개발하였으며 이는 과학적 잠재력을 가진 것으로 알려져 있다. 감자의 경우 2002년 현재 5만 2200ha를 경작하고 있으며 이것은 주민들이 자급자족하기에 충분하다(체르카신, 2003; 186).

농업에서 빼놓을 수 없는 영역의 하나가 과일과 채소의 통조림가공업이다. 스파스크에 큰 통조림 공장이 있고 12개의 작은 기업들이 있다. 2002년 현재 200톤의 과일을 가공하여 통조림 3498튜브(tube)를 생산하였다. 과일통조림의 경우 지금까지 사용하던 시설이 낙후하여 개발의 여지가 많은 곳의 하나이다. 이 곳도 시설이 부족할 뿐만이 아니라 과수재배법이 낙후하고 유리포장용기도 부족하여 과수원복구를 위한 투자가 필요하다(체르카신, 2003; 189).

우유가공의 경우도 크게 후원이 필요한 영역이다. 현재 연해주에는 이 방면에 27개의 기업체가 있고 2135명이 일하고 있다. 2002년 현재 우유는 517만 톤, 버터는 360톤, 치즈는 160톤이 생산되어 총생산액이 7억 368십만 루블에 해당한다. 우유의 경우도 가공업에 필요한 양의 40%밖에 조달되지 못하여 분유를 사용하고 있는 형편이다. 무엇보다 시급한 것이 우유생산시설을 개조하는 것이다. 과거에 비하여 시설이 60~70%가 마모된 상태이다. 앞으로 보다 많은 투자가 필요한 곳이고 보다 많은 연구와 기술개발이 필요한 것이다.

식품에서 또 하나의 중요한 영역이 육류가공업이다. 현재 47개 기업이 있고 2250명의 종업원이 종사하고 있다. 2002년 현재 소시지는 350종에 1만 6100톤, 육류가공이 120종에 2100톤, 육류통조림이 6800튜브로 총 12억 9700만루블의 매상을 올리고 있다. 육류가공업의 경우도 생산능력의 35%만 이용하고 있을 뿐이다. 시설의 현대화도 필요하지만 원료의 기지가 절실히 필요하다. 왜냐하면 육류가공업의 경우 원료의 98%를 수입에 의존하고 있기 때문이다(체르카신, 2003; 191).

산림업

연해주 국가산림관리과 책임자인 이 살로둔이 다음과 같이 연해주 산림에 관하여 보고하였다. 연해주 산림은 31개의 폰드로 나뉘고 127개의 산림구청이 있으며 직원 2500명이 종사하고 있고 신림간수만도 1500명이다. 연해주 산림의 총면적은 1195만 500ha이고 폰드가 관리하는 면적은 이것의 96%인 1137만 3300ha라 한다. 이 곳에서는 산림을 등급으로 나누어, 보존이 필요한 1등급이 전체의 27%이고, 보존에서 제한적 채벌이 가능한 2등급이 8% 그리고 기본적 벌목이 가능한 3등급이 65%라 한다. 그리고 채벌적기수령이 42%, 채벌적기에 거의 이른 것이 16%, 중간 나이가 36% 그리고 어린 수목이 6%이다.

수목의 종류로는 침엽식수목 56%, 경활엽수종 27%, 연활엽수종 16%라 한다. 식수목 총분량이 17억 5312만m^3이고, 채벌수령에 이른 것이 8억 4173만m^3이다. 이를 종류별로 보면 가문비나무 22.4%, 잣나무 19%, 전나무 3.6%, 낙엽송 10.7%, 참나무 17.5%, 자작나무 6.1%, 벚나무 9.8%, 물푸레나무 2.7%, 보리수 3.6%, 느릅나무 1.7%, 사시나무 1.7% 그리고 기타 1.7%이다.

산림에는 이러한 목재로 사용할 수 있는 나무 이외에 양봉업이 가능하며 식용식물이 많이 자생적으로 성장하고 있다. 식용식물로 들 수 있는 것이 총량, 고사리, 잣, 산마늘, 벚나무즙 그리고 버섯이다. 산에는 약용식물도 많다. 이를테면 산삼, 자마니하(시삼), 가시오갈피, 만주드릅나물, 오미자 등이 그것이다.

2002년 현재로 말하면 채벌가능량이 833만m³이고 채벌허가가 용이한 분량이 602만 9100m³이며 생산성이 떨어지는 분량을 230만 900m³로 본다. 그간 허가받아 채벌한 것이 31.6%에 불과하다. 말하자면 허가된 분량이 95만 3120m³이고 반출된 것이 69만 5500m³이다. 이들 목재는 주로 건설자재용으로 단체의 청사나 사무실을 짓는 데 사용하였고 가구의 수리 등에도 사용되었다.

현재 연해주의 산림경영을 말하자면 충분하지 못하다고 할 수 있다. 적절한 산림경영을 위하여서는 1ha당 15루블이 필요한데 연방정부는 ha당 2~4루블을 배당하여 적절한 경영사업이 이루어지지 못하고 있는 실정이다. 뿐만이 아니라 산림병해충의 방역도 인원이 부족하며, 화재의 위험도가 높아 2002년 기준 산불로 인한 손실이 220만 루블에 이르렀다. 기타 보충적 산림자원의 피해액이 27만 1800루블이고, 대기오염으로 인한 손실액이 36만 5700루블이며, 수분저장상 환경조성기능의 저하로 인한 손실액이 280만 6100루블이나 된다. 말하자면 산림의 방치로 인하여 오는 손실이 막대한 것이 된다(살로둔, 2003; 210).

수산업

연해주는 극동에 있으면서 3개의 부동항이 있으며 수산업의 역사가 길어 전러시아 수산업의 20~35%를 차지하는 주요한 곳이다. 2002년 현재 702척의 선박이 있으며 그 중 528척이 어업선박이고 27

척이 보조선박이며 152척은 기타에 속한다. 어업 선박을 다시 나누
어 보면 417척은 어획선박이고 28척은 가공모선이며, 83척은 냉동수
송선이다. 417척 어획선박을 다시 크기로 나누면 83척이 대형, 213척
이 중형 그리고 121척이 소형이 있다. 해안에는 34개의 해산물 가공
공장이 있다.

주로 잡는 생선은 명태, 대구, 농어 등이며 현재 멸치 5만 톤, 가자
미 18만 톤, 꽁치 4만 톤을 잡고 있으나 이보다 더 많이 잡을 수 있
다. 그러나 낙후된 시설과 전문화된 어선 등이 없어 어획고가 현저히
낮은 편이다. 보다 나은 가공기술을 개발하여 신속한 가동 처리를 할
필요가 있다.

양식업의 경우 4개의 자연양식 기업이 100ha를 사용하고 있으나
원래 36개 기업이 6200ha를 사용하여 2312톤을 생산하였다. 옛날에
는 500ha의 양식이 가능하고 여기에서 20만 톤의 해산물을 생산할
수 있었다 한다. 이 곳에도 새로운 기술의 개발과 이것을 위한 지원
이 필요하다(레오노프 베 엠, 2003; 192).

관광업

연해주청 관광위원회 위원장 사닌브는 다음과 같이 연해주관광을
소개하고 있다. 연해주에는 특별자연보호구가 20개소, 국립공원이 2
개 그리고 자연생태관광이 가능한 곳으로 시호테알린산맥 속에 운석
분화구, 수목림, 고대인암화 등이 있다. 스마코프카 요양지는 광천수
치료용 영토가 있으며, 자연경관으로는 불마디에서 아무르 해협을 따
라가는 16km의 관광지가 있다. 연해주 내에는 여러 소수민족이 살고
있으며 이들은 우데게이족, 난나이족, 오로치족, 나브족, 울치족 등이
다. 철도여행도 유명하고 사냥, 낚시 등을 할 수 있는 곳도 많다. 인

공적으로 개발한 관광지로는 두만강을 중심으로 중국으로 가는 백두산 관광, 북한의 금강산 관광이 가능하다.

블라디보스톡에는 200여 개의 여행사와 30여 개의 레스토랑 그리고 큰 호텔들이 있다. 해외에 관광산업을 개방하라는 요구에 따라 "달리투르"란 관광전시회를 매년 개최하고 있다. 특히 연해주관광협회는 중국의 길림성, 한국의 강원도, 일본의 돗토리현 등과 협력하여 매년 돌아가면서 지사모임을 하고 있다.

일본과의 관계는 이러하다. 2004년 현재 연간 4만 명의 일본관광객이 온다. 러시아에서는 과거 7년간 2만 5200명이 일본을 방문하였다. 일본은 주로 돗토리현 다이센에서 온다. 이 근처에 한인계 재일동포가 많이 거주하며 이들이 백두산 연결코스와 설악산코스를 희망하여 이것을 개발하였다.

중국과는 무비자와 같은 특별협약이 있어 해마다 중국관광객이 증가하고 있으며 1995년에는 연간 3만 7000명이었던 관광객이 2004년 17만 명으로 증가하였다. 러시아인은 2002년 현재 4만 명이 중국을 다녀왔다. 중국과는 연해주와 흑룡강성 사이에 4개의 국경도로가 있다. 1999년에는 그라스키노와 훈춘을 연결하는 도로가 개통되어 왕래가 더욱 빈번하였다.

한국과는 블라디보스톡과 인천국제공항을 잇는 항공편이 주 3회, 블라디보스톡과 부산을 잇는 노선이 주 2회 왕래하고 여객선은 블라디보스톡, 나홋트카항과 한국의 항구와 월 2~3회 왕래가 있고 속초와 자르비노를 연결하는 여객선이 왕래하고 있다. 최근 3년 사이 한국인 3000명이 방문하였고 러시아인은 1995년과 1996년 사이에 1만 명이 한국을 방문하였으나 이것 역시 감소되어 2002년 5700명이 한국을 방문하였다. IMF 이후 소상인의 단속이 강화되어 왕래하는 사람이 줄어든 것이다. 한국과의 왕래는 동남아시아나 아태지역으로 여행하거나 그 곳에서 오는 사람이 한국을 경유지로 하는 것이 많으며 특히 한국인들은 백두산을 가기 위하여 자르비노, 훈춘을 이용하며 이 노선이 2000년 개통된 이래 12만 명이 다녀갔다. 이럴 경우 한국인이기에 72시간 무비자로 경유케 하며 블라디보스톡도 다녀가게 권하고 있다. 북한과는 육지로 연결되어 있으나 여행자가 극히 적다.

이상 연해주정부 담당자들의 보고에 의하면 한국인이 연해주로 진출한 영역이 극히 좁은 범위에 지나지 않았다는 것을 알 수 있고 연해주는 농업, 산림업, 어업 그리고 관광업 등에 무한이 개발할 여지가 있음을 알 수 있다. 특히 구소련이 붕괴한 이후 농업만이 아니라 모든 영역에서 산업이 후퇴하고 산업시설이 낙후하여 회복에 어려움을 겪고 있으며 이러한 시설의 복구에 외국인의 참가를 절실히 갈망하고 있다는 것을 알 수 있다. 그간 한인들이 많이 진출하였다는 농업분야도 러시아의 입장에서 본다면 극히 좁고 한정된 분야인 밭농사나 논농사에만 진출한 것이 되고 이외에 식품가공업 등 농업분야에서만도 많은 분야에 진출이 가능한 것을 알 수 있다. 경작면적보다 면적이 넓은 산림업에도 무한한 가능성이 있고 해안선이 긴 연해주의 수산업이야말로 한인들이 진출할 수 있는 좋은 영역임을 알 수 있었다. 한국과 가까운 지리적 근접성은 관광업이 보다 적극적으로 진출할 수 있는 영역임을 보여 준다. 일본에서 연해주를 방문하는 사람 중에는 한국계 동포들이 많으며 이들이 백두산과 설악산을 가기 위하여 러시아 영토를 지나간다는 것을 파악하고 있는 러시아 관광산업이 더욱 흥미로웠다. 한국은 선편을 이용한 왕래와 항공기 왕래가 있으나 보다 더 많은 관광객의 유치와 한국관광객의 연해주 여행을 권장하여야 할 것이다. 앞으로 연해주로 진출하려는 한인들의 분야도 확대하여야 하고 한국정부가 적극적으로 후원하여 다방면에서 한국 기업들이 진출하도록 도와야 할 것이다.

11

경제와 기업

농업도 경제분양에 속하지만 농토가 광활한 연해주에서는 농업이 중요하기에 농업을 별도로 보았다. 농업 이외의 경제 특히 경공업 또는 중공업 또한 중요할 것이다. 그러나 한국의 경우 연해주에 진출한 한국기업이 어떤 조건에서 어떠한 활동을 하고 있는가 하는 것이 중요하다. 연해주와 한국과의 교역을 이해하기에 앞서 연해주의 전반적인 교역관계를 개관하고 한국과의 관계를 분석하여 보기로 한다.

러시아의 경제현황

러시아는 사회주의 국가의 대표적인 나라로 그간 제조업분야가 군수산업에 치중하여 일반소비제 제조기반이 취약하였으며, 사회주의 경제체제의 붕괴 이후 수입의존도가 심화되어 있다. 이를테면 전자제품, 식가공품, 건자재, 자동차부품, 의료용품 등을 대부분 봇짐상(shuttle trader)의 물품반입에 의존하고 선원용 물품과 같은 면세물품이나 구호단체용 물품 그리고 밀수품이 범람하여 정상적인 시장구조형성이 곤란하게 되어 있다.

한편 금융기관의 부실로 통상적인 대금결제방식이 곤란하고 L/C가

적용되지 않고, 암거래가 일반적이며 10~30%의 가격절하가 일반화되어 있다. 이에 더하여 각종 행정관청의 비능률에 비리가 만연되어 보이지 않는 부대비용이 공공연하며 시장에서 법적으로 금지되어 있는 미국 달러화가 대금결제의 수단으로 거래되고 있으며 은행예금보다 달러보유를 선호하고 있는 형편이다.

다행이 모라토리움 이후 안정적 경제상장을 기록하고 있다. 이를테면 모라토리움 이후 2000년도의 경제성장률이 7.6%이고 2001년도 5.0%이며, 산업생산은 4.9% 증가하였고, 소비자물가는 18.6% 성장하였다. 외국인투자를 보면 2001년 현재 142억 달러로 전년대비 30.1%가 증가하였으며, 대미달러 환율도 1달러가 31루블대의 안정세를 유지하고 있다. 경제의 안정화추세는 러시아가 원유가의 상승과 곡물지원의 수출증가 등으로 인한 무역수지 흑자가 이루어지고 있기 때문이다. 그간 러시아의 주요경제지표를 보면 다음과 같다.

(단위 : 억 달러, %)

구 분	2000년	2001년	2002년	2003년
경제성장률	7.6	5.0	4.8	5.2
산업생산율	9.2	4.9	5	5.5
인플레이션	14~20	18.6	11	8
자본투자	19.5	7	10	12
수 출	1,052	1,029	967	986
수 입	442	529	513	63

자료 : KOTRA Internet 2003.

위 표에서 보는 것과 같이 수출이 수입을 앞서가기에 무역수지가 흑자를 기록하고 있다. 이것은 고유가 기조가 지속되고 국제원자재

가격이 상승하기 때문에 러시아의 대외무역이 흑자를 보는 것이다. 이에 따라 인플레이션이 감소되고 경제가 안정세를 보이고 있다.

극동러시아의 경제현황

극동러시아의 2001년도 기준 대외교역물량은 총 50억 8800만 달러로 러시아 전체의 3.2%를 차지하고 있다. 이것은 전년도에 비하여 22% 증가한 것이고 수출이 41억 170만 달러로 전년도 대비 22% 증가한 것이며, 수입은 9억 1750만 달러로 전년에 비하여 21% 증가한 것이다.

2001년도 연해주의 주요 교역대상국은 한국으로 전체의 21%를 차지하고 다음이 싱가포르(19%), 중국(18%) 그리고 일본(17%) 등이다. 수출품은 80% 이상이 원자재로 연료·에너지, 목재, 철강 등이고 수입품은 식품류, 섬유화학제품, 목재제품, 금속제품 등이다. 극동러시아의 2000년과 2001년의 대외교역현황을 보면 다음과 같다.

(단위 : 백만 달러)

구 분	2000년			2001년		
	수출	수입	교역규모	수출	수입	교역규모
연해주	996	375	1,371	1,259	522	1,781
하바로프스크	1,396	141	1,457	2,050	167.7	2,217.7
사하공화국	N.A.	N.A.	N.A.	5.3	0.3	5.6
아무르	55.8	16.6	72.4	65.5	21.7	87.2
캄차트카	N.A.	N.A.	N.A.	61.9	7.8	69.7
마가단	3.8	48.5	52.3	N.A.	N.A.	N.A.
사할린	964.8	172.8	1,137.6	729	198	927
계	3,416.4	753.9	4,170.3	4,170.7	917.5	5,088.2

자료 : KOTRA Internet 2003.

극동러시아에 투자한 외국의 현황을 보면 다음과 같다.

구 분	1998년		1999년		2000년	
	금 액	비 례	금 액	비 례	금 액	비 례
미 국	716.1	48.0	1,020.0	94.1	105.9	29.9
일 본	183.7	12.3	15.9	1.5	99.9	28.2
한 국	130.2	8.8	37.3	3.5	44.4	12.5
중 국	11.6	0.8	5.03	0.4	3.5	0.1
기 타	448.5	30.1	15.8	1.5	100.9	29.3
계	1,490.1	100	1,084.0	100	354.6	100

2000년을 기준으로 하였을 때 극동러시아에 투자한 외국인자본의 총누계액은 29억 3900만 달러로 러시아 전체의 21.5%를 차지하고 있다. 외국에서 가장 많이 투자한 나라가 미국이다. 미국은 모두 18억 4200만 달러를 투자하였고 이것은 극동러시아 전체 외국투자의 62.7%가 된다. 한국은 일본에 이어 3위를 점하고 극동러시아지역 투자의 7.2%를 차지하고 있다. 한국의 경우 뒤에 보는 것과 같이 연해주의 봉제업의 투자진출이 활발하다.

외국과의 경협관계

러시아와 긴 국경을 가진 중국과 러시아 간에 국경무역을 위시하여 최근 급격히 무역량이 증대하여 월 10만 달러 규모의 교역이 이루어지고 있다. 이에 따라 중국과 러시아 간에 수송량이 증가하고 있다. 이러한 추세를 반영한 듯 중국과 러시아 간에 지방자치단체 수준의 관계가 활성화되어 교통망이 건설되고 있다. 러시아의 알타이주와 중국의 흑룡강성이 고속도로를 건설 중이고, 블라디보스톡과 무단장간의 여객철도를 연결하는 사업을 추진 중이며 이 구간의 항공노선이 개설되었다. 블라디보스톡은 상해와의 항공선을 개설하였다.

두만강 유역 개발계획에 따라 중국의 훈춘과 러시아의 자르비노항 간에 여객과 하물통로를 개설하였다. 흑룡강성과 아무르주 사이에는 교량을 건설 중이다. 흑룡강성이 하바로프스크주에 있는 유대인 자치주와 보건분야협력을 추진하고 있다. 한편 중국의 신린제철화사가 유대인자치주 철광석 개발을 추진하고 있으며, 유대인자치주는 중국의 목재공장을 유치하려 하고 있다. 중국의 하얼빈에는 중국-러시아 비즈니스센터를 건립 중이며, 중국의 하얼빈시와 하바로프스크에 극동최대의 무역센터를 건설 중에 있다. 무역만이 아니라 중국과 러시아 간에 인적 교류도 활발하여지고 특히 관광객이 증가하고 있다.

러시아와 일본관계는 복잡하다. 일본과 러시아 간에는 북방 4개 도서문제가 가장 중요한 현안문제이다. 여러 차례의 수뇌회담결과 4개 섬 중 2개 섬은 일본의 영토권을 인정하고 나머지 2개 섬은 러시아와 일본이 공동으로 영토권을 주장하고 있다. 일본기업이 사할린 원유개발에 참여하여 최근 사할린산 원유가 일본으로 수출되고 있다. 이에 따라 일본은 홋카이도와 사할린을 연결하는 철도연결을 구상하고 있다. 그리고 사할린의 수도인 유지노사할린스크에 일본영사관을 개설할 예정이며 문화원을 개설하였다. 아무르주에서는 콩가공제품이 일본으로 수출되고 있다. 일본은 극동 러시아의 중요 SOC 사업에 투자하고 있다. 이를 테면 일본은 자르비노항만 확장사업, 나홋트카 화력발전소 건설사업, 하바로프스크 국제공항청사 건설 등을 추진하고 있다.

러시아는 북한과 특별한 관계를 갖고 있다. 북한에서는 연해주와 하바로프스크주에 농업노동력, 벌목공, 건설노동력을 보내고 있다. 러시아는 북한에 대하여 철강, 에너지분야의 설비개척을 추진 중이며 꽁치공동조업에 착수하였다. 러시아는 북한의 과학기술협력을 위하여 평양기술대학과 극동기술대학 간의 교수 및 학생교환에 합의하였

고 과학기술분야의 연구와 정보교환에 합의하였다. 러시아는 북한이
TSR와 TKR를 연결하는 데 협력하기를 바란다. 2002년 8월 23일 검
정일과 푸틴 간의 정상회담에서 철도문제를 재확인하였고, 한국, 러
시아, 북한 간에 철도협력 실무회의를 진행 중에 있다. 철도문제는
다음에 다시 보기로 한다.

최근 미국은 대러시아 교역과 투자에 적극적이다. 미국은 러시아
에서의 원자재수입을 증가하는 한편 러시아에 투자를 강화하여 러시
아 전체 외자유치의 20% 이상을 차지하고 있다. 미국은 러시아에 대
하여 특히 두 영역에서 많은 관심을 보이고 있다. 하나는 에너지에
관한 것이고 하나는 철도에 관한 것이다. 미국은 러시아와 연간 5000
만 톤에 달하는 석유의 전략적 비축에 합의하였고, 석유비축을 위한
인프라스트럭처의 구축비로 연간 250억 달러 조달을 합의하였으며
석유 수출에 필요한 대규모 항만시설의 확충을 추진 중이다.

미국과 러시아는 철도여객과 화물운송에 관한 협력과 기관차 공동
생산이 가능한가를 공동으로 연구하기로 하였다. 미국은 베링해협을
통하여 양국을 연결하는 100km 구간의 철도를 구상하여 총 400억
달러의 투자로 20년간 건설하기로 하여 이것을 추진 중에 있다.

연해주가 최근 중국, 한국, 일본 등 이웃한 나라와의 교역을 보면
다음과 같다. 이것은 2006년 상반기를 기준한 것이다.

(단위 : 백만 달러, 상반기대비 %)

국 별	수 출		수 입		교역액	
중 국	336.5	118.7	377.2	128.0	713.7	123.4
한 국	135.6	92.8	200.4	109.3	336.0	101.9
일 본	71.8	91.7	520.5	123.7	592.3	118.3
미 국	27.4	83.8	36.5	200.7	63.9	125.6
기타국가	135.9	116.3	173.0	223.7	308.9	159.0
합 계	707.1	107.5	1,307.6	131.7	2014.7	122.0

자료 : 우평균, 2007; 13.

위 자료에서 보는 것과 같이 교역에서 연해주는 중국이 최대교역
국이고 다음이 한국 그리고 일본이 그 뒤를 잇는다. 중국은 최근
2004년에서 2005년을 대비하여도 23.4%가 증가하였고 한국은 이 시
기에 1.9% 증가하였을 뿐이다.

한국과의 경협관계

한국이 구소련과 교역은 1988년부터 시작하여 주로 모스크바를 대
상으로 하다가 1992년 블라디보스톡이 외국에 개방되면서 한국의 교
역도 극동지방으로 옮겼으며 1994년 6월 대한항공과 아시아나항공이
각각 블라디보스톡과 하바로프스크로 취항하면서 더욱 많은 우리나
라 기업이 시베리아와 극동지역으로 진출하게 된다. 한편 우리나라
를 드나드는 선원들과 소규모 교역상들이 부산에 몰려와 한국의 소
비재를 대규모 구매하여 한국상품이 극동지역과 시베리아지역으로
확산되면서 좋은 평가를 받았다.

한국이 수입하는 것은 1997년 최고조에 달하였다가 그 후 하강하
는 것은 한국의 IMF사태 때문이다. 그 후 계속 하강세를 보이고 있
다. 한국이 극동러시아에서 수입하는 품목은 수산물, 고철, 석탄, 목
재, 팔프, 유연탄, 아연, 납, 알루미늄, 구리, 니켈, 빌릿투 및 광석,
선박류 등이다. 한국의 대러시아 주요 수출품목은 식음료품, 의류,
가전제품, 주방용품, 욕실용품, 가구, 일반잡화류 등이다. 이러한 물
품이 초기에 유리하였으나 근년에는 독일, 이탈리아 그리고 염가의
중국제품에 밀리고 있으며 오히려 인테리어, 침대, 사무용가구, 욕실
용품, 주방용품, 보안장비, 통신기기가 유망하며 특히 가전 3사의 수
출이 호조를 보이며 일본의 소니, 파나소닉 제품을 압도하고 있다.

한국은 극동러시아에서는 연해주, 하바로프스크 그리고 사할린을

주대상을 하고 있다. 한국의 수출물량이 1993년 이후 꾸준한 증가세를 보였고 1998년에는 5억 8400만 달러까지 증가하였다가 러시아의 모라토리움으로 인하여 1999년에는 1억 5200만 달러로 감소하였다가 2000년부터 회복세를 보이고 있다.

2001년 현재 극동러시아의 교역규모는 52억 3800만 달러로 전러시아의 3.8%에 불과하다. 한국의 러시아 극동지역 교역규모는 2001년 현재 5억 2400만 달러로 시장 점유율이 10%에 달한다. 러시아 중에서도 가장 많이 거래하는 연해주와 한국의 교역규모를 보면 3억 7200만 달러로 연해주 대외무역의 21%를 차지하고 있다. 한국 다음이 싱가포르(19%), 중국(18%) 그리고 일본(17%) 순이다. 이것을 수출과 수입으로 나누어 보았을 때 2001년 현재 한국의 수출이 1억, 7100만 달러로 32%를 차지하고, 다음이 중국(22.4%), 일본(9.0%) 그리고 미국(4.0%) 등이다. 한국이 연해주에서 수입하는 것은 2억 100만 달러로 3위이다. 싱가포르(27%)가 1위이고 다음이 일본(20.4%), 다음이 한국(15.9%) 그리고 중국(15.5%) 등이다.

극동 러시아의 2000년도 현재 외자유치규모는 29억 2900만 달러이고 이것은 러시아 전체의 21.5%가 된다. 한국이 극동러시아에 투자한 규모는 2억 1190만 달러로 전체의 7.2%에 달한다. 그 중에서도 연해주에 투자한 것을 보면 1억 4280만 달러로 1위를 차지한다. 연해주투자를 보면 일본이 8910만 달러이고, 미국이 7340만 달러이다.

2008년 연해주에 투자한 외국자본을 보면 한국이 1억 9900만 달러로 전체의 36.7%이고 일본이 6120만 달러로 20.4%이며, 미국이 3850만 달러로 12.9%이고, 싱가포르가 3030만 달러로 10.1%이고, 스위스가 1300만 달러로 6.3% 그리고 영국이 1420만 달러로 4.7%가 된다. 투자기업수는 중국이 481개 사, 미국이 102개 사, 일본이 83개 사 그리고 한국이 48개 사이다.

한인 진출기업

연해주에는 한국에서 농업진출과 같이 블라디보스톡에는 한국기업들이 진출하여 있다. 1993년부터 진출한 한국기업 중에서 1998년 한국의 IMF와 연이은 러시아의 모라토리움으로 현대중공업, 현대상선, 대우, LG상사, 고합 등이 철수하였다. 그 후 경기가 호전되면서 한국의 봉제공장이 대거 연해주로 진출하여 한때 봉제공장이 20여 개나 되었다. 현재 이 봉제공장들도 서서히 후퇴하기 시작하고 있으나 아직도 봉제공장이 많다. 연해주 전체에 진출한 외국기업이 약 200개사가 되고 한국의 경우 48개 지상사와 업체가 활동하고 있다. 이 중 외부에 알려진 38개 업체를 업종별로 보면 다음과 같다.

회사명	업종	진출년도	투자금액	연간매출액
휘닉스	가구 재조업	1992	NA	NA
호텔현대	부동산, 임대사업	1997	NA	2,600
한국야쿠르트	라면, 음료	1997	NA	12,000
피닉스	무역업	1992	NA	NA
태양실업	의복, 모자, 자수	2000	492	280
코스라	의복, 니트, 셔츠	2001	10,000	1,000
코러스	의복, 니트웨어, T셔츠	1998	1,200	25,000
일양	의복, 니트웨어	2001	NA	NA
월드	의복, 자수	2001	492	560
영진	의복	2000	500	600
아그로 상생	프린트 토너 등 도소매	1999	150	NA
신우자수	제조업, 자수	1999	150	NA
승민트랜드월드	운송, 창고업	2001	NA	NA
세진자수	의복, 컴퓨터, 자수	1999	NA	1,200
세인트자수	의복, 니트웨어	1999	500	NA

회사명	업종	진출년도	투자금액	연간매출액
세신어패럴	의류제조	2000	1,200	10,000
세븐마운틴	선박, 외항선사	2001	NA	NA
성진	모자	2000	1,100	NA
삼성전자	무역업, 전자제품	1995	NA	2,200
보스톤엑스프레스	여행업, 무역업, 서비스	1995	NA	15000
베료자페스픽	NA	NA	NA	NA
미진	의복, 면바지, 티셔츠	1993	NA	180
미시건러시아	의복, 니트웨어, 티셔츠	1999	1000	25000
롯대상사	무역업, 과자류	2000	NA	7,000
록키	자동차, 중고차량	1999	NA	7,000
로만	가구 제조업	NA	NA	NA
동춘항운	운수, 창고업	2000	NA	NA
동서로지스틱스	운수, 창고업	1999	NA	NA
대한항공	항공운수	1995	NA	9000
다우스틸	무역, 고철	1996	NA	NA
뉴택스	의복, 니트웨어, 티셔츠	1998	1000	2000
고려	의복, 의류	2000	340	NA
세 보르쇼이	의복, 티셔츠	2001	2,400	3,000
퍼스	의류	2000	NA	NA
NTC	전기, 통신	1998	3,000	600
LG전자	전자, 통신	2000	NA	12000
ERO	인쇄업	NA	NA	NA
APB	어업	NA	NA	NA
미래 러시아	식품, 자동차	NA	NA	NA

위 표에 의하면 의류생산과 봉재공장이 15개로 가장 많았고 다음이 무역업 5개, 운송업으로 4개 사가 있었으며, 다음 식품, 음료관계 지사가 2개, 가구제작업소, 전자통신 관련 상사 등이 각각 2개였고, 프린트, 호텔, 자수, 선박, 어업. 모자, 자동차 관련 회사, 어업관련

업체, 부동산업 등이 각각 1개소였다.

다른 연구에 의하면 연해주에 진출한 한국기업은 무역업이 17개, 재조업이 23개, 농업이 5개, 서비스업이 4개, 운송업이 4개 통신업이 2, 건설이 1개 도합 56개의 기업이 있었다.

이 한국상사들의 연해주 진출연대는 알려진 한도 내에서 1992년에 2개, 1993년에 1개, 1995에 3개, 1996년에 1개, 1997년에 2개, 1998년에 3개 1999년에 6개, 2000년에 9개 그리고 2001년에 1개 사이다. 말하자면 한인기업이 1992년부터 진출하였으나 1999년과 2000년대 한인기업 진출이 가장 많았다고 할 수 있다.

연해주에 봉재공장이 많이 진출한 것은 한국에서의 원보자재의 빠른 조달이 가능하고, 러시아에서 생산되는 의류는 미국의 쿼터제한을 받지 않으며 미국의 최종소비시장에 적기납품이 가능한 점 등 유리한 점이 있어서 한국기업이 많이 진출하였다. 최근에는 러시아 노동자를 다루기 힘들어 차차 철수하는 경향이 있다.

진출기업의 성공과 실패사례

연해주에 진출하여 성공한 사례로 피닉스회사 박용서 사장의 사례를 들 수 있다. 그는 1992년 8월에 진출하여 현재 커피 등 식료품과 포장용 박스를 현지에서 생산하는 회사로 위의 집계에는 무역업으로 소개되 있다. 처음 1992년 여름에 박 사장이 러시아로 진출하여 비록 러시아의 시장이 빈약하다고 하나 일상생활의 필수품인 식품류는 빈약하지 않을 것이라 가정하고 식품류에 손대기 시작하였다. 그가 연해주로 진출할 때는 한국의 식품류가 러시아에 처음 선보이기 시작할 때였다. 러시아인은 야채 등 기본적인 식생활은 주말 농장인 "다차"에서 생산하여 자급자족을 할 수 있었고 당시 러시아인의 평균소득이 25달러 내외였기 때문에 구매력도 없었다. 그러나 러시아사회가 부패하여 지하경제가 발달하였고 특정분야에서는 의외로 구매력이 있었다. 당시 한국에서 초코파이, 음료수 등이 연해주에서 날개돋힌 듯 팔려 나갔고, 이에 따라 한국 부산의 텍사스 거리가 최고 융성기를 누릴 때였다.

그러나 한국인들끼리의 판매경쟁이 심하여 이익의 폭이 급속히 감소하는 한편, 러시아 상인들은 동남아, 심지어 호주, 뉴질랜드, 미국 등지로 진출하면서 한국상품은 하나둘 경쟁대열에서 탈락하여 갔으며 특히 러시아의 보따리장사 규제가 강화되면서 한국상품의 러시아 진출이 급격히 쇠퇴하였다.

이러한 상황에 신상품으로 고안한 것이 한국산 커피였다. 박 사장은 한국 내에서도 경쟁이 심하지 않고, 다국적 기업이 생산하는 관계로 국제경쟁력이 있으리라 판단하였으며, 차문화권인 러시아인들은 커피라는 수입상품에 쉽게 접근할 수 없을 것이지만 커피가 러시아인의 동경의 대상이라는 사실을 간파하고 맥심커피를 러시아로 유통시켰다. 이것이 적중하여 연해주에서 커피시장을 석권하면서 막대한 부를 저축할 수 있었다. 이것을 기반으로 현재는 하이테크제품과 포장박스를 제조하는 업체로 전환하였으며 사업이 번창하여 그 범위가 모스크바와 노보시비리스크까지 확대되어 여러 도시에 지점을 개설하여 명실공히 전러시아를 커버하는 대사업가가 되었다(한국무역관, 2000; 23).

연해주에서 성공한 한국기업의 대표적인 것이 통신사 KT이다. 1997년 연해주에 진출한 KT는 연해주에서 시장점유율이 가장 낮은 NTC를 인수하여 1300만 달러를 투자하고 유럽부흥개발은행의 이동통신설비자금 1200만 달러를 차입하여 총 2500만 달러를 투입하여 통신시스템을 확장하고 환경보호, 불우이웃돕기, 청소년 및 노인지원사업 등을 병행하였다. 무엇보다 상품에 대한 다양한 요금제를 실시하는 새로운 판매전략과 사용자의 필요에 따라 상품을 선택할 수 있는 특이한 판로를 개척하였다. 특히 Joy라는 기본요금 없는 요금제를 채택하여 고객의 주목을 끌었으며, 젊은 층의 큰 인기를 얻어 크게 성공하였다. 이리하여 4년 뒤인 2001년 66만 명이 가입한 연해주 제1의 통신사가 되었으며 조론토이 로그 신문사가 선정한 2004년 연해주 올해의 기업으로 선정되기도 하였다.

블라디보스톡에 있는 현대호텔도 성공한 기업의 하나이지만 내용을 보면 러시아 진출 한인기업의 고충을 엿볼 수 있다. 1997년 연해주정부와 70대 30의 공동투자로 시작한 현대호텔은 블라디보스톡 중심가에 3000여 평의 호텔로 서울 계동 사옥과 동일한 외관을 갖추고 객실 155개를 가진 4성급 호텔로 극동지역에서는 최고급·최신식 호텔이다. 1942만 달러를 투입하여 완성하였으나 연해주정부가 30%의 지분마저 포기하여 이것을 모두 인수하였다. 2004년 현재까지 50개국 19만 5000여명의 관광객이 방문하여 크게 손실을 본 것은 아니지만 시작하였을 때와 유사하게 별이익도 없이 운영되고 있을 뿐이다. 호텔의 문제점은 경영상에 있는 것이 아니라 러시아 고용인에 있다. 현대식 운영을 하여도 러시아의 전통적인 노동자 보호로 인하여 합리적인 경영이 이루어지기 곤란하다. 말하자면 사회주의 노동관행이 아직도 적용되고 있어 경영의 합리화가 안 되는 것이다. 특히 인허가 등의 절차가 복잡하고 관료주의적인 폐단이 상존하여 비효율적이고 비능률적인 운영을 할 수밖에 없다고 한다. 이것으로 미루어 그간 러시아에서 한국기업이 성장하지 못하고 사업을 거두고 철수하는 것이 이러한 이유에서가 아닌가 사료된다.

이것과 유사한 경험을 한 것이 현대의 스베틀라야 원목사업이다. 현대는 1990년 연해주에 진출하여 다음해에 연해주 산림청과 50대

50의 합작법인을 설립하고 연간 100만m³의 원목을 생산하기로 하였다. 사업을 시작하자 연해주정부는 10%의 수출세를 부과하더니 국제 환경단체의 반대가 있었으며 연해주정부가 벌목허가를 불허하는 사건이 발생하였다. 고용인력이 부족하여 작업이 진행되지 못하고 벌채기술의 낙후로 사업주체 간의 충돌이 야기되며 겨우 15만m³의 생산에 그쳤다. 이어 토착 소수민족의 자원이용권을 주장하며 벌목작업을 방해하는 일마저 야기되어 결국 1996년에는 법정관리로 넘어가고 2001년 최종적으로 청산을 하고 현대는 철수하고 만다.

연해주에서 사업에 실패한 또 하나의 사례로 J.H. International이라는 서비스업종인 식당을 경영한 김 사장을 들 수 있다. 선박수리관계로 한국을 자주 왕래하던 러시아 업체로부터 합작투자의 제의를 받고 김사장이 러시아로 진출한 것이 1998년이다. 김 사장은 여러 척의 선박과 블라디보스톡시에 프리모리에 호텔의 지분 30% 가량을 보유하고 있었고 한국으로부터의 수입을 하고 있는 러시아 업체를 믿고 합작투자를 결심한 것이다. 김 사장은 15만 달러를 투자하여 프리모리에 1층에 한국식당을 개업하였고 처음에는 운영이 잘 되었다.

그러나 김 사장이 현지사정을 잘 모르는 약점을 이용하여 점차 러시아측이 유리하게 계약서를 작성하고 김 사장은 점차 실권을 잃어가더니 마침내 식당설비 등을 투자한 한국기업은 퇴출당하고 말았다.

서비스업의 경우 특히 현지 마피아조직의 텃세가 심하여 러시아의 내부사정을 잘 모르고 장사가 될 것이라는 막연한 기대감으로 합작진출하는 경우 큰 낭패를 가져올 수 있으므로 거래제의가 있을 때 신중하여야 한다. 그리고 계약시는 현지 변호사의 자문을 받는 등 면밀한 검토가 있어야 한다(한국무역관, 2000; 24).

농업에 비하면 한국기업의 연해주 진출은 비록 한국의 IMF 그리고 러시아의 모라토리움을 경과하면서도 호조를 보인 편이다. 특히 근년에 진출한 봉재공장이 호황을 누리어 20개의 업체가 호조를 보이기도 하였다. 봉재업은 러시아에서 미국으로 직수출하기에 한국과 미국 사이의 쿼터제한을 받지 않고 러시아의 싼 인금으로 인하여 높은 수익을 올리고 있었다. 그러나 시장에서 감지하는 바로는 한국제품의 경기호황기가 지난 것으로 보인다. 1990년대 전반기만 하여도 연해주 일대의 모든 시장에는 한국의 식품과 음료수, 과자류가 가게 진열대에 넘치도록 진열되었다. 그러나 근년에는 이러한 제품이 대부분 유럽제와 중국제로 대치되고 한국의 제품으로는 라면과 초코파이 정도만 남아 있다.

외견상 쉽게 볼 수 있는 한국제품의 감소현상은 러시아인들의 비합리적 경영에서 실망하는 한인업자들의 표현이기도 하다. 그러나 연해주에 진출하여 분투하는 한국기업 상사직원들은 연해주에서의 공동전선을 구축하기 위하여 기별통상진흥회를 조직하였다. 기별 모임이지만 거의 매월 모임을 갖고 기업 간의 협력문제, 세금문제, 피고용인 문제 등 공동관심사에 관하여 토의를 하고 친목을 도모하는 데 보통 20여 명이 모인다고 한다.

연해주에 진출한 한국계 기업들은 많은 어려움에도 불구하고 아직 많은 개척의 여지를 갖고 있다. 한국기업이 성장하지 못한 것은 러시아에도 책임이 있으나 한국기업에도 책임이 있다. 한인들은 한국식 기업진단으로 연해주에 진출하였으며 사업도 한국식으로 단기적인 이윤추구에 몰두하여 장기적이고 원대한 사업계획을 펴지 못한 것이 연해주에서의 사업실패원인이라 생각된다.

한국과의 결연사업

상거래는 아니지만 한국과 러시아 간에는 지역협력체로서 결연사업이 이루어지고 있었다. 1990년 8월 부산시의회가 블라디보스톡을 방문한 기회에 양국 지자체 간의 교류협력을 추진하여 부산과 블라디보스톡 간에 교류협력이 이루어지고 연이어 지자체 간의 협력이 이루어져 1999년까지 7개의 결연사업이 이루어졌다.

지자체 교류협력은 동해시와 나홋트카시, 제주도와 사할린주, 부산시와 블라디보스톡시, 강원도와 연해주, 경상남도와 하바로프스크주, 충청남도와 아무르주, 마산시와 우수리스크시 등이다.

교류가 가장 활발한 동해시와 나홋트카시의 교류사항을 보면 양도시의 최고간부인 시장 또는 부시장의 상호방문이 있었고, 상공인 경제단체장 그리고 상공회의소의 상호방문이 이루어졌으며, 공무원 간의 교류가 있었다. 청소년 교류로 나홋트카 축구단, 나홋트카 청년 친선사절단, 나홋트카 요트단 등의 동해시 방문이 있었고 이에 대한 한국청년단의 나홋트카 방문과 태권도 단원들의 교류가 있었다. 나홋트카 음악학교 라두가합창단의 동해시 방문이 있었다. 이와 같이 양도시의 교류는 시정 최고책임자의 형식적 방문이 아니라 경제인, 공무원, 특히 청년, 운동, 예술 등의 교류가 활발하게 이루어지고 있다.

주급의 대표적인 사례로 강원도와 연해주의 교류협력관계를 보면 도와 주의 대표들의 형식적인 교류와 협력체계 이후 블라디보스톡에서 개최된 동북아 고교생 체육대회에 강원도 대표가 참석하였고, 강원도에서 주관한 동북아 4개 지역 친선체육대회에 연해주 대표가 참석하였으며, 강원도가 주최한 전국체전에 외국 자매지역 민속공영단으로 연해주 대표가 참석하였다. 1996년 제3회 환동해권 4개지역 지방자치단체 국제회의에 연해주 대표가 참석하였다. 이와같이 강원도, 연해주, 일본의 돗토리현 등이 지역 간의 정기적인 모임이 있어 중앙정부보다 활발한 교류를 하고 있다(이송호 외 2명, 2004; 94).

12 문화활동

연해주에서 전개되고 있는 한인들의 활동 중 문화와 관계된 영역도 있으며 특히 연해주에 돌아온 고려인들을 위한 문화사업과 구제사업이 민간단체에 의하여 전개되고 있다. 한편 러시아에서는 영토 없는 문화자치를 허용하여 고려인들이 단체를 조직하고 문화의 날 행사를 추진하고 있다. 이런 문화사업에서 특히 한국의 지원단체가 추진하는 문화지원활동, 문화봉사활동을 이 곳에서 보기로 한다.

고려인 문화센터

우수리스크 일대에 거주하는 고려인을 위한 문화사업의 중심지가 교육문화센터이다. 이것은 새마을 중앙협의회와 동북아평화연대가 공동으로 투자하여 우수리스크 재생기금 건물 내에 사무실을 두고 여러 가지 문화사업을 시작하였다가 2004년 "러시아 한인 이주 140주년기념 고려인 문화센터"가 생기면서 이 곳으로 장소를 옮겼다. 이 건물은 고려인 연해주 이주 140주년을 기념하여 세워진 다목적회관으로 극동지역에 유일한 문화센터라 할 수 있다. 이 곳에는 연해주의 이주역사를 전시한 이주역사관이 있고, 한국전통문화 체험관이라 하여 온돌방에 한국적인 장식을 갖추고 이 곳에서 예의범절, 한국차문화 등을 체험하게 한다.

한인이주 140주년 기념관

　교육사업으로 140주년 기념관에 한글반, 컴퓨터교실 그리고 도서관이 있다. 동포자녀들과 원하는 러시아 학생들에게 한글을 가르치는 한글반교실에는, 현재 초급, 중급, 고급의 3개 반이 있다. 이 곳은 특이하게 한 학생이 100루블을 수업료를 내면 한글반만 아니라 컴퓨터 수업도 받을 수 있다. 한글반은 다시 월수금과 화목 반으로 나뉘이며 오전반, 오후반 그리고 저녁반으로 나뉜다. 1년간 지속되는 수업을 끝내면 다음 상급반으로 승진한다. 한글교실에서는 한국과 한국어 강좌, 한국의 전통문화와 예절강좌, 한국역사강좌, 한국지리와 관광지 강좌 등이 있다. 교재로는 선생님들이 선택하는 교재를 사용하지만 위성TV를 이용한 강좌, 노래방을 통한 실습 등이 있다. 그간 졸업하고 나간 학생수가 218명이 된다. 이 한글학교 졸업생들을 동아리회원으로 흡수하고 있다. 한글반을 시작할 초기 고려인이 다수

이고 러시아인이 소수여서 그 비율이 7대 3이었으나 근년에는 러시아 학생이 증가하여 5대 5가 된다. 최근 특이한 것은 한국에 취업하러 가는 성인들이 한국어를 배우고 가는 것이 유리하다 하여 수강생으로 등록하는 사람이 증가하는 것이다. 현재 약 20명이 청강을 하고 보다 많은 사람이 국적이 없어 한국행을 못하기에 망설이고 있는 사람이 많다.

컴퓨터교실은 컴퓨터 16대를 두고 한 사람의 선생이 3개월 과정으로 컴퓨터수업을 하는 것이다. 오전반과 오후반으로 나뉘어 약 40명이 수업을 듣고 있으며 그간 과정을 수료한 사람이 486명 된다. 컴퓨터교실에서는 Windows 2000, 러시아 MS-Word, 러시아 Excel, Internet이 비치되어 있으며 1인 1대를 사용하고 개인지도를 하며 철저한 실습위주의 교육을 실시하고 있다. 수업내용으로는 학교에서의 과제를 실습하는 현장으로 사용되는 경우가 대부분이다.

도서관에는 한국책 약 500권과 러시아 책 150여 권을 비치하였고 사서 한 사람이 아침 10시에서 저녁 7시까지 열어놓아 주로 학생들이 독서실로 사용하게 한다. 도서실에는 도서 이외에 영화감상을 할 수 있는 시설이 있고, 저명인사를 초청하여 공개강의도 개최하고 있다.

문화센터 내에 있는 한인이주사 박물관은 특히 보훈처의 후원으로 자료를 모고 있다. 그 자료는 연해주의 특성으로 초기 정착에 관한 자료와, 한국독립운동을 한 독립운동 혁명가의 유물 그리고 1937년 강제이주를 당한 시기의 자료 등을 모아 전시할 예정이다.

문화센터 한 곳에는 병원을 차려 외래환자들을 검진할 수 있는 병원이 마련되어 있다. 블라디보스톡에 위치한 극동대학의 분교(학부)가 문화센터에 위치하여 문화센터는 명실공히 우수리스크의 문화와 교육의 중심지기능을 수행하고 있다.

2004년에 구입한 이 건물은 과거 유치원으로 사용하던 곳으로 문화센터에 걸맞게 개조, 보수 중에 있으며 이것이 재외동포재단의 후원으로 2008년 외형과 내장이 모두 완성될 예정이다. 외형과 내장이 완성되면 운영비와 내부의 시설을 보완할 필요가 있다. 이를테면 한국전통문화 체험관에 필요한 자료가 있어야 하고, 컴퓨터가 필요하며, 도서구입도 필요하다. 그러나 무엇보다 이주역사관의 자료를 모으기 위한 보다 많은 예산이 필요하며 귀중한 물품을 구입할 예산이 있어야 한다.

지원사업

동북아평화연대가 연해주에서 하는 사업 중 교육문화센터를 운영하는 외에 복지사업이 있다. 이것은 자매결연사업으로 한국에서 한 사람이 5만 원을 지원하면 이것을 연해주 고려인 중 극빈자를 선발하여 이들에게 지불하여 최저한의 생활을 유지하게 하는 사업이다. 1999년 12월에 "결연사업위원회"를 결성하여 처음 중국조선족 30가구, 북한에서 온 식량난민 20가구 그리고 연해주에 20가구를 후원하는 것에서 시작하여 2000년과 2001년에는 중국조선족 200가구, 북한난민 100가구 그리고 연해주에 124가구의 신청을 접수하여 이들을 후원하였다. 연해주의 경우 가장 많은 후원이 있던 2000년 8월 현재 결연가족이 161가구로 농촌이 117가구 그리고 도시가 44가구나 되었다. 지원사업은 그 후 동포사랑 작은나눔연대가 도움을 주었고 "연해주 고려인 희망 캠페인 본부"로 조직화하였다.

동북아평화연대가 추진하는 후원사업으로 아리랑 가무단을 후원하는 사업, "후대"라는 신문 그리고 "고려신문"을 후원하는 사업, 각종 동아리를 후원하는 것 등이 있다.

아리랑 가무단은 김 바렌친과 발레리아 단장 부부가 1995년 6명의 학생을 중심으로 시작하여 오늘날에는 40여명의 고려인 학생을 가진 무용단으로 성장하였다. 무용 선생은 북한인 강사 조용희 선생이다. 아리랑 가무단에는 초급, 중급, 고급의 세 단계가 있으며 현재 고급에 속하며 대외활동을 하는 단원은 14명이다. 처음 시작할 때는 김바렌친 부부의 사비로 우수리스크 외각의 한 연습장을 마련하여 열악한 환경에서 고생을 하면서 조국의 전통문화를 유지하고 발전시킨다는 사명감으로 시작하여 고생 끝에 외국에서까지 인정받는 가무단으로 발전하였다. 아리랑 가무단은 2002년 2월 전CIS에서 참가한 모스크바 청소년예술제에 참가한 40개 예술단 경연대회에서 "아침의 별"이라는 종목으로 1등상을 수상하였고, 2002년 4월 평양에서 개최된 4월의 친선예술축제에서는 "아박무"와 "꽃송이"를 공연하여 은상을 수상하였다. 한국에도 동북아평화연대의 후원으로 10개 도시의 순회공연을 하였고 2003년에는 미국에까지 공연을 가져 이제 연해주 고려인의 문화를 대표하는 가무단으로 자리잡았다.

고려인재생기금이 후원하는 신문 "후대"는 고려인 청년이 발행하는 월간신문이다. 후대는 타블로이드판 4면으로 약 1000부를 발행하고 있으며 주로 연해주의 정착촌 주민을 상대로 발행하고 있다. 그러나 재정이 곤란하여 주기적으로 발행하지 못하여 현재 동북아평화연대가 후원하고 있다. 신문사 직원이 5명은 모두 다른 생업이 있고 봉사활동으로 신문을 발행하기에 고려인 행사에 하나의 단체로 참가하는 동아리와 같은 기능을 하고 있다.

고려신문은 2002년에 시작한 신문으로 처음 1년은 월간지였다. 무엇보다 2세를 위한 신문이기에 한국어보다 러시아어로 된 기사가 많았으며 같은 기사를 한국어와 러시아어로 게재하였었다. 그 후 격주간으로 발행하는 신문으로 되고 내용도 지역 고려인에 관한 기사를 주로 하는 신문으로 발전하였다.

동북아평화연대 우수리스크 지부는 고려인재생기금의 법률지원을 후원하고 있다. 연해주에 이주한 고려인들이 시간이 경과할수록 러시아의 국적취득이 어려워지기 때문에 "연해주 한인재생기금 국제문제 상담지원"이라 하여 변호사 1명을 고용하고 상근부회장 1명, 사무직원 1명, 사무보조 1명을 두어 사업을 추진하고 있다.

　동북아평화연대의 사업 중 하나가 젊은 동아리를 후원하는 것이다. 위에서 본 것과 같이 한글반을 수료한 사람들이 동아리회원이 되어 교육문화센터와 계속 유대관계를 갖는다. 현재 우수리스크에는 체육 동아리, 한국노래동아리, 음식동아리 그리고 새살이라는 동아리가 있다. 체육동아리는 10여 명의 학생이 주관하는 동아리로 우수리스크 사범대학 체육관을 이용하여 농구와 배구 그리고 헬스를 하는 자연발생적인 동아리이다. 한국노래동아리는 6명의 학생이 중심이 되어 한국의 노래를 배우는 집단이다. 한국음식동아리도 여학생이 중심이 되어 한국의 음식을 배우고 시식하는 동아리이다. 새살이동이라란 우수리스크 대학생 봉사단동아리로 약 40명의 회원이 있으며 고려인 문화의 날 행사 등에 자원하여 봉사활동을 하는 학생단체로 우수리스크에 있는 사범대학 한국어과 학생, 농과대학 그리고 기술전문대학 학생들로 구성된 집단이다. 이들은 모두 한국을 좋아하여 한국에 관한 행사가 있을 때마다 열심히 봉사한다.

　우수리스크 동북아평화연대 지부에서는 이러한 사업 이외에 투어로 방문하는 사람들을 안내하는 사업도 하고, 몇 년에 한 번씩 연해주 일대의 학술조사사업도 진행하고 있다. 1999년 6월 29일에서 7월 10일까지 행한 1차 조사사업은 한국에서 이광규, 이종훈, 김현동이 참가하여 블라디보스톡, 라주돌노예, 우수리스크, 보즈데이젠카, 노보에젠스크, 포포프카, 플라토노프카, 스체프노예, 소스노브카, 오레호보, 하바로프스크 등지를 순회하면서 건물현황, 주변생활환경, 농

사환경, 시장의 상점업종, 경영상태, 초기자본 형성 등의 설문지조사
와 대인면접조사를 실시하였으며 2000년 보고서를 출판하였다.

고려인의 날

경제협력단

동북아평화연대는 연해주와 중국연변에 거주하는 한인동포들의 경
제적인 활동을 돕기 위하여 경제협력단을 결성하고 동북아 경제포럼
을 추진하여 왔다. 동북아시아에 한인들이 많이 분포되어 있고 중국
과 러시아의 개방 이후 중국의 연변과 연해주 사이에 보따리 장사와
같은 소규모의 경제교류가 빈번하여졌으나 정부나 기업들 간에 아직
활발한 교류가 이루어지고 있다고 할 수 없다. 특히 연변이나 연해주
의 경제사정과 경제활동에 필요한 법규를 몰라 이 곳에 진출한 한국
기업이 실패하는 사례가 증가하고 있다. 이에 동북아평화연대는 한
국인 기업인들과 중국과 러시아 기업인들의 연계를 주선하고 경제전
문가와 법조인 그리고 회계사 등을 연계하는 모임을 주선하기로 하

였다.

제1차 사업이 동북아경제투어였다. 23명의 소매상으로 구성된 투어 멤버가 2002년 1월 3박 4일의 연해주 투어를 실시하였다. 인천국제공항을 떠난 일행은 첫날 블라디보스톡을 경유 우수리스크에 도착하여 연해주 고려인재생기금 건물을 관람하고 우수리스크 사법대학 강사인 김승력으로부터 "연해주의 역사와 고려인 사회"라는 주제의 강연을 들었다. 다음날은 우수리스크 농과대학 표드로프 교수의 "연해주의 농업과 임업"이란 주제의 강연을 듣고 우수리스크 일대의 시장과 농장, 목재공장을 시찰하고 저녁에는 우수리스크 지방의 경제협력단 회원들과 만남의 시간을 가졌다.

제3일째는 블라디보스톡에서 극동대학 신영재 교수의 "연해주의 산업과 경제"라는 강연과 현대호텔 고문인 김대식의 "연해주의 한국기업과 무역"이란 강연을 듣고 시장과 백화점 그리고 역사유적을 관람하고 저녁에는 역시 이 곳 경제인들과 만남의 시간을 가졌다. 다음날 고려인들의 정착촌을 관람하고 귀국하였다.

2002년 연변조선족자치주 설립 50주년을 계기로 개최된 제1차 동북아경제포럼은 8월 29일에서 9월 2일까지 4일간 연변에서 개최되었다. 이 회의에는 한국과 중국의 경제인 이외에 중국과 한국의 변호사들, 중한법학회 회원, 조선족과학기술자협회 그리고 연해주의 민족문화자치회에서 대표들이 참가하였다. 지역적으로는 한국, 중국, 러시아 그리고 일본 등지의 동북아시아 한인들 그리고 경제인, 과학자, 법조인 등 다방면의 사람들이 회의에 참석하였다.

첫날에는 동북아평화연대 이사장인 이광규의 "한민족 경제인 네트워크의 의의와 방향"이라는 주제강연이 있었다. 주제강연은 동북아시아의 평화와 번영이 동북아의 경제적 발전과 직결된다는 것과 동북아 경제공동체의 형성에 한민족이 중요한 역할을 할 수 있다는 것을 지적하고 이번 대회가 바로 그 시작임을 역설하였다.

민족과 경제를 주제로 한 세미나에서는 연변대학 경제학 교수 최용학의 "민족경제를 발전시켜 현대화건설을 다그치자"라는 주제 강연과 이어 백두산 실업공사 대표 김길춘의 "연변조선족 경제를 발전시키기 위한 전략," 그리고 동북 3성 각성 조선족 기업인 대표의 "중국조선족 경제의 발전을 위하여"라는 대표발표가 있었다.

다음날에는 지역변호사와 법률인들이 참가하는 동북아 경제법률 세미나가 있었다. 중국의 경제관련법이 복잡하여 투자자들이 손해를 보는 경우가 많으며 이것을 해소하고 미연에 방지하기 위한 조치로서 중국에 투자하려는 경제인을 위한 안내가 필요함을 역설하였다. 한편 중국을 처음 방문하는 기업인을 위하여 시장상담을 하는 이외에 시장과 백화점 등을 돌아보고 중국의 경제사정을 실제 체험하게 하였다.

다음에는 연길 이외의 지역인 훈춘과 방천 등의 지역개발구를 시찰하고 그 곳에서 직접 활약하고 있는 기업을 방문하여 기업의 경영과 문제점 등을 상세히 물어보고 시찰할 기회를 가졌다. 다음에는 두만강지역 국제투자무역상담회를 방문하여 두만강 개발계획을 청취하고 연변시내에 진출한 한국기업을 방문하여 역시 문제점 등을 청취하였다.

제1차 동북아 경제포럼은 이론보다 경제인이 직접 현장을 시찰하여 기업을 진단하고 장차 중국으로 진출할 경우 어떤 기업이 유망하며 어떤 점이 주의할 점인가를 직접 목격하고 직접 문의하는 식의 구체적인 포럼이었다.

제2차 동북아경제포럼은 2003년 5월 16일과 17일 양일 간 연해주의 블라디보스톡에서 개최되었다. 이 회의는 동북아평화연대가 주관하였으나 전남 광주의 동북아평화연대가 참가하였고 특히 한국의 외교통상부, 재외동포재단, 대한석유회사, 한국가스공사 등이 참가하였으며 러시아에서는 고려인의 민족문화자치회와 연해주정부가 참가하였고 중국과 일본의 기업인들도 참가하였다. 말하자면 한국, 러시아, 중국, 일본 등지의 경제인, 공무원, 학자, 정치인 등이 참가하여 성황을 이루었다.

발제된 발표문은 임채완의 "동북아지역 경제협력체 구축의 성격과 방안", 이광규의 "동북아지역 경제교류협력 확대가 동북아평화에 미치는 영향", 김영웅의 "21세기 동북아의 역할", 윤갑구의 "동북아 에너지(전력, 가스, 석유) 협력체제 구상", 신명철의 "연해주 식량개발과 농업협력방안", 텐유리의 "유럽 아시아 황단철도에 관하여", 강영지의 "동북아개발은행의 필요성과 운영방안", 연해주정부 경제 부지사의 "동북아경제에서 연해주의 역할과 의미", 연해주농업국장 체르카신의 "연해주의 농업과 가공과 가공업", 연해주 수산국장 베 엠 레오노프의 "연해주 수산업과 자연양식법의 발전", 연해주 산림국장 데이 살로둔의 "연해주의 산림경제", 연해주 관광국장 소닌브의 "연해주의 관광업 발전과 동북아시아 나라들의 연계" 등이었다. 이들은 말하자면 한국인의 발표자가 5명, 재러동포가 2명, 재일동포가 1명 그리고 연해주정부의 국장급 5명의 발표가 있었다. 발표자 중 특히 돋보인 것은 연해주정부의 발표자들로 이들은 모두 실무를 담당한 국장급의 사람들이었다.

참가자들은 발표회가 끝난 후 아리랑 가무단의 공연을 관람하고, 우수리스크와 블라디보스톡 일대의 유적지와 관광지를 관람하였으며 저녁에 종합평가회를 가진 다음 모든 일정을 끝냈다.

제3차는 2004년 "동북아 생태농업기지 건설 세미나"라는 제목으로 연길에서 개최되었고, 제4회는 2005년 핫산에서 개최되었다. 이와 같이 경제포럼이 러시아를 중심으로 중국, 한국, 일본 등 주위 국가들의 기업인, 학자, 정치인, 관리 등이 공동으로 폭넓게 포럼에 참가하였고 포럼의 과제도 확대되어 갔으나 하나의 NGO 단체인 동북아평화연대가 감당하기 어려워져 그 후에는 일본에서 시작한 동북아 네트워크에 참가하여 다른 사업으로 바꾸었다. 일본에서는 동경대 강상중 교수가 주창하여 동북아 네트워크가 2002년 시작하여 2회를 2003년 서울에서 "동북아 코리아 네트워크 국제회의"라는 제목으로 계속되었고, 이것이 다시 오사카에 있는 완코리안페스티발(One Korean Festival)과 경합하여 오사카에서 계속하였고, 다시 2006년 제5회와 2007년의 제6회 대회를 서울에서 개최하였다.

청년투어

연해주를 알리는 의미에서 동북아평화연대는 민족투어를 실시하고 있다. 민족투어는 크게 청년투어와 일반인투어가 있다. 일반인투어는 한두 달에 한 번 비정규적으로 테마에 따라 사람이 모이면 연해주와 연변을 보통 5박6일로 투어를 실시하는 것이다.

2002년 7월에 실시한 제1회 청년동북아투어는 이러하였다. 한국과 미국 그리고 일본 등지에서 참가자를 모집하여 약 30명이 참가하였다. 첫 번째는 준비기간으로 7월 14일에서 16일까지 2박 3일을 한국 캠프에서 교양강좌를 듣고 마음의 준비를 하게 하였다. 한국 내의 투어로는 세종대왕릉, 명성황후 생가, 정약용 묘소, 강화의 광성보, 강화 고려궁터 등 역사탐방을 하고 도라산 역을 방문하였다. 한국 내의 투어는 한국의 과거와 현실을 체험하는 것이 목적이었으나 무엇보다 처음 만나는 참가자들 사이의 장벽을 허물고 마음을 여는 준비기간이다. 본 투어의 목적은 동포들 친구를 사귀고 특히 연해주와 연변의 동포생활을 체험하는 것이다.

이어 7월 16일에서 19일까지 연해주를 답사한다. 연해주에서는 첫날 후대라는 연해주 고려인 학생들과 공동으로 캠프를 하면서 블라디보스톡 시내와 신한촌 유적지를 방문하였다. 둘째 날에는 연해주 고려인재생기금을 방문하고 발해 유적지를 방문하며 러시아 문화 접하기로 러시아 음식을 만들고 먹게 하였다. 3일 째는 우정마을과 중국시장을 견학하지만 무엇보다 그 곳의 고려인들을 만나 대화를 나누게 하였다. 3일의 연해주 여정을 끝낸 투어단은 연해주의 고려인 학생들과 작별을 하고 연변으로 향한다. 도중 국경근방에 있는 안중근 의사의 단지터를 지나 국경을 넘는다.

연변에 이르면 중국조선족 학생들이 캠프에 합류한다. 연변에서의 일정은 연변대학을 방문하고 혁명열사기념관을 관람한다. 다음날에는 사기피해자를 위한 희망촌을 보고 경상도마을이라는 조선족마을을 견학하며 민족학교를 방문한다. 다음날을 백두산 등반으로 하루를 소비한다. 다음날에는 집안의 고구려 유적을 방문하고 다음날에 단동을 경유 선편으로 한국으로 들어온다.

이와 같이 연해주와 연변을 경유하여 중국의 국경을 지나오는 길은 북한을 외각에서 한 번 도는 것이 되어 이 투어는 조국의 분단을 실제 경험하는 것이다. 투어는 말하자면 한국, 러시아, 중국 3개국을 도는 것이며 그 곳에 거주하는 고려인과 중국조선족 학생들과 같이 자고 같이 식사를 하면서 친구가 되는 것이기에 투어단은 동포애를 느낄 수 있다. 이와 같이 다목적 민족투어를 하고 나서 각기 자기 집으로 돌아가면 이것이 인연이 되어 자연스럽게 네트워킹을 하여 영원한 동포친구로 남기도 한다.

제2회는 2003년 8월 1일에서 15일까지 1회와 같은 코스를 갔으며 2회에는 연해주의 고려인 학생 7명, 중국의 조선족학생 3명이 처음부터 참가하여 한국에서 40명이 출발하였고 연해주에서 캠프에 합류한 학생이 150명 그리고 중국에서 합류한 중국조선족 학생이 300명으로 규모로 보면 1회는 비교도 되지 않은 많은 학생이 참가하였다.

2회는 첫날 서울에서 이광규 교수와 이진영 교수의 동북아시대에 관한 강연을 듣고 문화체험을 하였고 우정의 밤 시간을 가졌다. 다음 날 서울을 떠나 속초로 이동하여 속초에서 선편으로 자르비노에 도착하여 블라디보스톡과 우수리스크에 이르러 유수종 선생, 강 예브게니 선생 그리고 김인호 선생의 연해주 고려인에 대한 강의를 들었다. 우수리스크에서 부근의 정착촌을 방문하였고 연해주 청년문화제에 참가하였다. 연해주를 떠나 육로로 중국연변에 이르러 1회 때와 같은 여정으로 순례를 하였으며 2회 때는 임철 교수, 박창욱 교수, 김춘선 교수 등의 강연을 통하여 지역인사와의 만남의 시간을 가졌다. 그리고 단동에서 선편으로 인천에 위국하였다.

2회는 1회보다 많은 학생이 참가하여 진행과 이동에 어려움은 있었으나 역시 3개국을 돌면서 한국의 고대사를 체험하고 독립운동의 유적지를 방문하며 현재 거주하는 동포들의 생활을 통하여 청년들은 많은 것을 생각하게 되고 특히 민족에 관한 정체성을 갖게 된다. 무엇보다 투어에 참가했던 청년들끼리 지속적인 연계를 갖고 상호우정과 정보를 나누는 것이 청년투어의 또 하나의 숨은 의도이고 이것이 성공적으로 이루어지고 있다.

청년투어는 3회, 4회로 계속되었으며 5회인 2006년부터는 축제 캠프로 발전하였다가 6회인 2007년부터는 청소년여행 평화학교로 발전하였다. 이것은 "대자연에서 배우는 사랑과 평화 그리고 자연과 미래"라는 주제로 13세에서 19세까지의 청소년 15명 정도를 모집하여 여행을 실시하는 프로그램이다. 2007년 실시한 행사를 보면 대학생 10명과 동북아평화연대 간사 10명 도합 20명이 6월11일부터 6월 12일까지 서울에서 예비학교 과정을 끝내고 7월 17일 속초항을 떠나 자르비노항을 경유 블라디보스톡, 우수리스크 일대와 순얏센마을, 우정마을 등에서 농촌체험을 하고 시베리아횡단 철도로 모스크바를 방문하고 8월 13일 귀국하였다. 말하자면 장기여행을 통해 러시아와 고려인들의 생활을 체험하는 캠프가 된 것이다.

한편 학교교사를 중심으로 한 여름 프로그램으로 "경계를 넘는 동북아여행"이란 프로그램을 만들어 2007년부터 사업을 시작하였다. 이것도 10명 전후의 소집단을 형성하여 연해주와 만주 일대를 여행하는 것으로 대상을 청년교사에 한정한 것이 특색이라 하겠다.

의료협력단

140주년 기념관 안에 의료센터가 있다. 연해주 고려인들에게 심각한 문제의 하나가 의료기관이 없는 것이다. 특히 중앙아시아에서 재이주하여 온 고려인들은 위에서 본 정착촌생활에서와 같이 최저생활을 하면서 의료혜택을 전혀 받지 못하고 있었다. 정착촌에 입주한 고려인들은 아프면 그냥 앓다가 죽는 것으로 생각하는 사람들이 대부분이며 영양실조현상도 자연스러운 것으로 여기고 있다.

정착촌 이외에도 과거 소련시절 보건시스템은 사회주의 의료체제로 무상으로 제공되었다. 그러나 페레스트로이카 이후 정부재정의 고갈로 인하여 사회주의 의료보건체계가 붕괴되었다. 이에 더하여 영양섭취가 충분치 못한데 알코올 중독 등으로 고려인들의 건강은 심각한 상황에 있다. 병원시설도 낙후되어 우선 건물 자체가 대부분 1940년 이전에 건립된 낡은 건물에 병원의 30% 이상이 물이 나오지 않는 곳이고 15%는 하수구 시스템이 연결되지 않으며 전체 병원의 12%만이 중앙난방 시설을 갖추고 있다. 연해주에 재이주하여 온 고려인들은 보험증이 없어 이러한 시설의 병원마저 갈 수 없는 실정이다.

연해주에서 특기할 사실은 중앙아시아에서 연해주로 이주하여 막노동을 하는 고려인들 중에 의사들이 있었다. 이들을 수소문하여 확인된 의사가 15명이나 된다. 이들은 외과, 신경외과, 소아과, 피부과, 법의학과, 침구의, 치과 그리고 내과 등 다양한 전문직 의사들이었다. 동북아평화연대는 이들을 규합하여 의료단을 결성하여 한 달에 한 번 정도 모임을 갖고 이들을 중심으로 우수리스크에 의료진료소를 설치할 계획을 한 것이다.

이들을 중심으로 우수리스크병원을 설립하기 위하여 한국에서는 고려인의사들과 한국의사들 간의 교류를 추진하고 고려인의사들을 한국에 초청하여 한국의학을 견학하는 기회를 가질 계획을 갖고 있다. 그리고 우수리스크에 병원을 설립하기 위하여 기금을 마련하고 의료기기와 장비를 모으고 있다. 한편 한국의 의사를 연해주를 방문하여 그 곳의 의료상황을 돌아보고 그 곳에서 필요로 하는 것을 알게 하는 운동을 전개하고 있다. 현재 계획으로는 우수리스크에서는 4000만 원 정도로 건물을 임대하여 5~6명의 의사로 내과, 외과, 소아과, 치과, 한방과를 두고 약간의 간호원과 행정요원이 일할 수 있는 클리닉을 건립할 계획을 갖고 있다. 이 사업을 추진하기 위하여 조직한 의료봉사단체를 메디피스(Medipeace)라 한다.

정착촌의 경우 위에서 본 것과 같이 2001년 7월부터 1년 온누리 가족건강복지회의 도움으로 의료활동을 전개하였다. 한 명의 러시아 의사를 고용하여 그가 1주일에 한 곳을 순회하여 환자를 발견하고 진단을 내리면 필요한 약은 온누리 가족건강복지회에서 담당하였던 것이다. 우수리스크 일대의 의료활동을 위하여 대한적십자사가 차량 1대를 지원하여 정착촌을 순회하는 데 사용하고 있다. 온누리복지재단의 사업도 약속한 2년을 기한으로 중지하고 말았다. 따라서 140주년 기념관 내에 있는 의료실이 더욱 중요한 기능을 하게 되었다.

서울대학병원이 여름방학에 연해주에서 의료봉사활동을 하였다. 2006년에 시작한 서울대학병원 봉사단은 의대와 치대가 합동으로 14명으로 이루어진 봉사단을 조직하고 이것을 KBS의 사랑의 리퀘스트가 후원하며 블라디보스톡에 있는 의과대학이 협력하여 의료봉사활동을 실시하였다. 봉사활동은 3박 4일 일정으로 순얏셴마을과 치카일로프카를 방문하여 하루 평균 100여 명의 환자를 돌보았고 특히 초음파와 심전도 검사를 많이 실시하여 고려인들만이 아니라 러시아 주민들에게도 큰 봉사를 하였다.

동부아평화연대 의료사업단인 메디피스는 서울대병원의 의료활동에 힘입어 앞으로 1단계에서는 연해주 외래병원을 설립하고, 2단계로는 2010년 동북아 코리안 의료인 네트워크를 구축하며 의료소외지 순방을 계획하고, 3단계로 2015년까지 동아시아 의료센터를 건립할 예정이다.

민족문화자치회

우수리스크에는 고려인들의 조직으로 "민족문화자치회(ENKA)"가 있다. 1996년 성립된 이 단체는 원래 아리랑 가무단을 후원하고 추석과 설날 고려인들이 모여 행사를 하기 위한 단체였다. 그 후 아리랑 가무단을 직접 후원하는 사업이 없어지고 추석행사만 관장하다 최근에는 고려인문화의 날 행사를 주관하는 것을 큰 사업으로 하고 있다. 민족문화자치회 현재 회장인 김 니콜라이 세르게이비치는 위에서 본 것과 같이 아리랑농장을 운영하고 농장 이외에 온실, 식당 등을 경영하며 현재는 시 의원이기도하다.

노인회

고려인재생기금에는 노인회 사무실이 있다. 노인회는 1963년에 설립된 노인회는 노인들이 연회비 200루블을 내고 회원이 사망하면 한국의 전통식으로 장례를 치르는 일종의 친목단체이다. 12명으로 출발한 노인회는 현재 회원이 약 300명에 달하고 회장은 윤 스타니슬라부이다. 근년에는 장례식 이외에 문화활동으로 한국의 옛노래도 배우고 추석과 설날행사도 주관하며, 노인들의 생계지원을 위한 자선사업도 추진하고, 고려인문화의 날 행사에 한 단체로 참가하기도 한다.

고려인문화의 날

러시아는 지역적인 자치영역이 없는 민족이라도 문화적으로는 자치를 누릴 수 있는 "민족자치법"을 선포하였다. 이에 따라 고려인들은 "고려인의 날" 행사를 진행하고 2001년부터 거행하기 시작하였다. 이것을 후원하기 위하여 한국에서는 대대적인 후원단을 조직하여 1회인 블라디보스톡 행사에 참가하였다. 행사는 화려하게 치러졌으나 한국이 주도하여 고려인은 오히려 손님이 되고 말았다.

2002년 10월 우수리스크에서 개최된 제2회 고려인문화의 날 행사는 연해주 고려인문화의 날 조직위원회와 우수리스크 민족문화자치회가 주관하고 서울의 동북아평화연대는 후원금만 후원하였다. 우수리스크대회에 고려인재생기금, 청년회 후대, 아리랑 가무단, 노인회, 대권도단 3개 단체, 연해주 소수민족단체, 동북아평화연대 우수리스크 문화센터, 우수리스크 사범대학 한국어과 등 우수리스크 내의 각종단체가 참가하였고, 연해주 내의 다른 지역인 파르티산스크, 아르세니예프, 아르톰, 블라디보스톡, 나홋트카 등지의 민족문화자치회가 참가하였으며 멀리서 중국조선족 민속공연단이 참가하였다.

첫날인 10월 5일에는 시립 군인극장에서 일반부, 학생부, 대학생부로 나뉘어 한국노래, 시와 연극, 한국춤, 악기연주 등의 경연이 있었다. 한편 5세부터 14세까지의 어린이를 대상으로 "한국에 관한 나의 판타지"라는 어린이 그림대회가 있었다. 다음날인 10월 6일에는 가두행진과 공연행사가 있었다. 가두행진을 고려인재생기금 건물을 떠나 주경기장인 파트리어트 운동장까지 행진을 하였다. 사물놀이, 아리랑 가무단, 가장무도 행렬, 한복행렬 그리고 러시아의 민족의상을 입은 찬조단의 행렬이 있었다.

파트리어트 운동장에서는 아리랑 가문단의 공연을 위시하여 4개 태권도단의 시범, 한국 사물놀이단, 연해주 청년단체의 공연, 노래, 연해주 사물놀이 등이 있었고 내빈의 축사가 있었다. 내빈으로는 재생기금의 강 예브게니 회장, 동북아평화연대 이광규 이사장, 블라디보스톡 교육원장 박희수, 연해주 의회 스미르노브 유리 의원 등의 축사가 있었다. 운동장 한편에서는 씨름, 줄다리기, 줄넘기, 제기차기, 강강술래 등의 민속놀이가 있었다. 뒤풀이로 경품추첨이 있었고, 축제에 참가한 모든 사람이 손님들과 같이 춤을 추는 시간 그리고 불꽃놀이로 폐막을 장식하였다.

제3회 고려인문화의 날 축제는 2003년 9월 27일 나홋트카에서 개최되었다. 제3회는 2회보다 많은 인원이 참가하였을 뿐만이 아니라 한국에서 온누리예술단, 북한에서 청년예술단, 중국의 조선족민속 공연단, 일본에서 무용단이 참가하였다. 이것은 5개 지역에 분산된 한인들이 모두 한자리에 모인 것이 된다. 고려인뿐만이 아니라 연해주에 거주하는 러시아, 벨로루시, 유대인, 타타르인, 독일인, 아르젠바이잔인 등 10여 개의 소수민족이 협찬하였으니 이것 또한 연해주의 소수민족이 동참한 소수민족의 잔치가 된 것이다. 협찬참가 소수민족들은 나홋트카 해양문화회관 마당에서 공연하는 동안 민족의상을 입고 각기 자기의 민족음식을 장만하여 전시를 하고 시식하도록 권하기도 하였다. 첫날 오전에 개최된 행사는 제목이 "세계 속의 한민족"이다. 이에는 음식박람회와 같이 각 민족의 예술단의 공연이 있었다.

오후에는 해양문화회관에서 보드닉 스타디움까지 행렬로 시작되어 태평양함대 군악대를 선두로 가장행렬, 한복행렬, 각 민족예술단의 행렬이 이어졌다. 운동장에 입장하여 좌석배치가 끝나자 조직위원장 김 콘스탄틴의 개회사가 있었고 이어 내빈축사가 있었다. 내빈으로는 연해주 주지사 다리킨 세르게이, 나홋트카 시장 빅토르 그네즈디로프, 주 블라디보스톡 한국총영사 최재근, 주 나홋트카 북한 총영사 안종근 그리고 동북아평화연대 이광규 이사장 등이었다.

행사는 예술공연과 민속놀이가 있었다. 예술공연은 온누리예술단, 아리랑 가무단, 북한 무용단, 일본 공연단, 러시아 발레학교 찬조공연, 연해주 소수민족 예술단 찬조공연, 사할린 예술단 공연, 한국 현대가요, 등이 계속되었다. 민속놀이로는 씨름, 줄다리기, 줄넘기, 제기차기, 태권도 등이 이어졌다. 끝으로 폐회식에 이어 시상식과 경품 추첨이 있었고 모두가 함께 하는 강강술래로 끝냈다.

제3회에는 나홋트카 DKM 극장에서 한국영화제가 있었다. 이에는 한국영화 하루, 리베라메, 하면된다, 나도 아내가 있었으면 좋겠다, 엽기적인 그녀, 마지막 선물 등 6편의 영화가 상영되었고 이 6편의 영화는 모두 러시아어로 자막처리가 된 것들이다.

우수리스크는 비록 연해주에서 작은 도시에 속하지만 고려인들에게는 중요한 의미를 갖는 곳으로 이 곳에 고려인재생기금 사무실이 있고 민족문화자치회의 사무실이 있다. 따라서 이 곳에 동북아평화연대의 우수리스크 지부 사무실이 있으며 교육문화센터가 있는 것이 당연하다. 이런 시설과 단체가 있기 때문에 우수리스크는 연해주 고려인의 중심지가 되고 우수리스크 140주년 기념관 건물은 이러한 고려인 문화중심의 상징적 의미를 갖는 곳이기도 하다.

다민족 다문화 평화축제

고려인의 날 행사가 고려인들만이 아니라 이미 연해주의 다른 소수민족이 참가하는 국제 한마당이 되었으나 오히려 이것을 구분하기 위하여 고려인의 날 이외에 연해주 소수민족들이 공동으로 주최하는 한마당으로 "다민족 다문화 평화축제"를 고려하게 되었다. 우정마을의 솔빈분회센터가 주최하고 연해주의 모든 수수민족이 참가하는 한마당이 다민족 다문화 평화축제이다.

2007년에 1회를 맞는 다민족 다문화 평화축제는 해방일인 8월 15일을 기하여 연해주 거주 소수민족 대표들이 모임을 갖고 모든 민족이 대등하게 참가하는 이 대회를 열기로 결정하고 첫해에는 우정마

다민족 평화축제

을에서 개최하였다. 우정마을 참가한 민족별로 자기 민족의 특유한 의상과 고유의 춤을 자랑하는 무대공연이 있었다. 무대는 있었으나 모두 아마추어이고 처음 있었던 행사라 조직이나 진행이 어색하기 짝이 없었으나 한마당에 참가한 500여 명이 모두 즐거운 마음으로 참가하였기 때문에 조직적인 진행과 관계없이 즐거운 하루를 보냈다. 그리고 모두 이것을 계속하기를 원하여 제2회도 8월 15일 진행할 예정에 있다.

한국교회

연해주에는 한인선교사 약 60명이 활동하고 있다. 이들은 교회를 가진 분과 교회를 갖지 못한 분으로 대분되며 대부분 교회를 갖고 있다. 한인교회는 블라디보스톡에 14개, 우수리스크에 6개, 아르톰에 5개, 나홋트카에 2개, 파르티산스크에 2개, 제스자봇스크에 1개, 미할리로프카에 1개, 그리고 스파스크에 1개로 모두 33개가 된다. 이 한인교회의 특징은 고려인들이 많지 않기 때문에 고려인, 러시아인, 중국조선족, 중국인 등 다양한 민족을 신자로 갖고 있는 것이다. 러시아에서는 종교교단에 가입할 수 있고 비교적 종교활동이 자유로워 2개의 신학교까지 있다. 교회는 새로 신축한 곳도 있고 러시아 건물을 구입하여 개조하여 교회로 사용하는 곳도 있다.

연해주에서 선교를 말할 때 특이한 분이 북방선교의 선구자라 할 수 있는 이한설 목사이다. 그는 극동방송에서 북방선교를 강조하였고, 중국선교를 시작하였으며 우수리스크에 10만 달러를 들여 교회 건물을 구입하여 창조교회를 건립하여 선교사를 파견하고 있다. 그는 종교활동만이 아니라 고려인들을 한국에 초청하는 사업도 전개하며, 연해주에서 영농사업을 후원하고 우수리스크 사범대학 한국어과에 장학금과 도서기증을 하여 한국학 발전에도 크게 도움을 주고 있다.

이상에서 고려인들의 문화활동 그리고 한국에서 진출한 봉사단체인 동북아평화연대의 문화사업 그리고 지원사업을 보았다. 지원사업은 경제적인 지원과 교육과 문화의 지원 그리고 의료지원 등을 실시하고 있었다. 교육으로는 한국어반의 운영과 컴퓨터교육을 실시하는 외에 한국 전통문화의 체험을 통하여 젊은 고려인들에게 한국적인 정체성을 갖도록 하는 것들이었다. 이것에 더하여 청년투어를 조직하여 연해주의 고려인들만이 아니라 한국의 청년들 그리고 연변의 조선족청년들까지 포함하여 이들에게 연변과 연해주 동포들의 생활을 관찰하고 역사유적지를 통하여 강한 민족적 정체성을 갖게 하고 있다. 문화행사에서는 고려인에 한하지 않고 보다 넓은 동북아를 범위로 하여 확대된 영역의 한인들에게 민족적 정신과 동시에 민족적 유대감을 갖게 하는 사업을 추진하고 있었다. 이것은 청년투어에 한하지 않고 경제인을 포함한 경제포럼에서 더욱 강한 유대를 통하여 한민족의 네트워크를 구축하게 하고 동북아에 분산된 한인들의 경제활동을 도우려 하고 있다.

이러한 동북아평화연대의 의지와 사업은 결국 동북아에 분산된 한인들을 결합하는 것이고 한인들의 의식을 강화하는 것이며 이것과 같은 뜻을 가진 행사가 고려인의 민족문화자치회이고 그 행사가 고려인의 날 행사였다. 이것이 처음에는 동북아평화연대의 경제적인 후원으로 시작하였으나 시간이 갈수록 자립하여 갈 뿐만이 아니라 행사의 내용도 다양화하여 가며 더욱이 다행스러운 것은 연해주에서의 고려인의 날 행사는 연해주의 소수민족의 잔치가 되어 여러 소수민족이 적극적으로 참여하여 고려인의 날이 연해주 소수민족의 날이 된 것이다.

한류문화의 확산

최근 연해주를 위시하여 러시아에도 한류의 열풍이 상륙하기 시작하였다. 러시아에서 한류가 유행하는 원인은 러시아인들이 유럽이나 미국보다 동양적인 정서가 있기 때문인 것이다. 한류에 심취하는 것도 음악보다 드라마이며 드라마에서 한국적인 정서, 말하자면 가족적인 일상사에서 섬세한 감정을 읽는 것이거나 그 곳에서 현대적인 감정을 볼 수 있기 때문이다.

러시아는 유럽에서도 고급문화를 깊이 사랑하는 민족으로서의 문화적 자존심이 강한 민족이다. 따라서 러시아인은 실은 한류와 같은 대중문화를 통하여 한국의 고전문화를 더 애찬하는 것이다. 말하자면 한국의 고전문화를 고급문화로 수용하여 그것을 더 이해하려 하는 것이다. 따라서 한국은 한류에 만족하지 말고 러시아의 고급문화와의 접촉을 통하여 한류를 보다 높은 차원의 새로운 고급문화로 확산시켜 나가야 할 것이다. 동시에 한국은 문화적으로 고립된 고려인을 한류문화 보급에 동참시켜 고려인의 정체성 보급에도 일조를 하도록 하여야 할 것이다.

고려인의 민족의식

과연 고려인이란 재소한인동포들은 한국과 한국인을 어떻게 인식하고 있는가 하는 의문이 든다. 이에 대한 전남대학의 임채완 교수의 설문지 조사결과가 있어 이 곳에서 보기로 한다. 고려인이란 사실에 얼마나 긍지를 갖고 있는 가를 알아본 결과 응답자 91.2%가 높은 자긍심을 갖고 있는 것으로 나타났다. 생활양식에서 자기가 어느 문화에 속해 있는가라는 질문에 55.8%가 고려인이라 하였고, 22.5%가 러시아라 하였으며, 15.8%가 중앙아시아라 하였고, 2.5%가 남한 그리고 2.1%가 북한이라 하였다. 말하자면 과반수가 고려인 고유의 생활방식으로 살고 있으며 중앙아시아에서 온 사람들은 중앙아시아식으로 자기가 생활한다고 한 것이다. 이들이 남한과 북한에 관하여 친밀감이 낮다는 것을 보여 주는 답이기도 하다.

고려인을 하나로 묶는 가장 큰 특징이 무엇인가에 대한 답에 민족의식이 42.8%였고, 그 밖에 관습이 21.1%, 지역이 15.1%, 혈통이 14.0%, 언어가 5.6%, 문화가 1.4%로 나타났다. 말하자면 고려인들에게 한민족으로서의 유대감을 갖게 하는 가장 중요한 요인이 민족의식이라는 태생적 요인이지 언어와 문화와 같은 후천적 요인이 아님을 알 수 있다. 언어나 관습은 오랜 세월이 지나면 풍화작용을 일으켜 민족이라는 공동체의식을 형성하는 데 큰 도움이 되지 않는다. 따라서 민족의식을 강화하려면 관습과 언어를 강화하는 방안을 모색하여야 할 것이다(고상두, 2007; 117).

13

교 육

　블라디보스톡은 연해주의 수도이자 극동의 태평양함대가 주둔하는 군사요지이며 교육과 문화의 중심지이기도 하다. 이 곳에 많은 대학 연구소가 있으며 한국학과가 있거나 한국어를 가르치는 대학이 극동 대학을 위시하여 9개 대학이나 된다. 이들은 우수리스크 사범대학을 제외하고 모두 블라디보스톡에 있다. 그 중 극동대학에는 장치혁 선생이 건립한 한국학대학이 위에서 본 것과 같이 시설이나 학생 수, 학과 등에서 가장 유명하다.

　극동 러시아가 한국에 관한 관심을 보여 주는 영역의 하나가 교육 분야이다. 러시아가 한국에 관심을 갖고 교육기관을 가진 것은 멀리 재정러시아까지 소급한다. 일찍이 생트페테르부르크대학에 한국어과 가 있었고 모스크바대학에 한국학 전공이 있다. 구소련이 북한과 정치적인 면에서 긴밀한 관계를 가진 것에 비하면 북한을 포함한 한국에 관한 연구는 활발한 편이 아니었다. 그러나 러시아가 한국과 국교를 수립한 이후 최근 러시아에서 특히 연해주를 중심한 극동지역에서 한국학이 크게 유행하여 연해주의 여러 대학과 고등학교에는 한국어학과 한국과 등이 설립되었다.

연해주에서는 근년에 한국학 붐이 일어 대학들에 한국어학과가 설
립되었고 학생수 또한 많이 등록하여 성황을 이루고 있다. 연해주 대
학들에 있는 한국어학과의 교수와 학생수 그리고 설립연대를 보면
다음과 같다.

대 학	교수	학생	설립년도
극동대학교 한국학대학	8	222	1980
우수리스크 사범대학 한국어과	7	80	1992
블라디보스톡 경제대학 한국어과	5	30	1996
극동기술대학 한국어과	4	24	1997
극동해양대학 한국어과	1	20	2001
우수리 농과대학 한국어과	2	25	2001
아르톰 극동대학 분교	2	32	1998
아르톰 기술대학 분교	2	25	1997
나홋트카 경제대 분교	2	50	2000

이상 9개교는 모두 국립대학으로 학교 내의 한국학과가 설립되고
교수와 학생이 있는 곳이다. 가장 오래 된 곳이 극동대학교로 이 곳
에는 1980년 외국어학부 동양어학과에 한국어과가 있었다. 고합의
장치혁 회장이 사재로 독립된 6층짜리 건물을 학교 내에 건립하고 한
국어과를 한국학대학으로 승격시켰으며 시설만이 아니라 장학금을
지불하여 한국학대학을 후원하고 있다. 이에 따라 한국학대학은 8명
의 교수와 200여 명의 학생을 가진 특수한 대학으로 발전하고 있다.
9개 대학에 있는 한국어과는 크게 두 종류로 나눌 수 있다. 하나는
한국어와 다른 한국학 과목을 가르치는 대학이고, 다른 하나는 한국
어만을 수업하는 학교이다. 전자에 속하는 곳이 극동대학교 한국학
대학과 우수리스크 사범대학 내에 있는 한국어학과이다. 이들 모두

설립된 지 오래고 연해주에 한하여 말하면 역사가 있는 학교들이다. 이 두 학교는 교수도 7~8명으로 많으며 한국어 이외에 한국의 역사, 한국의 지리, 한국의 문화, 한국의 예술 등을 별도의 과목으로 수업하고 있었다. 한국어 강좌는 극동대학의 경우 월요일에서 금요일까지 6시간씩 수업을 하였고 우수리스크 사범대학의 경우도 월요일에서 금요일까지 6시간씩 수업이 있다.

극동대학과 우수리스크 사범대학을 제외한 다른 대학에서는 한국어만을 수업하였으며 모두 설립년도가 늦은 공통점을 갖고 있었다. 이들 학교에서는 월·수·금요일에 하루 2시간씩 수업하는 학교와 월요일에서 금요일까지 6시간 수업하는 학교가 있었다.

중·고등학교 한국어강좌

대학에 뒤따라 중·고등과정이 포함되는 일반학교에도 한국어 강좌를 개설하여 한국어를 수업하는 학교가 증가하여 2000년 현재 22개 학교에 이르고 있다. 이 학교들을 보면 다음과 같다.

학교명	교사	학생	설립년도
블라디보스톡 제1학교	1	46	1995
블라디보스톡 제2학교	2	58	1998
블라디보스톡 제9학교	1	8	1994
블라디보스톡 제22학교	1	25	2000
블라디보스톡 제47학교	1	15	1997
블라디보스톡 제76학교	1	10	2000
블라디보스톡 제80학교	1	15	2000
블라디보스톡 제28학교	2	30	2003
블라디보스톡 동양어학교	1	40	2000
유럽아시아학교	1	5	1999
국립경제대학 부설학교	1	40	
국립기술대학 부설학교	1	5	

학교명	교사	학생	설립년도
우수리스크 제3학교	2	340	2000
우수리스크 제29학교	2	100	2000
우수리스크 제133학교	2	214	2000
아르톰 제6학교	1	20	
아르톰 제11학교	1	20	2000
나르진스크 제1학교	1	50	2000
나홋트카 제1외국어학교	1	50	2000
나홋트카 제2외국어학교	1	26	2000
스파스크 제1학교	1	20	2000

　중·고등학교에 부설된 한글반은 한글만을 가르치는 한글학교로 이 곳에도 월·수·금 각 2시간씩 하는 학교와 화·목요일 2시간씩 수업하는 학교가 있었다. 2001년도 통계에 의하면 학생수가 7명에서 40명인 반까지 있으며 평균하여 한 반에 20명 정도였다. 한 학교당 교사수가 1명이기에 교사 1명당 학생 20명을 가르치는 것이 된다. 대학에서도 그러하듯 이들이 사용하는 교재들은 서울의 국제교육진흥원에서 발행한 한국어 또는 한국어 1을 사용하고 있었다.

　블라디보스톡에는 남서울 교회의 홍정길 목사가 2005년 건립한 국제학교가 있다. 기숙사시설이 완비된 이 곳에서는 러시아어, 한국어, 영어를 동시에 수업하는 명실공히 국제학교이다.

　블라디보스톡 국제학교는 자급자족이 가능하지만 한국으로부터의 재정적 지원이 있어 경제적 기반이 확고하다. 그러나 극동대학을 위시하여 러시아 대학과 중·고등학교는 재정적 기반이 열악하여 한국으로부터의 지원이 있으면 한국어 보급과 한국의 역사·문화수업에 큰 보탬이 될 것으로 생각된다. 특히 그 곳의 교수와 학생으로 하여금 한국에서 공부할 수 있는 기회를 준다면 러시아는 물론 한국에게도 큰 도움이 될 것이다.

민족학교

우수리스크에는 한국의 민족학교가 있다. 제3학교가 그것이다. 한인이주 140주년을 기해 2004년 연해주정부가 제3학교를 한국인 민족학교로 지정하여 주었다. 이것은 모스크바의 1086학교 다음으로 두 번째 러시아 내의 한국민족을 위한 특화학교가 된다. 제3학교는 학생이 750명이며 10개 민족으로 구성되어 있으며 그 중 한국계는 전체 학생의 28%가 된다. 교사수는 57명이고 한국계인 고려인 선생인 2명 있었다. 학급은 31개로 한 학급의 학생은 20~30명 사이이다.

이 학교가 한국민족 특화학교로 지정되었기 때문에 1~4학년은 한국어를 선택으로 배우고, 5~8학년은 기초 한국어를 의무적으로 배우며, 10~11학년에서는 1주일에 2시간씩 한국어를 의무적으로 배운다. 문제는 학교교실이 부족하여 최소 4개의 교실증가가 필요하고 학생들이 활동할 생활관 1개가 필요하며, 교사의 처우개선문제와 한국어 교재를 지원하여야 하는 문제 등이 있다. 한국어를 강화하고 민족학교로서의 구실을 다할 수 있게 하기 위하여서는 학교장 등 학교간부의 한국초청이 필요하고 보조교사 등의 보충이 필요하다.

기타 한국학교

공립학교 이외에 한글을 배우는 한국학교는 세 영역으로 나눌 수 있다. 하나는 한국교육원과 사립학교의 한글반이고, 하나는 단체의 부설학교이며, 하나는 한국교회가 운영하는 한글학교이다. 이들을 분류별로 보면 다음과 같다.

사립학교

	교사수	학생수	설립년도
교육원 부설 한글학교	7	228	1995
교육원 부설 토요학교	7	35	1995
블라디보스톡 동양어학교	1	3	
아르센네브로드닉학교	1	43	

단체부설 학교

	교사수	학생수	설립년도
우수리스크 고려인문화센터	3	35	1995
파르티산스크 고려인문화센터	2	40	1995

교회부설 한글학교

	교사수	학생수	설립년도
아르톰교회 한글학고	2	40	2000
동부교회 한글학교	3	20	1996
영락교회 한글학교	2	30	2000
제일교회 한글학교	1	10	1997
나홋트카교회 한글학교	2	40	1995
스라즈프카교회 한글학교	2	20	1995
파르티산스크교회 한글학교	1	20	1996
소망교회 한글학교	1	35	1994
평화교회 한글학교	1	25	2000
조선족교회 한글학교	1	30	2000
미하일교회 한글학교	1	24	2000
우정마을 한글학교	2	34	2001
한국교민 토요학교	7	34	

　　이상 연해주에서 개설된 한글학교를 나누어 보면 사립학교로 세워진 곳이 4개교, 고려인 문화센터가 운영하는 학교가 2개교 그리고 한국교회가 운영하는 한글학교가 13개교였다.

　　교회에 부설된 한글학교는 다른 토요학교와 달리 한국에서 파견된 신자 중에서 한 사람이 수업을 담당하는 경우가 일반적이다. 교회의 예배가 끝난 뒤 교회의 한 방을 이용하여 수업을 하며 이 곳에서는 학생의 연령에 차이가 있으나 다같이 수업을 듣도록 하고 있다. 참고로 블라디보스톡 내에 한인교회가 14개가 있고 한국선교사가 32명이 있다. 이 곳의 문제는 러시아 당국이 교회에서 한국어교육을 통하여 선교활동하는 것을 금지하고 있는 것이다. 말하자면 교회에서 한국어교육이 불법인 것이다.

한국교육원

한글학교에 가장 중요한 역할을 하고 공적인 학교를 운영 할 수 있는 곳이 교육원이다. 교육원은 대학은 물론 중·고등학교 그리고 교회의 부설학교에까지 가능한 한 모든 한글수업을 후원하고 있다. 교육원은 처음 극동대학의 한국학대학 내에 있었으나 현재는 극동대학 내 다른 교사의 한 층을 사용하고 있다. 교육원은 1995년에 설립되어 현재 강의실 6개, 관리실 1개 그리고 도서실 1개를 갖추고 있다. 교육원이 확보하고 있는 교직원은 18명이고 그 중 1명은 본국파견자이고 17명은 현지강사들이다.

교육원의 교육과정은 한국어 강좌, 토요 한국어 강좌 그리고 특별반 등 3개가 있었다. 일반 한국어 강좌는 한국어 기초가 4개 반, 중급이 4개 반 그리고 고급이 2개 반이었다. 3개 급이 모두 월·수·금, 주당 9시간을 수업하였고 학생수는 14~24명의 반까지 있어 평균 17명이었다. 토요 한국어 강좌는 유치부 1반, 초등부 저, 초등부 중, 초등부 고 3개반, 중등부 1반, 고등부 1반 도합 6개 반이 있었다. 이들은 토요학교이지만 월·수·금에 수업이 있고 주당 9시간을 수업하였다. 토요학교의 특징은 학생수가 4~9명으로 10명 이하인 것과 선생이 모두 한국에서 유학 온 한국인인 것이었다. 특별반은 사물놀이를 가르치는 것으로 2개 반이 있었다. 이 곳도 월·수·금에 수업을 하고 학생수는 각각 17명, 12명이었다.

가장 중요한 문제는 한국에서 보낸 교과서가 영어중심으로 되어 있어 러시아의 실정에 맞지 않는 것이다. 대학생용은 더욱 문제가 많아 새로운 교재의 개발이 필요하였고, 교사들을 위한 연수도 필요하였으며. 동포들의 민족교육을 위한 특별한 배려가 있어야 하였다. 한편 러시아인을 위하여서도 별도의 교과를 개발할 필요가 있었다. 연해주에는 2001년 현재 한국에서 어학연수로 온 학생이 30명, 정규본과 학생이 15명, 음악을 전공하는 학생이 10명 그리고 종교전공학생이 15명이 있었다.

연해주에서 성황을 이루는 교육은 농업이나 기업과는 달리 연해주 자체 내에서 자발적으로 한국과의 관계를 조성하려는 자생적 문화운동으로 연해주가 한국에 대한 관심을 보여 주는 중요한 영역이라 하겠다. 한국의 교육원이 블라디보스톡에 진출하여 임무를 수행하기 위하여 개설된 교육원의 한글반은 필연적인 것이라 할 수 있고 연해주에 진출한 한국교회에 부설된 한글학교 그리고 고려인단체가 실시하는 한글반 등은 연해주 이외에서도 한국인이 진출한 곳에서는 일반적으로 볼 수 있는 현상의 하나이다. 그러나 연해주에 있는 대학과 특히 중·고등학교에서 한글반과 한국어수업을 개설한 것은 연해주의 특이한 현상이라 하겠다. 연해주는 한국에 대하여 많은 관심을 갖고 있으며 장차 한국과의 관계를 고려하고 한국과의 미래를 전망하여 한국어 수업을 개설하여 학생을 양성하는 것이다. 한국으로서는 이것을 포착하여 좀더 적극적인 교육시책을 수립하고 대연해주 정책을 수립하여 이들을 후원하도록 노력하여야 하겠다.

한국교육의 문제점

　　연해주에서 확산되어 가는 한국어교육에 보다 큰 문제가 있다면 이런 것들이다. 무엇보다 한국어를 전공한 교사가 부족한 것이다. 교회에서 심지어 한국교육원에서 한국어를 담당하는 교사들이 자격증을 가진 교사가 아니라 선교사나 유학생 등이고 한국국제협력단에서 한국어를 위하여 파견된 사람마저 교사가 아닌 사람들이다. 따라서 한국어를 가르칠 자격증을 갖춘 교사가 절실히 필요하다. 둘째는 위에서 이미 지적한 교재문제이다. 한국에서 보급되는 교재는 모두 영어권 중심이며 러시아생활과는 너무 동떨어진 그리고도 한국의 전통문화를 충분이 담지 못한 교제들이다. 연해주에서 주로 사용하는 자료에 김동인의 "감자"가 있다. 이것은 너무 오래 된 내용이고 그렇다고 고전에 속하는 것도 아니어서 좋은 교재의 선택이 필요하다. 보다 장기적으로 보았을 때 러시아동포가 교사가 되는 것이다. 이것은 한국이 장기교육계획을 수립하고 추진하여야 할 문제일 것이다.

14

유전개발

　연해주에 속하는 것은 아니지만 연해주라 할 때 한인들에게 알려진 것은 이 곳을 통하여 석유 파이프라인이 건설되고 이 곳을 통하여 시베리아철도가 한국의 횡단철도와 연결된다는 것은 잘 알려진 사실이다. 이것이 알려졌을 뿐만이 아니라 연해주를 연구하고 연해주에 진출한 한인들의 궁국의 목적이 연해주농업보다 오히려 원유와 철도문제 그리고 더 나아가 사할린과 사하 그리고 중앙시베리아지역까지를 염두에 두고 있을 것이라 사료되어 이 곳에 유전문제, 철도문제, 사할린문제, 사하문제 그리고 중앙 시베리아문제 등 연해주 외각지대를 보기로 한다.

동북아의 에너지사정

　러시아는 최근 에너지 서감동증(西減東增)정책으로 유럽의 석유, 가스공급을 줄이고 동쪽 동북아시아에 공급을 늘린다는 정책을 실현하고 있다. 러시아를 제외한 동북아시아 모든 국가들이 외국에 에너지원을 의존하고 있는 나라들이다. 대만을 포함한 중국, 한국, 일본 등의 동북아시아 국가들의 에너지 소비상황을 보면 다음과 같다.

국 가	석 유	천연가스	석 탄	원자력	수 력	1차 에너지
중국	241.4	25.1	525.5	4.0	58.3	856.3
	(26.2%)	(2.9%)	(61.4%)	(0.5%)	(6.8%)	(100%)
일본	247.2	71.1	103.0	72.7	20.4	514.5
	(48.0%)	(13.8%)	(20.0%)	(14.1%)	(4.0%)	(100%)
한국	103.1	20.8	45.7	25.4	0.9	195.9
	(52.6%)	(10.6%)	(23.3%)	(13.0%)	(0.5%)	(100%)
대만	37.7	6.8	30.9	8.0	2.1	85.4
	(44.1%)	(8.0%)	(36.2%)	(9.4%)	(2.5%)	(100%)
동북아	629.4	119.7	705.1	110.1	81.7	1,652.1
	(38.1%)	(7.2%)	(42.7%)	(6.7%)	(4.9%)	(99.6%)
전세계	3,510.6	2,164.3	2,255.1	601.2	594.5	9,124.8
	(38.5%)	(23.7%)	(24.7)	(6.6%)	(6.5%)	(100%)

위의 자료는 2002년 6월 세계에너지 통계분석(BP Statistical Review of World Energy)에 의한 것이고, 단위는 MMTOE, 즉 Million tons of oil equivalent로 계산한 것이다(김명남, 2002; 95).

에너지의 나라별 사정은 다르다. 중국의 경우 과거 석탄위주에서 산업화의 진전에 따라 석유와 천연가스 비중이 증가하고 있다. 중국은 미국과 일본 다음으로 세계 3위의 석유소비국이다. 1996년 석유수입국이 된 중국은 2001년 석유소비량이 2억 3200만 톤이고 2010년이면 일본을 능가하여 세계 제2의 석유소비국이 된다고 한다.

중국은 석탄의 최대생산국인 동시에 소비국이기도 하다. 2001년 예를 보면 세계 총생산량의 3분의 1인 14억 1000만 톤을 생산하였고 14억 7000톤을 소비하였다. 생산과 소비의 균형을 위하여 중국은 소규모 탄광의 폐쇄를 추진하고 있다(김명남, 2002; 97).

일본은 세계 4위의 에너지 소비국이고 2위의 에너지 수입국이다. 일본은 에너지자원에서 석유의 비중이 가장 크고 2001년 현재 석유소비량이 2억 4720만 톤에 달한다. 일본에는 석유가 거의 매장되어 있지 않아 모두 수입한다. 일본은 다른 나라에 비하여 환경친화적인 천연가스와 원자력 사용량이 높다. 천연가스도 매장량이 미미하여 97%를 인도네시아, 말레이시아 등에서 수입하고 있다. 일본은 원자력 발전능력이 미국과 프랑스에 이어 세계 3위에 이르고 1998년 현재 318Bkwh를 생산하며 총발전량의 약 32%를 차지하고 있다(김명남, 2002; 99).

한국은 에너지 소비규모가 세계 10위이고 석유소비는 7위로 세계 4위의 석유수입국이고 세계 2위의 액화천연가스 수입국이다. 한국은 석유의존도가 높은 나라로 2000년 기준 56%를 차지하고 있다. 천연가스는 LNG로 수입되고 세계 2위의 LNG 수입국이 되었다. 에너지의 97%인 865억 달러를 수입, 그것도 대부분 중동지역에 의존하고 있다. 만일 배럴당 10달러가 오른다면 한국은 GDP의 1~1.2% 하강하게 된다. 유연탄 8500만 톤을 수출하던 중국이 수출을 중단하여, 발전용 유연탄 31%를 중국서 수입하던 한국이 큰 타격을 받게 되었다. 한국은 최근 울산 동남쪽 해상의 천연가스를 발굴하기 시작하였으나 이것이 공급된다 하여도 전체 에너지에 2%밖에 충당할 수 없어 해외에 의존할 수밖에 없다. 이에 한국은 러시아의 이르쿠츠크 사업에 적극추진하고 있다(김명남, 2002; 101).

이르쿠츠크 프로젝트

한국은 러시아와 중국이 개발하는 이르쿠츠크유전 개발에 참가하고 있다. 이르크츠크유전이란 이르크츠크 북방 약 450km에 위치한 코빅틴스크 가스전 개발을 말하는 것으로 이 곳에서 파이프라인을 통하여 중국과 한국에 천연가스를 공급하는 계획이다. 이 곳의 확인 매장량은 8억 4000만 톤, 잠재매장량은 11억 2000만 톤으로 개발 후 3개국에 연간 2000만 톤의 천연가스를 30년간 공급할 수 있다. 파이프라인의 길이는 4100km로 예정하고 있다. 2000년 11월 북경에서 중국, 한국 그리고 러시아 3국이 합의한 협정서에 의하면 110억 달러의 사업비가 예상되는바 유전개발에 30억 달러 그리고 파이프라인에 80억 달러를 예정하고 있다. 파이프라인은 이르쿠츠크에서 바이칼호 남쪽을 경유, 몽고의 울란바토르를 경유하여, 중국의 북경과 산동반도를 경유, 해저로 하여 한국의 평택으로 유입하는 노선과 다른 하나는 이르쿠츠크, 울란바토르, 치타, 만주리, 하얼빈, 심양, 대련, 서해해저를 통해 평택으로 오는 노선이 있으며 또 다른 하나는 심양에서 단동, 평양, 평택으로 이어지는 노선이다. 해저로 이어지는 한국노선의 길이는 536km이고 북한을 통하는 육로노선은 567km가 된다. 이르쿠츠크에서 한국까지의 파이프라인 길이는 약 4900km가 된다고 추정한다. 이에 필요한 총사업비는 110억 달러의 초대형 프로젝트라 한 나라가 담당할 수 없고 몇 개 나라가 분담하여야 한다. 한국으로의 가스도입은 2008~2010년으로 추정하고 있다(김명남, 2003; 77).

위에서 이미 언급한 것이지만 중국은 2003년 5월 앙가르스크유전의 송유관 240km를 자바이칼스크에서 중국의 대경(大慶)으로 이어지는 송유관사업을 위하여 25억 달러를 지불하고 연 3000만 톤의 원유를 20년간 보급받기로 하였다. 그러나 일본이 7월에 모스크바에 가서 송유관을 중국을 통하지 말고 앙가르스크유전에서 바이칼호 북쪽을 경유, 세베르바이칼스크와 트인다. 그리고 하바로프스크 경유하여 나홋트카에 이르는 4200km의 송유관을 주장하였다. 일본이 주장하는 송유관은 타이세트에서 치타주 경유, 아무르주 스코보로지노까지 2200km를 2008년까지 1차로 완성하고, 이 곳에서 다시 하바로프스크주, 연해주의 태평양 연안까지 2000km를 2012년까지 2차 사업으로 완성하기로 하였으며, 이러한 송유관 사업을 위하여 일본이 100억 달러를 러시아에 건네주었다. 이것이 완성되면 러시아는 일본에 연간 5000만 톤의 원유를 주게 된다. 이것은 러시아가 중국으로의 송유관을 만들지 않는다는 조건에서 이룩된 약속이다.

그러자 이번에는 중국이 2005년 7월 스코틀랜드에서 개최된 G-8 정상회담에 출석하여 러시아와 향후 3년간 이루크츠크의 코빅타 가스전 개발에 참가하여 이 곳에서 아무르주 스코보로디노를 경유하여 중국의 대경을 연결하는 송유관 지선을 신설하는 사업에 참가하여 연간 원유 2000만 톤을 공급받기로 하였다. 이것을 위에서 본 것과 같이 Y프로젝트라 한다. 중국은 원유 이외에도 원목을 수입한다. 러시아의 원목이 중국으로 넘어오기만 하면 가격이 3~5배가 된다고 한다.

한편 연해주에는 송유관 도착지 나홋트카에 코즈미노사가 경제타당성 조사를 실시하고 확충공사를 진행 중이다. 이 곳에서 철도로 온 원유를 유조선에 선적하는 작업을 위한 것으로 연간 1500만 톤을 처리할 것을 예상하고 공사가 진행 중이다.

한국참여

실은 한국이 선점한 가스개발을 위한 프로젝트가 있었다. 서울 고합의 장치혁 회장이 주동이 되어 1994년 6월 한국의 4개사로 고합의 장치혁 회장, 대우그룹의 김우중 회장, LG의 구평회 회장 그리고 효성그룹의 조석래 회장이 모스크바에서 극동지역의 석유와 가스 개발을 위하여 콘서시움을 구성하는 데 합의하였다. 그리고 서울에서 다시 모임을 갖고 컨소시엄이 정식으로 발족하였으며 고합그룹이 대표간사를 맡기로 하였다.

같은 해 12월에 한·러 극동협회와 고합그룹이 공동으로 이르크츠크 경제사절단 170명을 서울로 초청하여 이르쿠츠크 가스개발회사인 러시아 페트롤리(Petrolieum)회사와 가스개발의 의향서를 교환하였다.

1995년 5월에 러시아연방 파노프 외무부 차관이 한국을 방문하였을 때 가스개발에 관하여 그는 러시아, 중국, 몽고, 한국 그리고 북한 등 5개국이 사업에 참가할 것을 제의하였다. 이에 따라 한국에서는 정부주도하에 컨소시움을 확인하고 추진체계를 구성하였다. 대표간사는 한국 가스공사가 맡고, 기술간사는 한국석유개발공사가 맡으며 민간간사는 고합그룹이 맡기로 하였다.

　　이어 고합그룹의 장치혁 회장은 이 프로젝트와 관련하여 중국 이붕 총리를 예방하여 국가 간의 협력을 확인하였고 다시 러시아의 체르노미르딘 총리를 예방하여 역시 국가 간의 협력을 확인하였다. 그러나 한국에서 정부가 바뀌면서 이 프로젝트는 부실화되고 말았다.

사할린 프로젝트

　　사할린 프로젝트는 사할린 동북부, 중부, 남부 도합 8개의 광구를 포함한다. 현재는 1, 2, 3 광구의 개발이 진행되고 4~6광구까지는 입찰 중이다. 이 곳에 총 7억 톤의 석유와 컨덴세이트 그리고 2조 5000억m³의 천연가스가 해저에 매장되어 있다. 1, 2, 3 광구는 미국, 일본, 영국 등의 회사들이 추진하고 있다. 사할린 천연가스의 수송방법으로 사할린을 종단하고 해저로 일본의 홋카이도로 연결하여 가는 파이프라인과 사할린 북부에서 연해주로 연결하여 하바로프스크와 블라디보스톡을 경유 한국으로 이어지는 파이프라인이 있다. 일본은 전자를 요구하고 러시아는 후자를 선호한다. 또 하나의 방법은 사할린 남단의 부동항인 포르드고니에에서 액화가스로 만들어 선편으로 일본, 한국, 중국으로 공급하는 방안이다. 사할린 II 프로젝트의 운영사인 "사할린 에너지"사는 액화기지 건설을 위해 입찰 중이다(김명남, 2002; 109).

사할린의 가스와 석유를 좀더 자세히 보면 이러하다. 사할린 1광구는 사할린 북동부 해상에 위치한 오돕투(Odoptu), 세이보(Chaivo), 마루쿠툰다기(Arkutun-Dagi) 광구의 석유와 천연가스로 총확인매장량은 485bcm이고 석유는 3억 4000만 톤으로 추정한다. 개발비용은 120억 달러를 예정하고 현재 일본의 사할린석유개발회사(Sakhalin Oil and Gas Development Corporation; SODECO)가 30%, 미국의 엑손 모빌(Exxon Mobil)이 30%, 러시아의 로스네흐트(Rosneft)와 시멘 셀프(SMNG-Shelf)가 각각 8.4%와 11.5% 그리고 인도의 온고크(ONGC Videsh)가 20%를 보유하고 있다(김명남, 2003; 78). 한국이 사할린 I의 지분 5~10%를 교섭하였으나 일본 SODECO의 방해로 무산되고 말았다.

사할린 II 광구란 사할린 동북부 해상에 위치한 필톤 아스토(Piltun-Astokh) 광구와 룬스코이(Lunskoye) 광구를 말하며 이 곳에서는 가스와 석유를 LNG형태로 공급할 계획이다. 이 지역에 매장된 것은 가스 550bcm과 석유 1억 4000만 톤으로 추정된다. 이 곳은 미국의 셀(Shell)과 네덜란드의 로열 더치(Royal Dutch, 55%)와 일본의 미쓰이(25%), 미쓰비시(20%)로 구성된 사할린 에너지투자사(Sakhalin Energy Invenstment Company)가 사업을 추진하고 있다(김명남, 2003; 78) 사할린 II는 이미 1992년 지분참여가 끝났기 때문에 한국이 지분에는 참여치 못하였으나 2005년부터 LNG 150만 톤을 20년 동안 보급 받기로 하였다.

사할린 III 광구는 미국의 엑손(Exxon)과 텍사코(Texaco)가 각각 3분의 1의 지분을 보유하고 러시아의 로스네흐트(Rosneft)와 로스니흐트-사할린 모르네흐트 가스(Rosneft-Sakhalin Mornefte Gaz)가 3분의 1을 담당하고 있다(김명남, 2003; 79).

사하 프로젝트

　세 번째 프로젝트가 사하가스 또는 야쿠츠가스 포르젝트라는 것으로 사하공화국 내의 26개 가스전 개발을 말한다. 야쿠츠에는 8250억 m^3(LNG환산 5억 9000만 톤)가 매장되어 있는 것으로 추정되어 1970년대 구소련, 일본, 미국 3국이 프로젝트를 구상하였다가 아프가니스탄 사태로 무산되고 말았다. 1992년 9월 "한 · 러 정부간 사하사업 공동위원회 설치합의서 및 예비타당성조사 공동운영 합의서"를 체결하였고 한국의 현대그룹이 러시아로부터 허가를 얻어 한 · 러간 추진교섭이 진행되었다. 1992년 11월 한국과 러시아 대통령이 확인이 있었고 1994년 6월 한국 대통령이 러시아를 방문하였을 때 양국이 1000만 달러씩 투자하여 타당성 조사를 실시하기로 합의하였다. 한국에서는 이 프로젝트를 위하여 14개 업체가 컨소시엄을 구성하고 러시아는 6개 업체 그리고 사하공화국에서는 2개 업체가 컨소시엄을 형성하였다

　사하 프로젝트에 의하면 사하에서 한국까지의 배관길이가 5800km이고 투자비용이 170억~250억 달러에 해당하는 사업이다. 타당성 조사결과 가스전 지역 배관루트의 상당부분이 영구동토지역이고 사하지역의 인프라스트럭처가 부재하며 사업초기의 대규모 가스 시장이 없다는 등 사업의 부당성이 지적되어 차후 가스공급이 필요할 때 가장 왼쪽에 위치한 챠얀스크의 가스전을 개발하기로 하였다(김명남, 2002; 109).

전력과 석탄

석유와 가스 이외에도 러시아는 극동지역에 전력수출 잠재력을 갖고 있다. 극동지역에 있는 니즈네-부레야 수력 4발전소는 연간 16억 5000kwh의 발전량을 보유하고 있으며 니즈네-제이 수력발전소는 연간 21억 2000만kwh의 용량을 갖추고 있으며 중국과 북한 등에 송전할 예정으로 2010년까지 중국에 8Twh, 북한에 1.5~2.5Twh를 공급하고 2030년까지는 중국에 30-60 Twh 그리고 한반도에 20Twh를 공급할 예정이라 한다(이석규, 2007; 36).

석탄의 경우 러시아는 2004년 현재 전체적으로 7880만 톤이 해외로 수출되고 있으며, 그 중 400만 톤이 동시베리아에서 그리고 580만 톤이 극동지역에서 수출되고 있다. 동시베리아지역의 중요한 석탄광은 부랴티아 공화국, 하카시아 공화국, 이르쿠츠크주, 크라스노야르스크지역이다. 극동지역의 석탄산지로는 사하공화국과 사할린주이다. 연해주도 석탄생산량이 10만 7000톤으로 많은 편이나 화력발전소에서 많이 소비하여 오히려 동시베리아에서 공급받고 있다(이석규, 2007; 36).

한국은 2005년 러시아로부터 324만 8000톤의 석탄을 수입하였다. 이것은 우리나라 석탄수요의 3.8%에 해당한다. 한국의 주된 석탄 수입국은 호주이다. 호주에 비하면 러시아의 석탄은 생산단가나 수송단가에서 경쟁력을 갖지 못하고 있다. 그러나 국제석탄 가격이 더 상승하고 수입처 다변화라는 정책적 고려가 이루어진다면 러시아의 석탄이 우리 나라에서도 충분한 경쟁력을 갖게 된다. 앞으로 한국이 2015년 예정대로 920만 톤의 석탄을 러시아에서 수입한다면 이것은 전체의 10.1%가 되는 것이다(이석규, 2007; 57).

　　최근 한국의 산업자원부, 북한 총영사관, 중국 국가발전개혁위원회 산하 에너지연구소, 러시아의 극동에너지사 관련자들이 블라디보스톡에서 회의를 가졌다. 이 회의에 참석한 김보영 한국가스공사 경영연구소 소장은 한·일 두 나라가 전세계 LNG의 56%를 소비하고 있으며 중국과 미국의 LBG소비가 급증한다면 아무리 돈을 주어도 살 수 없는 쓰나미현상이 닥칠 것이라 하였다. 또한 반기열 에너지경제연구원 원장은 석유 등 에너지공급처의 다변화가 필요하며 특히 러시아를 미래 에너지공급원으로 인식, 에너지개발에 적극참여할 것이라 하였다.

　　동부 시베리아에 매장된 석유, 가스, 석탄을 보면 아래와 같다.

품목	매장	한국의 연소비	한국 소비연수
석유	962억 배럴	7억6000만 베럴	126년
가스	259억t	2461만t	1062년
석탄	1776억t	8782만t	2022년

　　연해주가 에너지 관련 시설 등 인프라스트럭처의 구축에 주변국 참여와 투자를 강력히 희망하고 있다. 회의에 참석한 4개국 대표는 동북아시아에서 에너지분야의 공동사업과 연구에 합의하였다. 그리고 러시아의 극동기술대학 산하 석유가스연구소와 한국의 에너지경제연구원이 향후 10년간 에너지분야에 협력할 MOU를 채결하였다.

　　러시아 시베리아의 석유와 가스의 매장지역으로는 이르쿠츠크, 앙가르스크, 사할린 북부, 그리고 사하공화국이다. 이르쿠츠크는 한국계 국회의원 정홍일 국회의원이 나온 곳이다. 그는 몇 년 전에 사망하였으나 그의 미망인과 아들이 이르쿠츠크에서 큰 사업을 하고 있어 그 곳 집권자들이 친한적 성격을 가진 곳이다.

사할린 I과 사할린 II에서 생산될 원유는 연간 3000만 톤이고 가스는 280억 m³라 한다. 한국은 위에서 본 것과 같이 사할린 II에서 생산될 LNG를 2008년부터 20년간 매년 150만 톤을 수입하기로 하였다. 사할린에는 남부에 4만 5000명의 한국계 교민이 거주하고 있어 사할린 전체를 쉽게 친한적 지대로 만들 수 있는 곳이다.

사하공화국은 한반도의 14배나 되는 영토를 가진 러시아 내 자치공화국이다. 사하공화국 수도인 야쿠티아는 인구 25만 명의 소도시이다. 이 곳에 석유와 가스만이 아니라 금강석으로도 전러시아 총생산의 90%가 생산되어 사하공화국을 금의 공화국이라 한다. 주석 또한 세계최대이고 다이아몬드는 전세계의 4분의 1이 이 곳에 매장되어 있다고 한다. 이 밖에도 운모, 안티몬, 석탄 등도 유명하다. 사하공화국의 국회 부의장이 한국계 3세이기 때문에 이 곳 역시 쉽게 친한적 지역으로 만들 수 있는 곳이다. 이에 더하여 사하공화국 야쿠티아 국립대학에 한국어학과가 있고, 한국인이 세운 독립된 한국학교가 있으며, 한국전에 북한으로 참전한 사람도 많다고 한다. 이러한 한국계 동포들을 잘 활용하면 한국이 러시아 유전개발참여에 유리할 것이다.

석유와 가스협력에서도 러시아는 북한과 한국을 포함한 3자 합작을 구상하고 있다. 말하자면 러시아의 원유를 중국이나 해상을 통하지 않고 연해주에서 북한을 통하여 한국으로 이어지는 파이프라인을 염두에 두고 있다. 이런 사업을 추진함에 러시아는 에너지자원, 북한의 노동력 그리고 한국의 자본과 기술이 합하면 이상적일 것으로 생각한다. 특히 한국은 그간 중동지역에서 에너지관련 건설과 플랜트사업을 추진한 경험은 세계적인 경쟁력을 갖고 있는 것으로 국제적

인 인정을 받고 있다. 이러한 사업들이 러시아에서 이루어질 때 한국
은 유리한 입장에 있는 것이다(이석규, 2007; 59).

15

시베리아 횡단철도

철도현안

러시아의 시베리아 횡단철도(TSR)가 문제가 되는 것은 이것이 한국의 종단철도(TKR)와 연결됨으로써 러시아와 한국에 큰 이익을 가져오기 때문이다. 이것은 유라시아를 횡단하는 철도로 일찍이 제정 러시아가 한반도의 남하정책으로 부동항을 구하여 남하하던 계획이 실천된다는 의미를 갖고 있다. 한편 중국이 중국항구를 통하고 중국을 횡단하는 철도를 구상하여 동양의 물품을 러시아와 유럽으로 보낸다는 계획이 있기 때문에 시베리아와 한국의 철도연결은 한국과 중국의 물류중심지 경쟁이기도 하다. 시베리아철도와 한국철도의 연결은 한·중경쟁에서 한국이 선점한다는 의미에서 한국이 동북아시아의 물류중심국이 된다는 것을 의미한다. 한편 한반도의 종단철도는 남북을 관통하는 철도가 개설되어 한 열차가 남북을 관통할 때 이것은 남북경협의 하나가 될 것이라는 기대를 갖고 있다. 따라서 한국과 러시아는 두 철도를 연결하는 사업에 큰 비중을 두는 것이다.

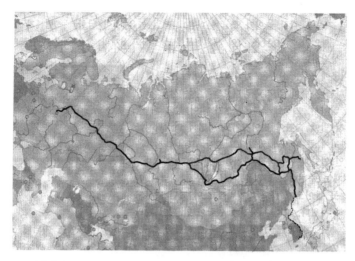

블라디보스톡에서 모스크바까지 연결된 시베리아횡단철도

철도 개발

시베리아 횡단철도인 TSR는 나홋트카 근처의 보스토치니를 출발하여 블라디보스톡을 경유 북상하고 하바로프스크에서 서로 향하여 치타, 울란우데, 이루크츠크, 크라스노야르스크, 노보시비리스크, 옴스크, 티유멘, 에카테린부르크, 타슈켄트 등을 경우 모스크바 야로슬라브 역에 이르는 총길이 9411km에 달하는 철도이다. 모스크바를 기점으로 시베리아철도 한 가닥은 생페테르부르크를 경유하여 핀란드로 연결되고, 한 가닥은 모스크바에서 벨로루시공화국의 민스크, 브레스트를 거쳐 폴란드, 헝가리 그리고 독일로 연결된다.

1891년에 시작한 TSR는 1916년 블라디보스톡에서 모스크바까지 9297km가 완성되었고, 1939년에는 아무르강 철교부분을 제외한 전 구간이 복선화되었으며 2002년에는 전구간의 전철화를 완료하였다 (안병민, 2003; 90).

보스토치니 항구의 정박시설이 13개이고 수심이 10~16m이며, 컨테이너 전용정박지는 3곳이다. 연간 화물처리능력은 1300~1500만 톤이고 수출입화물의 98%를 철도로 수송한다. TSR의 수송능력은 연간 1억 8000만 톤이 된다. 2001년 보스토치니 항을 통한 TSR를 이용한 물동량 8만 9917TEU이며 그 중 한국물동량은 약 6만 9198TEU로 전체의 77%를 차지하고 있다. 이것이 러시아와 교역이 시작되던 1991년 2만 6600TEU와 비교한다면 약 3배가 증가한 것이다. 한국에 비하면 중국은 12%인 1만 864TEU 그리고 일본은 11%인 9765TEU에 불과하다(안병민, 2003; 91).

러시아의 횡단철도는 광궤(1.520mm)로 한국의 표준궤(1.435mm)와 다르기 때문에 두만강 역에서 환적과 대차교환이 있어야 한다. 두만강역의 대차교환능력은 시간당 13차량이다. 시베리아철도 전노선이 전별방식이고 복선이나 북한과 연결되는 핫산-블라디보스톡 구간만 단선이다(안병민, 2002; 75).

한반도 내에서 화물수송열차의 기점은 부산항이다. 이 곳에서 TSR와 연결하는 방법은 추진중인 것이 부산에서 서울을 거쳐 평산에서 원산으로 이어지는 노선으로 총길이는 1450km가 된다. 이것은 경의선이나 동해선에 비하여 경쟁력은 떨어지나 금년 말에 완공 예정이어서 이용하기 쉬운 노선이다.

다른 하나의 선은 서울에서 사리원을 거쳐 평양으로 가서 평양에서 평라선을 이용하는 선으로 총길이는 1488km가 된다. 이것은 평양을 거치고 낭림산맥을 거치며 노선이 노후된 구간으로 알려져 있다.

세 번째 노선은 서울에서 신탄리, 평강, 원산으로 이어지는 선으로 총길이는 1327km로 그 길이는 짧은 것이지만 단절된 31km를 복원하는 문제가 있다. 네 번째 노선은 동해선으로 총길이가 1295km이기 때문에 가장 짧은 노선이다. 그러나 이것은 단절구간이 298km로 가장 긴 것이 문제이다.

한국 종단철도의 가장 큰 문제는 북한노선들이다. UN에 의하면 국제기구의 철도는 시속 1000km를 주행가능하여야 하는데 북한의 선로는 시속 20km 내외라 한다. 말하자면 북한 철로의 개보수와 현대화가 두 나라 철도연결 성공여부의 조건이 된다(안병민, 2003; 93).

TSR가 본격가동할 경우 현재 부산에서 바르샤바 구간 20피트 컨테이너 기준으로 하였을 때 10일 이상의 시간을 단축하기에 해운운송의 3분의 1일 절약하는 것이 되고 운임은 1300달러로 해상운송의 30%를 절약하는 효과를 볼 수 있다. 러시아는 시베리아의 철도운임을 취득할 수 있어 막대한 이익을 보게 되지만 북한도 화물통과 수수료 이외에 운송시설 인프라스트럭처의 구축을 통하여 러시아와 자원의 원활한 대북수송 등의 간접적인 경제효과를 얻을 수 있다.

시베리아철도와 한반도 철도를 연결하는 사업에서 현재 남북한의 철도연결작업이 진행 중이고 북한 내의 철도보수작업에 막대한 비용이 들 것으로 예상하며 이것을 러시아가 담당하기로 예정되어 있다. 시베리아철도에서 야기된 보다 큰 문제는 자르비노 물류기지의 건설이다. 두만강 개발의 요새인 자르비노항은 장차 시베리아철도에서도 큰 역할을 할 지점으로 이 곳이 한국에서 오는 화물, 일본화물, 중국화물들이 시베리아철도로 연결되는 물류의 중심지가 되는 곳이다.

철도협상

한반도의 TKR와 시베리아 TSR를 연결시키는 사업이 최초로 문제가 된 것은 2000년 3월 3일 한화그룹이 주최하고 한화그룹, 교통개발연구원 그리고 러시아정부 대표가 참가한 "21세기 시베리아철도와 한국철도의 한·러 간 협력방안"이라는 주제의 세미나에서 처음으로 거론되었다.

이 후속조치로 2000년 6월 22일 한화그룹 대표단이 러시아를 방문하여 러시아의 철도와 관계가 있는 철도청을 위시하여 경제개발통상부과 교통부 그리고 시베리아횡단 교통국제조정원(International Coordination Council on Transsiberian Transportation; CCTST) 등을 방문하여 TSR운송 문제와 활성화방안을 협의하였다.

그 후 2000년 8월 1일 한국과 러시아 정상 간의 통화 때 김대중 대통령이 푸틴 대통령에게 한국의 남북한철도와 시베리아철도 연결사업의 추진을 제안하였다. 김대중 대통령은 9월 23일 코펜하겐 ASEM 정상회의에 참석하여 "철의 실크로드"를 천명하였고, 유사한 시기에 텐나디파데예프 러시아 철도부 장관이 TKR와 TSR 연결사업을 위한 남·북·러 3국의 철도장관회의를 제의하였다. 러시아는 유럽과 아시아를 잇는 가교적 역할에서 이익과 외국자본의 유치가 용의하다고 판단한 것이다.

2000년 11월 15일 APEC 정상회담시 양국 정상 간의 다시 이 사업에 관한 합의가 있었다. 이에 따라 동년 11월 28일 러시아 철도부 대표단 일행이 한국을 방문하였고 12월에는 한국 건교부 대표단이 TSR 시찰을 위해 러시아를 방문하였다. 이어 2001년 2월에는 서울에서 TSR 서비스 설명회가 있었다.

한편 2002년 8월 23일 김정일이 블라디보스톡을 방문하였을 때 푸틴과의 회담에서 철도연결문제를 거론하였다. 2002년 9월 8일 뉴욕에서 개최된 새천년정상회의에 참가한 한국과 러시아의 두 나라 정상이 철도연결사업을 다시 확인하였다. 이에 따라 동년 10월 한국의 국무총리가 러시아를 방문하였을 때 수행한 건교부장관이 러시아의 악교넨코 철도부 장관과 이 사업에 관한 합의가 있었다.

2003년 남한과 북한은 경원선과 동해선을 연결하는 작업을 진행

중이며 북한에서 철도보수작업이 진행 중에 있다. 동해선은 한국의 제진역과 북한의 온정리역을 연결하는 것이고 경의선은 한국의 도라산역과 북한의 창덕역을 연결하는 것이다.

16 두만강 하류 개발계획

두만강 개발계획

UNDP의 하나로 알려진 두만강 하류 개발계획은 러시아의 포시엣트, 중국의 훈춘, 북한의 나진 선봉을 연결하는 삼각지대를 "소삼각"이라 하여 연결하고 두만강 하류를 홍콩과 같은 무역의 중심지로 새로운 도시를 건설하자는 계획이다. 이것을 외각에서 둘러싼 블라디보스톡, 중국의 연변, 북한의 청진을 연결하는 것을 "대삼각지대"라 한다. 두만강 하류개발은 연해주 남단에 위치한 지역의 개발사업이라 연해주와 직접 관련이 되는 중대한 사업의 하나로 이것이 성공한다면 연해주는 크게 성장할 수 있다.

두만강 하구개발을 목적으로 하는 계획은 동북아경제권을 구상하는 것으로 두만강 지역개발(TRADP)을 요약하면 크게 세 가지라 할 수 있다. 하나는 두만강 경제구역(Tuman River Economic Zone; TREZ), 말하자면 "황금의 소삼각지대"로 북한의 나진, 중국의 훈춘, 러시아의 포시에트를 포함하는 것이다. 두 번째는 두만강 경제개발지구(Tuman Economic Development Area; TEDA), 말하자면 대삼각지대로 북한의 청진, 중국의 연길, 러시아의 블라디보스톡이 포함된다. 셋째는 동북아 지역개발지구(Northeast Asia Regional Development Area; NEARDA)로 두만강 지역개발의 효과가 미치는 동북아시아 내륙지역으로 한반도, 중국의 동북 3성, 몽골, 극동러시아가 포함된다.

두만강 개발에 관한 제1차 회의는 1989년 몽골의 울란바토르에서 개최되었으며 이에 국제연합계발계획(UNDP) 대표와 중국, 러시아, 한국 등 관계국 대표들이 참여하여 동북아시아지역의 개발에 관한 의견교환이 있었다.

보다 구체적인 합의는 1990년 7월 장춘에서 열린 동북아시아경제 회의에서 이루어졌다. 이 회의에서 두만강을 준설하여 하구로부터 15km 들어간 하천촌에 항구를 만들고 이 곳을 안고 있는 훈춘시를 항만도시로 개발하자는 구체적인 안이 거론되었다. 말하자면 중국의 훈춘에서 북한과 러시아의 국경을 경유하여 동해로 배를 운행시키는 것이 목적이었다. 이것으로 중국은 흑룡강성, 길림성, 요령성 등 동북 3성의 개발을 촉진하자는 구상이었다(강영지, 2002; 45).

두만강개발관리위원회

1991년 10월 평양에서 두 번째 모임인 "동아시아 지역조정자회의 "에서 보다 구체화하여 두만강개발계획관리위원회(PMC)가 발족되었다. 이 위원회에는 남북한, 중국, 러시아, 몽골 그리고 일본이 포함된다. 이것은 국제개발공사를 설립하여 국가로 인하여 곤란하여질 토지문제, 외국인 투자문제 등을 관리하게 하였다. 두만강 개발계획은 중국의 훈춘, 러시아의 포시에트, 북한의 나진을 연결하는 소삼각지, 말하자면 두만강 하구의 1000km^{2}의 "황금의 삼각지"를 설정하고, 이 곳 소삼각지대를 세계 제2의 국제무역항으로 건설한다는 계획이다. 이 곳에 국제비행장, 국제금융센터, 보세창고, 경제무역대학 등을 설립하여 무역의 중심지로 하고 이 곳에서 유럽까지 연결되는 철도를 건설하며 위성도시를 건설한다는 계획이다. 이것은 유엔 자신이 20년간 약 300억 달러를 투자한다는 장대한 계획이다.

1992년 2월 두만강개발계획관리위원회(PMC) 제1차 회의가 서울에서 개최되었다. 이 곳에 러시아, 중국, 몽골, 북한, 남한, 일본 등 6개국과 UNDP와 아시아 개발은행(ADB) 관계자가 참가하여 앞으로의 실무작업 진행방향을 논의하였다. 이 곳에서 300억 달러로 추정되는 재원조달을 위하여 별도의 협의체를 구성하고 세계은행(IBRD), 아시아 개발은행 등 국제금융기구 및 민간금융기관을 대상으로 투자유치에 나서기로 하였다(김춘송, 1994; 95).

두만강 개발에 가장 관심이 많은 중국은 러시아와의 사이에 1992년 12월 "중·러길환합작회사"를 설립하여 훈춘과 크라스키노를 연결하는 철로를 부설하는 한편 "동북아 운수문제 해결협정"을 체결하여 자르비노 항구의 사용권을 획득하였다. 중국은 북한과 합의하여 훈춘과 선봉을 있는 철도를 부설하기로 하였다(오용석, 1993; 149).

1992년 10월 북경에서 개최된 제2차 개발계획관리위원회 회의에서는 두만강지역 개발을 위한 4개 원칙, 말하자면 주권존중의 원칙, 토지임차의 원칙, 국제관리의 원칙, 투자유치의 원칙 등을 합의하였다. 또한 이 회의는 기구구성을 2원화하여 3개 유역국 간 위원회 그리고 투자유치위원회를 두기로 하였다(김춘송, 1994; 98).

1993년 5월 평양에서 개최된 제3차 개발계획관리위원회 회의에서는 접경국들의 토지임차, 참가국가들 간의 정부간 조정기구 설치 및 운영 그리고 개발시행기구인 두만강재발공사 설치 등의 원칙을 결정함으로써 두만강 지역개발계획의 실시에 필요한 기본틀을 마련하였다(김춘송, 1994; 98).

이리하여 북한, 중국, 러시아는 두만강 하구에 공동으로 국제도시를 건설하여 공동으로 개발·관리·운영하자는 의견의 합의를 보았다. 그러나 관계국의 찬동을 얻을 수 없어 결국은 각기 자기 나라에 물류 인프라스트럭처와 경제특구 건설을 추진하기로 하고 UNDP가 이것을 조절하는 방식으로 개발을 진행시켰다(강연지, 2002; 46).

두만강개발협력위원회

두만강 개발을 위해 1995년 12월 뉴욕에서 5개국 대표가 모여 두만강개발협력위원회(Tuman River Economic Development Area Coordination Committee)를 구성하고 3개 항에 조인한다. 3개 항이란 북한, 중국 그리고 러시아 3개국이 TREDA를 구성한다는 것, 둘째 이 3국 이외에 한국과 몽골이 합한 5개국이 두만강개발자문위원회를 구성한다는 것, 그리고 셋째 두만강 일대의 공기, 물, 해양, 생물 등에 관한 적극적 보존에 협력한다는 것 등이다(Htun, Nay 2001; 48).

개별 국가에서 가장 열정을 보이는 나라가 중국이다. 중국은 훈춘을 국경개발도시로 지정하고 도시면목을 일신하는 한편 길림수출가공구를 설립하여 공업개발에 박차를 가하고 있다. 러시아 연해주는 자르비노와 포시에트 항구를 시장경제 중심지로 하여 활발한 무역이 진행되고 있다. 북한의 나진 선봉에는 근대식 호텔을 건설하고 카지노까지 인정하여 중국의 관광객을 유치하고 있다. 한편 나진 선봉에는 수산물 가공공장이 설립되는 등 북한의 다른 지역에 비하면 개방의 의지를 읽을 수 있다(강영지, 2002; 46).

덧붙여 말하면 나진에는 선창 부두 3곳이 있고 컨테이너 화물과 석탄 등 광석을 하역할 수 있는 시설이 있다. 나진에는 호텔이 4곳 그리고 식당이 몇 곳 있으며 210MW 용량을 가진 발전소가 있고 중국인들이 많이 이용하는 영황오락호텔이 있으며 일본 조총련이 세운

수산물가공공장이 있어 게, 새우, 조개의 가공식품을 제조하고 있다. 한편 나진에서 중국 왕징을 있는 도로 42km의 시멘트 포장 도로가 있고 러시아를 있는 철로가 있으며 국경선에서 나진까지 28km가 되는 비포장도로가 있다. 선봉에는 공사가 중지된 석유가공공장이 있다.

두만강 개발지역을 에워싼 주변도 변하고 있다. 최근 나진에서 부산으로 이어지는 항로가 개발되어 매월 컨테이너 정기선이 취항하고 있다. 연길과 서울 간에는 항공로가 개설되었다. 훈춘과 도문 간에는 고속도로가 개통되고 훈춘과 자르비노를 잇는 철로가 개설되었다. 또한 동해안에서는 속초와 자르비노를 연결하는 노선, 일본의 니가타와 나진을 연결하는 노선, 일본의 아키타와 포시에트를 연결하는 항로가 개통되어 있다(강영지, 2002; 46).

일본은 연해주정부의 요청으로 자루비노항의 개발을 위하여 일본의 동북아 경제조사기구(ERINA)가 중심이 되어 장기계획을 위한 연구에 착수하였다. 일본은 특히 동해에 연한 지방정부들이 더 열심히 도문강개발에 호응하고 있다(히사오 가나모리, 2000; 100).

동북아개발은행

아시아에는 1966에 창설한 아시아개발은행(ADB)이 있다. 이것은 유럽개발은행(EBRD)과 미국의 미주개발은행(Inter-American Development Bank; IDB)과 같이 세계적인 은행으로 UN Economic Commission of Asia and Far East(ECAFE)가 공식화한 것으로 역내 17개국, 영외 14개국 도합 31개국이 참가하고 2001년 현재 누계액 총 932억 달러를 기록할 정도로 큰 역할을 하고 있다. 그러나 동아시아개발은행은 개발도상국의 경제발전을 중시하여 융자대상국이 인도, 중국, 파키스탄 등 서남아시아에 치중되어 동북아시아에 대한 융자실적이

저조한 편이다. 이에 동북아시아를 위한 다른 은행이 필요하게 된다(안충영, 2003; 1-1-20).

두만강 개발과 같은 동북아시아에서의 국제적 협력으로 추진되고 있는 것이 동북아개발은행이다. 최초의 발상은 1990년 2월 미국 캘리포니아 산타바바라에서 개최된 "동아시아에서의 새로운 질서의 모색"(In Search of a New Order in East Asia)이라는 국제 세미나에서 남덕우 전총리가 발표한 논문에서 동아시아에서의 다자간 협력의 하나로 동북아지역의 개발은행의 필요성을 주창하였다. 그리고 1991년 중국 천진에서 개최된 제2차 "동북아시아 경제포럼"에서 남덕우와 중국 국무원 개발중심의 마홍(馬洪)이 다시 한번 동북아개발은행의 중요성을 강조하였다(남덕우, 2003; 2).

동서문화센터 안

그 후 하와이 동서문화센터의 조이재 교수에 의하여 동북아시아 경제포럼(Northeast Asia Economic Forum NEAEF)이 정례화하게 되고 이 회의에 한국, 일본, 중국, 러시아, 몽골, 북한이 참석한 이외에 UNDP, ADB, IBRD 등의 국제기구가 참석하였으며 포럼의 사무국을 동서문화센터에 두었다. 한편 포럼은 각 참가국에 국가위원회(National Committee)를 두기로 결정하였으며, 이에 따라 한국에서는 1999년 운송, 통신, 금융분야의 주요 법인과 경제단체, 연구기관 그리고 저명인사가 참가하는 "동북아경제포럼 한국위원회"를 설립하였다.

1993년 한국 용평에서 개최된 NEAEF 연차 회의에서 하와이대학의 붐밤 캠프벨(Bumham Campbell)과 일본 국제대학 가카즈 히로시(Hiroshi Kakazu)가 동북아개발은행 설립의 필요성을 주장하였다.

특히 가카즈 교수는 구체적으로 개발은행의 출자액, 그 배분 그리고 조직과 운영에 관한 실제적인 문제를 제의하였다(남덕우, 2003; 3).

동북아개발은행의 설립취지는 동북아지역의 경제발전의 전제조건이 되는 도로, 항만, 공항 등의 교통시설, 전신, 전화, 등의 통신시설, 교육, 문화, 복지 등에 관한 사회간접자본을 건설하는 데 막대한 자금을 필요로 하지만 국제금융기관인 세계은행(IBRD)이나 아시아개발은행(ADB) 그리고 각종 민간투자나 상업금융이 조달할 수 있는 것이 25억 달러에 불과하다. 따라서 보다 많은 가금이 필요로 하고 있으며 한편 국제금융시장에는 투자를 찾는 다양한 재원이 있다. 이것을 유치하기 위한 제도적 장치로서 동북아개발은행이 필요하다는 것이다. 특히 한국은 남북 간의 경제협력이라는 과제를 안고 있으며 이에 한국의 경제력은 다른 기관의 협력을 필요로 하는 곳이다.

동북아개발은행은 창업자본금으로 200억~400억 달러를 책정하고 이것을 회원국이 부담하는 것으로 하였다. 회원국에 배당하되 주식배분비율은 역내와 역외로 나누었다. 역내는 일본, 한국, 중국, 러시아, 북한 그리고 중국이 반대하지 않는다면 대만을 포함시킨다. 영외 참가국으로는 미국, EU 호주 기타 희망국으로 한다. 주식배분비율은 역내가 60% 그리고 역외가 40%가 되게 한다는 것이다(김인철, 2003; 1-2-16).

동경재단 안

최근 일본이 동북아개발은행에 관심을 갖기 시작하여 동경재단이 "동북아개발은행의 창설과 일본의 협력방안에 관한 조사연구 프로젝트"를 제시하였다. 이것은 일본, 중국, 한국, 러시아, 대만 그리고 미국 등의 전문가 122명이 참가하여 2001년 4월부터 2002년 6월까지 실시한 대프로젝트였다. 이 연구는 동북아지역의 개발을 위하여 개발금융기관으로서의 동북아개발은행이 절실히 필요하다는 것을 고이즈미 준이치로(小泉 純一郎) 총리에게 제출하였다.

동경재단이 제출한 기본개요는 보다 구체적인 내용을 갖고 있다. 이 곳에서는 동북아 6개국과 4개 기관이 전체의 56%, 기타 아시아, 대양주지역 14%, 기타 24%로 할당하고 동북아 6개국은 일본정부 15%, JBIC 2%, DBJI 1%, 도합 일본이 18%, 중국은 정부 15%, 국가개발은행 1%, 도합 16%, 한국은 정부 10%와 KDB 2%, 도합 12%, 아시아, 대양주는 대만 6%, 홍콩 2%, 싱가포르 1%, ASEAN 2%, 호주 2%, 뉴질랜드 1%로 도합 14%이고 기타는 미국이 10%, 캐나다 2%, EU 12%, ADB 3%, 기금 3%로 도합 24%로 하였다(이강철, 2003; 1-3-7).

동북아개발은행의 대상지역은 북한, 몽골, 중국의 동북 3성, 내몽고, 러시아의 동시베리아 극동지역 등으로 한정하고, 투자의 범위는 월경 인프라스트럭처 정비의 융자와 담보, 민간중소기업의 투자와 융자, 민간기업의 공공사업, 민영화하는 국유기업, 역내 무역투자촉진에 필요한 융자 등이다(이강철, 2003; 1-2-8).

일본에서 동북아개발은행의 창설과 협력정책에 참가한 시나다 유키미쓰(眞田幸光)는 이 은행창설이 한·중·일 3국의 공동리더십으로 이루어져야 한다고 하였다. 그 이유는 중국이 주도권을 장악할 때 일본은 참여를 꺼리기 때문이라 한다(김인철, 2003; 1-1-16).

이와 같이 동북아개발은행은 아시아개발은행과 달리 동북아시아의 개발을 위하여 필요하다는 인식을 공유하는 나라가 위원회를 구성하고 은행출자를 위한 배분에 이르기까지 상세한 계획을 수립하여 동서문화센터의 안과 동경재단 안까지 거론되었으며 이의 조속한 추진을 일본 정부에 건의하였으나 일본은 국제정세의 역학관계를 고려하여 아직 실천에 옮기지 않고 있다.

두만강 하류 개발계획은 인접한 러시아, 중국, 북한이 참가하고 몽골이 참가하며 한국과 일본이 참가하여 6개국 협력사업으로 계획을 수립하였으나 자본을 대는 일본과 한국이 소극적이어서 현재까지 회의만 계속하고 실제 사업을 추진할 본격적인 사업은 하나도 추진되고 있지 않다. 한국에서 이 곳에 보다 많은 관심을 가진 분이 남덕우 전부총리이고 일본의 강영지가 매년 국제회의를 개최하는 등 적극적이다. 언젠가는 두만강 하류 개발계획이 빛을 볼 날이 있을 것이다.

17

나홋트카 공단

연해주의 나홋트카에 한국과 러시아가 합작하는 자유경제지역을
설립하기로 합의하였다. 이것은 한국과 러시아가 공동으로 개발하려
는 가장 큰 사업의 하나이며 러시아의 싼 노동력을 한국이 활용한다
는 것 이외에 러시아의 기초과학과 한국의 응용과학이 합친다는 의
미에서 한국은 물론 러시아에 큰 도움이 되는 사업이다.

나홋트카 공단계획

나홋트카 공단은 한국이 100만 평(330ha)의 대지를 49년 임차하고
양국의 협정효력발생 후 6년 이내에 1단계인 6만 평을 개간하기로
하였다. 한국과 러시아는 1992년 4월에서 6월까지 합동으로 현지조
사를 실시한 결과 공단조성의 타당성을 인정하고 한국의 토지공사가
개발에 착수하였다. 총 960억 달러의 사업비에서 1차 단계로 54억 달
러를 들여 6만 평을 개간하기로 한 것이다.

나홋트카 공단은 블라디보스톡 공항에서 120km 되는 거리에 있
고, 나홋트카 항구와는 15km 그리고 보스토치니항과는 불과 5km에
위치하였으며 시베리아 횡단철도의 화물터미널과는 3km 떨어진 교

통의 요새에 있다. 이 곳에 입주할 업종은 주로 수산물, 목재가공업, 섬유류, 전자 그리고 기계류가 될 것이고, 입주대상업체 수는 한국기업이 약 100개사 그리고 러시아 기업이 200여 사로 추정하고 있다 (대한무역진흥공단, 1995; 31).

나홋트카 협상

1992년 11월 양국 정상이 서울에서 만났을 때 공단조성에 합의하였고 1995년 3월 토지공사와 나홋트카 행정위 간에 기본합의서를 체결하였다. 한국에서는 1997년 7월 제1차 경제과학기술공동위가 개최되었을 때 정부 간의 협정에 가서명하였고 1999년 5월 김대중 대통령이 모스크바에서 정상회담시 정부 간 협정을 체결하였다. 2001년 1월 양국 간의 실무자회의가 개최되었고 이에 한국측에서는 러시아측의 협정비준을 촉구하였으나 러시아는 세금관련 해결방안을 결정후 결과를 통보한다는 입장으로 아직 비준을 하지 않은 상태에 있다.

나홋트카 공단 이야기가 시작되었을 당시 한국은 중국에의 진출도 약하였고 특히 북한과의 관계는 더욱 없었을 때이다. 나홋트카 공단이 거론된 지도 어언 5년 이상이 흐르고 한국과 러시아 사정도 많이 변하였으나 아직 중지한다는 통첩을 받지 않았기 때문에 나홋트카 공단계획은 유효하며 지금이라도 다시 재론되면 나홋트카 공단의 건립이 양국에 도움을 주는 것은 틀림없다.

나홋트카 공단계획과 관계없이 2006년 동시베리아의 송유관 건설사업이 추진되면서 송유관이 결국 해안선에 다달을 것이며 연해주 남부 해안선에 석유, 가스의 정제공장, 화학공장, 부두터미널 등 항만시설, 물류시설 등 종합적인 건설계획이 동시적으로 진행될 것으로 예상되면 이러한 사업에 한국이 반듯이 참여하여야 할 것이다.

18 사할린의 한인현황과 과제

연해주 개발을 넓은 의미로 연해주 밖의 지역으로 확대한다면 이에는 사할린, 사하공화국 그리고 중앙시베리아인 동시베리아와 서 시베리야 그리고 우랄산맥 지역까지 포함할 수 있다. 특히 위에서 본 원유와 가스전으로 사할린은 우리와 관계를 맺을 곳이고 우리 동포가 많이 사는 곳의 하나이기 때문에 관심을 가져야 할 지역이다. 광의의 연해주 개발의 일환으로 사할린을 보기로 한다.

사할린 개관

사할린은 하나의 섬으로 이루어진 주로 면적이 8만 7100km 남한 크기만 하다. 길게 남북으로 뻗어 있는 사할린섬은 서북부에 연해주와 7.5km 간격을 가진 네벨스카 해협이 있고, 남으로는 일본의 홋카이도와 마주보고 있다. 1월에는 평균기온이 -11.7℃이고 7월에는 평균기온이 13.5℃로 한국보다 시원하며 몬순기후의 특성을 갖고 있다.

인구는 55만 명이며 인구밀도는 6.2인으로 낮은 편이다. 민족구성은 러시아인 84.3%, 고려인 5.4%, 우크라이나인 4.0% 그리고 벨로루스인, 타타르인 등이 거주하고 있다. 주의 수도는 유지노사할린스크로 이 곳의 인구는 16만 명이다. 다음으로 큰 도시가 코르사코프(3만 8000명) 그리고 홈스크이다. 사할린에는 도합 11개의 항구가 있고 그 중 8개는 상용항구이고 2개는 수산항이며 1개는 관청항이다. 행정적으로는 17개 군과 4개 도시를 포함하고 있다.

사할린의 산업구조는 광공업 29.1%, 농림업 2.0%, 건설업 24.8%, 운송업 5.3%, 상업 9.8%, 비상업 서비스 10.3% 그리고 기타 17.6%로 건설업이 주된 업종으로 되어 있다. 위에서 언급한 것과 같이 사할린은 석유, 가스의 생산으로 유명하다. 해저유전을 포함하여 사할린에는 112개의 유전이 있다. 석탄의 매장량도 200억 톤으로 추정되며, 금의 매장량은 1867톤, 은은 9284톤, 티타늄은 3970만 톤, 철광석은 2억 7300만 톤으로 추정하고 있어 광산물이 풍부한 곳이라 하겠다. 산림도 전주의 79%가 산림이며 목재자원이 6억m^3로 목제생산이 350만m^3이며 그 중 91만m^3가 수출된다고 한다.

사할린주는 70여개 국과 교역을 하고 있다. 중요 대상국이 싱가포르, 일본, 중국 그리고 한국 등이다. 사할린의 중요 수입품은 자동차, 기계장비, 운반기기, 연료, 화학제품, 식료품 그리고 일반공산품이다. 사할린에는 115개의 일본기업이 있으며 그 중 47개가 홋카이도에서 투자한 기업이다. 이 밖에도 24개의 지상사가 있다. 미국기업은 81개가 있다. 한국과의 교역은 한국에서 사할린으로 수입하는 것이 식품, 가전제품, 의류, 신발 등이고 사할린에서 한국으로 수출하는 것이 원유, 석탄, 수산물 그리고 목재이다.

한국의 경우 1990년대 초반까지 연해주에 집중적으로 투자하고 교역하였으나 최근에는 어업과 건설업을 중심으로 교역과 투자상대를 확대하여 사할린, 캄차카주, 하바로프스크주로 확대하고 신규투자 대상지를 다양화하고 있다. 2005년 한국의 대 극동지역 수출을 보면 사할린 56%, 연해주 41% 그리고 하사공화국이 2%이고 수입은 하바로프스크가 32%, 연해주가 21%, 사할린이 19%, 캄차카주가 17% 그리고 사하공화국이 7%였다. 한국에서의 수출품은 기계류, 장비, 수송기가 30.2%, 소비재가 24.3%, 화학제품이 20.7%, 연료, 광물, 금속이 13.3%이었다. 한국이 극동지역에서 수입하는 품목은 연료, 광물, 금속이 38.1%, 음식료가 39.6%, 임산물 가공품이 12.1% 등이다(이재민, 2006; 130).

사할린의 한인분포와 역사

사할린에는 중앙아시아의 고려인들과 다른 고려인 4만 5000명이 살고 있다. 이들은 제2차 세계대전 이후 가장 비참한 환경에서 고생하던 동포들이다. 제2차 세계대전 종전 직전에 사할린으로 강제동원되었다가 제2차 세계대전 종전 후 일본인들만 빠져 나가고 일본인이 아니라는 이유로 사할린에 남게 된 사람들이다. 일본은 한국인이라 하여 돌보지 않았고 한국은 일본인이 데려갔기에 귀국책임도 일본이 져야 한다고 미루었다. 러시아는 한국과 수교가 없다는 이유로 이들을 방관하였던 사람들이다. 한국과 러시아가 수교하면서 이들을 위로하는 공연단이 갔고 한국의 정치인들도 이 곳을 찾았으며 결국 일본과의 합의로 안산에 고향마을 아파트를 지어 귀국을 희망하는 노인들을 모셔왔다. 그러나 이들은 아파트만 있을 뿐 사할린에 남기고 온 자녀들과 헤어지게 되었다.

노인들을 위한 차터 비행기가 몇 차례 있었으나 그것으로 문제가 해결되는 것이 아니다. 더욱이 일본은 사할린에 문화관을 건립하여 일본문화를 전파하고 있으며 사할린동포들은 쉽게 이런 것에 심취하고 있다. 특히 사할린 북부에 유전이 발견되면서 사할린은 국제도시화하고 자본주의 향락이 급습하여 가관을 이루고 있다.

유지노사할린스크에 있는 제9동양어문학교에서는 한국어와 일본어를 제2외국어로 가르치고 있다. 이 곳의 학생 670명 중 70%가 한인들이고 나머지는 러시아학생이다. 이 곳의 교장은 한인계 정옥녀 선생이다. 한국과 일본의 기업진출이 늘자 러시아 학생들도 한국어와 일어를 배우는 것이 유행하고 있다. 이 학교에 한국계 기업들이 컴퓨터를 위시하여 교육기자재를 지원하였다.

이 곳 사할린에 일본문화원에 대결할 수 있는 한국 문화원을 건립하여 일본의 선전을 차단하고 사할린동포들이 한인으로서의 긍지를 갖게 하는 것이 급선무이다. 이 곳 동포들이 원하는 한글교육을 더 강화하고 한국기업의 진출로 그 자녀들 중 우수한 자를 선발하여 한국과의 유대를 강화하여야 할 것이다.

사할린의 개발과 동포활용방안

사할린이 주목받기 시작한 것은 극히 최근 유전이 개발되면서부터이다. 위에서 본 것과 같이 1992년 이후 사할린 I 광구에는 미국의 엑손 모빌이 50억 달러를 투자하였고, 사할린 II에는 로열더치셸이 200억 달러를 투자하였다고 한다. 일본은 사할린 I에 30%의 지분을 갖고 있으며 사할린 II에는 45%의 지분을 갖고 있다.

위에서 본 사할린 I과 사할린 II는 사할린 동북쪽 해안의 오하지구에 있으며 사할린스카야 에너지 회사가 원유생산을 담당하고 있다. 사할린 III 프로젝트는 동오도프틴 지역에 있으며, 사할린 IV 프로젝트는 사할린만에 있으며, 사할린 V 프로젝트는 동슈미타 지역에, 사할린 VI 프로젝트는 동포그라니치니지역에, 사할린 VII 프로젝트는 테르페니예만 아니브만지역에, 사할린 VIII 프로젝트는 이질메트예프 지역에, 그리고 사할리 IX 프로젝트는 모네론지역에 있다.

사할린에는 석유만이 아니라 석탄(120억 톤), 갈탄(80억 톤), 점결탄(20억 톤) 등 60여 곳의 광산지대에 많이 매장되어 있고, 비소광천 및 진흙온천 그리고 노천온천 등으로 유명하다. 목재자원의 보유량은 약 6억 1000만m^{3}라 한다. 8월에 산란기를 맞아 몰려오는 연어 때 또한 장관을 이룬다.

사할린은 우리 동포가 많이 거주하고 있기 때문에 그리고 그 동포들이 이 지구상에서 가장 힘들고 어려운 고통을 받은 동포이기 때문에 우리는 이 동포를 위하여 사할린 개발에 참가하여야 하고 사할린을 살기 좋은 지역으로 개발하여야 한다. 특히 일본이 우리 동포를 비참하게 만들었고 이제 원유가 나오니 이들을 회유하여 자기편으로 하려는 속셈을 보이고 있어 더욱 한국인들이 분발하고 사할린동포를 위한 사업을 전개하여야 할 것이다.

19

중앙시베리아의 현황과 과제

사할린 못지않게 한인들에게 중요한 곳이 동시베리아 서시베리아 그리고 우랄산맥지역을 포함하는 넓은 의미의 시베리아지역이다. 이 곳에 한인 동포들이 거주하고 있어 이들을 포용하여야 한다는 민족적 사명감 이외에 이 곳이야말로 러시아의 심장부에 해당하는 곳으로 한국이 장차 많은 협력이 요구되는 지역이라 하겠다.

중앙시베리아의 현황

러시아는 제2차 세계대전을 치르면서 각종 연구기관을 안전지대인 중앙 시베리아로 이전하여 현재 서시베리아, 동시베리아, 우랄산맥지대 그리고 볼가강 유역 등지에는 많은 연구소가 있다. 우랄산맥이 있는 우랄지역에 도시로 예카테린부르그(Yekaterinburg), 첼랴빈스크(Chelyabinsk), 마그니토고르스크(Magnitogorisk) 그리고 오렌브르그(Orenburg)가 있다.

예카테린부르그는 1721년에 세워진 요새로 "우랄의 수도"라는 도시이다. 이 도시는 러시아에서 3~4위의 큰 도시이다. 동서로 시베리아철도가 통과하며 남북으로 교통이 발달한 교통의 중심지이기도 하다. 이 곳에 1937년 연해주에서 강제이주당한 고려인들이 이주하여 사는 사람이 약 1000명에 달한다. 이들은 고학력으로 좋은 직장을 가져 도시의 중·상류생활을 하고 있다. 최근에 중국조선족이 이주하여 사는 중국조선족도 약 1000명에 달한다고 한다. 이 곳 우랄 국립대학의 한국문화센터에서 서지태 목사가 한국어강좌를 담당하고 있다. 이곳의 고려인협회 회장은 우랄대학의 불라디미르 김 교수가 맡고 있다. 이분은 과학철학이 전공이고 입지전적 인물로 대통령상을 수상한 사람이다(외대 보고서, 2005; 62).

첼랴빈스크는 1736년 세워진 요새로 현재 110만 명의 인구를 포용한 도시이다. 제정러시아시대 이 곳은 상업의 중심지이고 교통의 요지였다. 이 곳은 제2차 세계대전시 탱크를 생산한 곳이고 1949년 원자폭탄을 제조한 곳이며, 1953년 세계최초로 수소폭탄을 제조하였으며, 그후 미사일 생산지로 유명한 곳이다. 이 곳은 한국의 현대자동차로 버스 100대를 수입하여 우리와 깊은 인연이 있고 1990년대 중반에 한국의 통신사가 들어간 곳으로 알려져 있다.

마그니토고르시크는 70년 역사를 가진 도시로 "젊은 도시"라 한다. 인구는 43만 명의 작은 도시이지만 철의 생산지로 유명하다. 철강생산으로 이 도시는 러시아 1위이고 세계적으로는 17위에 속한다. 고려인은 많지 않으며 한국에서 음악공부를 하러 온 유학생이 있다. 국립대학 미술그래픽을 전공하는 교수 류드밀라 이바노프나 카례예브는 한국미술을 강의하는 한국미술 전문가이기도 하다. 이 대학의 사회학과 교수인 마리나 니콜다예브나 포총키나는 일본을 포함한 동양사 전공이고 한국역사도 강의하고 있다.

오렌부르그는 1743년 제정러시아의 요새로 지어진 도시이다. 제1차 세계대전과 내전으로 폐허가 되었으나 제2차 세계대전시 발전하여 현재 44개의 공장이 있으며 특히 가스전의 발견 이후 크게 번창한

도시이다. 이 곳에 약 300명의 고려인이 거주하고 있다. 최근에 중앙
아시아에서 이주하여 오는 고려인들도 많으나 그 수를 파악하기 어
렵다. 이들은 대개 고분질을 하며 이주하여 오는 사람들이다. 이 곳
에서는 고려인 중 큰 농사를 짓는 부자로 이름 난 사람이 김 일레라
리온과 송 아나톨리이다.

볼가강에 따라 이룩된 도시로 사마라(Samara), 사라토프(Saratov),
그리고 볼고그라드(Volgograd)가 있다. 사마라는 1586년 요새로 세
워진 도시이고 1606년에는 세관이 있었던 곳이다. 1773년에는 푸가
초프 반란군에 의하여 점령당하였으며 18세기에 들면서 외국계 이민
자들이 다수 입주한 곳이다. 제2차 세계대전시 모스크바가 위태롭다
고 생각하여 수도를 이 곳으로 옮기려고 임시정부가 있을 벙커도 건
립하였고 외국대사관들도 이 곳으로 옮길 계획을 하고 있던 곳이다.
제2차 세계대전후 이 곳에 쿠이비세프 수력발전소가 건립되어 크게
발전하더니 우주선을 제조하는 공장이 생겨 더욱 유명해졌다. 이 곳에
는 고려인 3000명 정도가 거주하고 있으며 이들은 학업을 끝내고 이
곳에 배정받아 거주하기 시작한 오래 된 사람들이고 최근 중앙아시아
에서 이주하여 온 사람 그리고 북한에서 이주하여 온 사람들이 섞여 살
고 있다. 이 곳에서도 고려인협회가 중심이 되어 한국어강좌도 개설되
어 있고 한국어 신문을 발행하기도 한다(외대 보고서, 2005; 71).

사라토프는 1590년 볼가강 항구로 건설된 도시이다. 처음에는 유
목민을 유입을 막기 위하여 건설되었으며 18세기 독일인이 다수 이주
하여 볼가독일인 자치공화국을 이루고 있었다. 제2차 세계대전 후에는
항공산업의 중심지가 되었다. 이 곳의 고려인은 1만 5000명 정도 있으며
이들도 선주자가 있고 최근에 고분질을 하면서 정착하는 사람도 있다.

볼고그라드는 볼가그라드주의 수도로 인구가 200만 명인 볼가강
유역의 최대도시로 제2차 세계대전시 러시아 탱크 1000여 대와 독일

탱크 1000여 대가 싸운 격적지이며 이 곳에서 독일군이 패하였기 때문에 모스크바를 지킬 수 있었던 제2차 세계대전 최대의 격전지로 유명하다. 제2차 세계대전 후 수력발전소를 건설하여 중화학 공업단지로 발전하였으나 볼고그라드는 비옥한 곡창지대로 유명하다. 이 곳에도 토박이라 할 수 있는 고려인 약 5000명이 거주하고 구소련 와해 후 중앙아시아에서 고려인들이 다수 모여드는 곳으로 유명하다. 특히 아랄해 연안에 거주하고 있던 고려인들이 이 곳 노보알랙세예프키지역으로 이주하여 정착촌을 이루고 있다. 이들 이외에도 중앙아시아에서 많이 이주하여 현재 고려인을 4만 5000명에서 5만 명으로 추정한다. 이 곳에도 중국조선족이 이주하여 그 수가 약 3000명에 달한다고 한다. 이에 따라 우리민족서로돕기에서 이 곳 정착민을 위하여 문화센터를 지어주고 문화사업으로 고려인의 날 행사를 추진하여 주어 한국과 깊은 관련을 가진 곳의 하나가 되었다.

볼가그라드에서 서남으로 가면 한인들이 많이 거주하는 로스토프-나-도누라는 도시가 있다. 이 곳은 로스토프주의 수도이며 흑해에 연한 도시로 곡창지대로 유명하지만 한국교육원이 있어 한인들에게 알려진 곳이다. 이 곳은 트랙터 등 농기계제작으로 알려진 곳이며 고려인이 약 2만 3000명 거주하고 있으며 이 곳에도 토박이와 새로 온 고려인 그리고 사할린 출신도 섞여 있다고 한다(남혜경 외 5명, 2005; 128).

서시베리아지역에는 옴스크(Omsk), 노보시비리스크, 톰스크가 있다. 옴스크는 112만 명의 도시로 1716년 군사요새로 세워진 도시이다. 이 곳은 서 시베리아 교통과 무역의 중심지이고 철도의 연결로 급격히 발전한 도시이다. 도스토예프스키가 유배생활을 한 것으로도 유명하다. 옴스크는 19세기 서시베리아 상업과 농업의 중심지였고, 1917년 혁명 이후에는 정치의 중심지로 최근까지 외부인의 이주를 금하였던 도시이다. 이 곳에도 고려인이 수 백명 살고 있으나 정확한 수를 파악할 수 없다. 이 곳 고려인들도 선주자와 새로 중앙아시아에서 이주하여 오는 사람들이 구별되어 있다.

노보시비리스크는 1710년 건립된 도시로 인구 139만 명의 서시베리아 최대도시이고 교통의 요새이며 과학의 도시로 알려져 있다. 또한 교육과 문화의 중심지로 알려져 있으며 특히 방위산업으로도 유면한 곳이다. 노보시비리스크에는 한국과 주 1회 항공편이 있다. 2002년 현재 한인 2154명이 있는 것으로 파악하고 있다. 이 곳의 고려인도 학교를 끝내고 배정받아 거주하기 시작한 오래 된 사람들이 주류를 이루고 이들이 약 1500명에 달한다. 이들 외에 현재 유학하는 학생이 300명 정도로 도합 2000여 명이 되는 것이다. 1996년 고려인들이 민족문화자치회를 구성하여 문화활동을 하고 있으며 고려인협회는 "족보"라는 잡지를 발행하고 있다. 이 곳에 한국으로부터 기업들이 진출하였고 KOTRA가 진출하여 한국과의 긴밀한 관계가 있는 곳이기도 하다.

톰스크는 인구 43만 명의 작은 도시이다. 이 곳 일대는 타타르족이 많이 거주하던 지역으로 이들을 제압하기 위하여 세워진 요새이다. 인구는 적으나 이 곳 대학은 러시아에서 8대 명문대학으로 알려져 있다. 톰스크는 19세기에 들면서 시베리아지역 과학의 중심지가 되었고, 제2차 세계대전시 30여 개의 공장이 유입되고 광학, 기계, 금속, 식품 산업의 중심지가 되었으며 제2차 세계대전 후 원자력발전소가 생겼고 최초로 핵에 필요한 우라늄을 생산한 곳으로 유명하다. 2002년 현재 고려인 1149명이 거주하고 있으며 약 반수인 500명은 오래 된 고려인들이고, 약 반수는 최근에 유입된 고려인들이다. 민족문화자치회를 구성하고 청년들이 "아침"이란 잡지를 발행하고 아리랑 가무단이 있다. 고려인 자치회는 한글교실을 운영하고 있다. 2004년 도시 창립 400주년은 고려인 이주 140주년이 되는 해이기에 이 곳에서는 한국문화의 날 행사를 성대하게 거행했다. 한국식당 "서울"이 있으며 성공한 고려인으로 실업인 정 게나지 바리소비치와 물리학자 유가이 클리멘트를 꼽는다.

동시베리아에는 크라스노야르시크, 이루쿠츠크, 치타 등이 있다. 동시베리아 수도가 크라스노야르스크이다. 이 곳의 인구는 87만 명에 불과한 소도시이지만 1628년 커저강이 예니세이강으로 유입되는 교통의 요새에 세워진 요새이고, 주위에 풍부한 지하자원 특히 중금속, 경금속, 희귀금속이 생산되어 이런 분야의 선업으로 유명하고, 화학, 석유화학, 미생물, 의료산업으로도 유명하며, 시내에는 124개의 각종 기업이 있고 20여 개의 연구소가 있으며 5000여 명의 과학자가 있다. 이 곳에 한국과의 직통항공이 1주일에 한 편 있어 한국과의 교류의 중심지를 이루고 있다. 오래 거주하는 고려인 중에서 대학의 김 표트르 데멘치예비치 교수는 물리학 특히 고화질 마그넷 리코딩기술로 유명하다.

자비이칼주의 수도인 치타는 인구 30만 명의 소도시이자만 치타강이 인고디강으로 유입되는 요지에 있는 도시로 교통의 중심지이고 철도와 자동차산업으로 알려져 있는 곳이다. 1920년 혁명시절 이 곳이 극동공화국의 수도이기도 하였다. 치타는 기계제작, 금속가공, 섬유산업 그리고 식품산업으로 유명한 곳이다. 1910년 치타에 378명의 고려인이 거주하고 있었다. 그 후 중앙아시아로 강제이주 당한 고려인들이 1950년 이후 공부를 끝내고 이 곳에 배정된 사람들이 있고 사할린에서 이주하여 공부를 끝내고 배정받은 사람들이 있다. 그리고 최근 1990년 이후 중앙아시아에서 이주하는 고려인들이 있고 특히 중국조선족의 유입이 많으며 이들의 수는 파악하기 어렵다.

이루크츠크는 인구 59만 명의 도시이며 17세기 군사요새로 건립된 도시이다. 이 곳은 30개의 연구소를 갖춘 학문의 도시이다. 이 곳에는 13개 국립대학이 있고, 14개의 대학분교가 있으며, 5개의 사립학교가 있고, 10개의 사립학교 분교가 있고, 전부 합하여 260개의 전공분야가 있으며, 7만 명의 학생이 있는 교육도시이다.

한국사람들에게 알려진 것은 이 곳 부근에서 석유와 가스가 나와서 유명하고 바이칼호 관광으로 알려져 있다. 이 곳에는 약 500명의 고려인들이 살고 있으며 이들의 대부분은 사할린에서 이주하여 온 사람들이다.

중앙시베리아의 한인과학자

이 지역에 근무하는 고려인 과학자가 약 70여 명에 달한다. 연해주에서 철도로 연결되는 이 지역까지 확대한다면 이 고려인 과학자들을 쉽게 한국으로 초청할 수 있다. 이 곳 고려인 과학자들은 러시아의 정책에 따라 첨단과학은 연구하지 못하고 기초과학분야에만 연구하게 하였다. 만일 한국의 첨단과학과 이 고려인들의 기초과학이 결합된다면 한국은 보다 큰 이익을 볼 것이다.

이들을 지역별로 보면 노보시비르스크 17명, 톰스크 16명, 옴스크 1명, 바르나울 8명, 노보루스네츠크 1명, 베가데린부르크 1명, 크라스노야르스크 14명, 이르쿠츠크 1명, 치타 1명, 하바로프스크 8명, 도합 68명이 된다.

노보시비르스크의 예를 보면 17명의 명단과 소속 그리고 전공분야는 다음과 같다.

성 명	소 속	전 공
초이 예프게니 보리스비치	대학	응용수학
박반보	대학	열전기
허가이 이고리 알리치	아카데미	세포, 유전자
초이 마리나 예브게니예브나	대학	경제학
코가이 블라디슬라브 라디미로비치	연구소	수학
김 아나톨리 필레노비치		도로, 건설설계
이 이르랑 이그나티예프	연구소	반도체
예브게니 표도로비치	연구소	자동차, 전기계측
세가이 올렉 알렉산드로비치	연구소	반도체, 물리학
김 바탈리 표도로비치	대학	이론문리학
김 유리 올레고비치	대학	간호법무학
황 알렉세이 나콜라예비치	센터	경제예측
홍 발렌틴 표도로비치	대학	이론역학
감 파벨 알렉세예비치	연구소	물리학
권렌일	연구소	화학
발 벤야민 알렉산드로비치		심리학
반 티모페이 자세노비치	아카데미	법학

중앙시베리아에 있는 이 한인 과학자들은 모두 유명하기 때문에 고령이다. 이들은 고령이지만 2세들이기 때문에 한국어가 몹시 서툴다. 그러나 유년기에 집에서 부모들의 한국어를 들었기 때문에 서툴지만 한국어로 의사소통이 가능한 분도 있다. 이들은 비록 한국어를 못하여도 한국을 생각하고 한국을 위한 생각은 간절하며 한국에서 이들을 우대할 때 그들은 많은 공헌을 할 수 있을 것으로 보인다. 따라서 이들을 위하고 이들을 활용하기 위한 시설과 기회를 마련하여 조국인 한국에 기여하는 방안을 모색하는 것이 한국에 유리할 것이다.

20
연해주 개발계획

　연해주에 대하여는 그간 한인들의 경험을 바탕으로 특별한 계획을 수립하여 추진하는 것이 유리하다. 말하자면 지금까지 연구하여 온 것을 토대로 앞으로 다시는 과오와 실수를 되풀이하지 않는다는 의미에서 연해주 발전계획을 고안하여 보기로 한다.

　연해주를 계획적으로 개발하고 발전시키는 데 우선 고려되는 세 영역이 있다. 하나는 시기적인 것이며, 하나는 지역적인 것이고, 하나는 내용에 관한 것이다. 시기는 10년으로 잡고 1기와 2기로 나누어 볼 수 있고, 지역은 블라디보스톡과 우수리스크를 포함하는 연해주가 하나가 되고 다른 하나는 사할린, 사하공화국, 그리고 중앙 시베리아를 포함하는 연해주 외각지역을 포함시킬 수 있다. 그리고 내용으로는 정착촌사업, 농업개발 그리고 농업 이외의 사업으로 나누어 보는 것이 편리하다.

　한국에서 연해주 개발사업을 계획할 때 두 가지 꼭 지켜야 될 사항이 있다. 그 하나는 연해주 개발사업인 이상 연해주정부의 적극적인 협조가 필요한 것이다. 연해주정부의 협조없이 사업을 이룩한다는 것은 마치 도둑질을 하는 것과 같은 것이니 연해주정부의 협조 내지 공동추진이 필수적이다. 연해주가 공적인 정부가 참가한다 하여 한국정부가 나서면 사업은 실패할 수밖에 없다. 왜냐하면 한국정부가 관여하면 그것은 남의 나라의 내정간섭이 되기 때문이다. 따라서 한국정부는 절대 나서지 말아야 하고 그 대신 NGO를 활용하여 NGO가 앞장을 서서 활동하게 하고 한국정부는 뒤에서 간접적으로 후원하는 형식을 취하여야 한다.

다음은 한인들의 연해주사업은 비록 그것이 농업에 관한 것이라 하여도 고려인을 위한 것이어야 하며 한국을 위한 사업이 되어서는 아니된다. 비록 사업의 초기에 고려인들의 정착을 위하여 영농자금을 대여하여 주고 거처를 마련하여 주는 등 빈약한 상태에서 출발하지만 결국은 고려인이 주인이 되는 것이고 고려인을 위한 사업이어야 사업이 성공하고 유종의 미를 거들 수 있는 것이 된다. 이러한 대전제를 의도적으로 설정하고 사업을 추진하여야 연해주정부에게도 오해가 없을 것이며, 한인동포들이 많이 거주하는 곳이기에 연해주를 전러시아에서 가장 잘 사는 주로 만들어 주겠다는 생각으로 연해주 사업을 추진하여야 할 것이다.

1차 계획

블라디보스톡에서 APEC이 개최되는 2012년을 기점으로 그 이전과 이후로 대분하여 연해주 개발전략을 짜야 한다. 그 이전 계획을 1차 계획이라 하고 그 이후를 2차 계획이라 하여 나누어 본다. 따라서 1차 계획은 2008년을 포함하여 5개년 계획이 되고 2차 년도는 2012년에서 5년 계속되는 2017년까지가 된다. 말하자면 10년을 반으로 나우어 1차와 2차로 나눈 것이다.

1차 5개년 계획은 지역적으로 연해주에 한정한다. 연해주로 이주하여 오는 고려인의 정착사업의 일환으로서의 농업단지를 이 기한

내에 완성하는 것이다. 앞서 본 것과 같이 연해주정부는 연해주의 인구문제를 가장 심각하게 생각한다. 연해주의 인구를 증가시키는 방법으로 중앙아시아의 고려인을 연해주로 유도하는 것이 정착촌사업이다. 이것을 연간 100세대 500명을 이주시킬 준비를 하고 매년 100세대를 이주시키면 5년이면 500세대가 돌아오는 것이 된다. 이것을 위한 이주경비, 정착가옥준비. 영농지확보, 영농자금을 조달하고 영농지도가 말하자면 첫째 계획의 주된 내용이 된다. 연해주 이주사업은 2차 연도까지 계속될 것이고 10년 계획이 끝나는 해까지 1000세대 5000명의 인구가 이주하게 된다. 이 곳에는 연해주농업 조건과 중앙아시아에서보다 유리한 조건을 갖춘다면 더 많은 인구가 이주하여 올 것이다.

1차 연도에 농업에서 특히 3각농법이 유종의 미를 거두어 러시아와 한국 그리고 북한이 농업에 협력이 시작된다면 이것에서도 북한노동자 10만 명, 한국 영농지도자 2만 명 정도가 연해주에 거주하게 되고 이것 또한 10년이면 상당수에 달할 것으로 예상한다.

연해주농업의 최종목표는 연해주주민의 식생활을 해결하고 연해주의 농업의 자급자족을 목표로 하여 식료품의 지출로 인한 러시아 루블이 중국으로 유출되지 않게 하는 것이지만 더 나아가 연해주가 한국과 일본 그리고 중국까지의 동북아시아의 식량보급지가 되어 식량에 한하여 극동러시아와 동양 3국이 식량자급 공동체를 형성하게 하는 것이다.

연해주의 농업에 부과한 것이 연해주의 주생산품인 쌀, 감자 그리고 콩을 전아시아에 보급하는 동시에 이 밖에도 밀, 보리를 보충하여 식량문제를 해결하고 옥수수와 귀리, 조 등을 생산하여 사료의 보급을 완성하여 육류생산을 도모하여 구소련 이전의 생산량을 초원하여 극동러시아의 식량보급지가 되게 하는 것이다. 이에 따른 가공업을 발달시켜 과일, 야채까지 전지역에 보급하도록 한다.

　1차 연도에 수행하여야 할 사업의 하나가 블라디보스톡 개발이다. 위에서 본 것과 같이 블라디보스톡의 금융과 물류, 통신의 중심지가 되게 하고 블라디보스톡 동부를 나홋트카 중심으로 하는 공업지대로 하며, 블라디보스톡 서북부는 우수리스크를 중심으로 농업지대로 발전시키는 계획을 연해주 정부와 협력하여 완수하도록 하며 이에 따라 나홋트카 공단을 완성하도록 한다.

　가능하면 두만강 하류개발 UNDP를 착수하여 1차 연도에 기반을 닦고 2차 연도에는 어느 정도 윤곽을 이루어 특히 중국의 동북 3성과 오지의 몽골이 수출항을 갖도록 한다.

2차 계획

　2012년 이후의 2차 연도는 사할린, 사하공화국 그리고 중앙시베리아 한인사회를 묶는 사업을 전개한다. 연해주 건으로는 농업 이외의 임업, 광업, 수산업에 적극 참여하고 이러한 사업을 위하여 연해주로 진출하는 중소기업을 한국정부는 적극적으로 지원하여 사업체를 대형화하고 연해주는 한국산업의 영향권에 넣도록 한다. 이 곳에도 예산과 인원의 진출을 계산하여 체계적으로 추진하여야 할 것이다.

　보다 많은 투자는 사할린에 하여야 할 것이다. 위에서 언급한 것과 같이 사할린동포는 세계 한인동포들에서 가장 불우한 처지에 있었고 가장 고생을 많이 한 동포들이기에 다른 어느 나라의 동포보다 특별한 대우를 하여 이들의 불우하였던 수난시절의 만분의 일이라도 갚는다는 생각으로 후원사업을 전개하여야 한다. 특히 사할린은 일본과의 경쟁이 이루어지는 곳이며 일본이 이미 문화원을 세우고 일본어 보급에 힘쓰고 있기에 이들과의 경쟁에서 져서는 아니되는 것이다. 사할린에 문화원을 지어 일본에 대항하는 이외에 한국의 경우 학교, 교육관, 문화관 그리고 경제활동을 할 수 있는 경영관까지 갖추어 사할린동포는 물론 사할린주민까지 포용하여 사할린을 한국의 영향권에 넣어야 할 것이다. 사할린에는 유전이 개발되면서 국제적인 지대로 변하고 있다. 이것도 한국은 예의 주시하고 송유관, 유전개발, 정유시설 등에 적극 참여하여 국제경쟁에서 낙오가 되지 않도록 하여야 할 것이다. 이러한 것은 교포만이 아니라 사할린주민 그리고 높은 차원의 국제경쟁이 이루어질 것이기 때문에 한국정부가 적극적인 자세로 임하여야 할 것이다.

사하공화국에는 몇 명 안 되는 한국계가 원주민과 섞여 살고 있으나 국회부의장 김 알렉산더가 한국계인 것과 같이 사하공화국에서 중요한 위치에 있는 한인계가 있으며 이들을 활용하여 사하공화국 개발과 벌전에 협력자로 만들어야 할 것이다. 이 곳에 한국학교가 잘 운영되고 그간 한국사람들이 개척하여 놓은 기반을 발전시켜 사하를 친한공화국으로 만들고 그 후에 석유개발, 가스개발 등에 한국이 적극 참여하며 특히 다이아몬드산업에 한국에서만이 아니라 전세계에서 이 방면에 종사하는 한인들을 총동원하여 한국과 한국인이 세계 다이아몬드산업을 석권하도록 하여야 할 것이다

2차 계획에서 중점을 둘 지역이 동시베리아, 서시베리아 그리고 우랄과 볼가강 유역의 중앙흑토지대에 분산된 고려인을 규합하는 사업이다. 이것은 이 광활한 지역에 분산된 고려인들을 네트워킹하여 하나의 연계망으로 연결하며 이들이 가진 지식과 재능을 한국의 산업발전에 활용하게 하고, 그 후손들을 장악하여 한인과의 유대를 강화하여 나아가야 할 것이다. 이들 거주지에 한인 문회센터를 설치하여 중앙시베리아가 친한적 그리고 한국과의 유대강화에 힘써야 할 것이다.

이리하여 10개년 계획이 끝날 때 한국은 연해주, 사할린, 사하공화국 그리고 중앙시베리아를 완전히 장악하여 중국과 일본이 감히 경쟁을 할 수 없게 되며, 한국의 경제성장은 러시아를 통하여 이것을 제외하고 계산한 발전의 배가 되도록 하여야 할 것이다.

21 결 론

왜 연해주인가라는 질문에 연해주는 한국과 특별한 인연이 있는 곳이기에 이 곳을 주목할 수밖에 없는 것이다. 연해주는 첫째 한인이 이민을 시작한 첫 번째 이주지라는 연고성을 가진 곳이다. 당시 중국의 북간도는 봉금령으로 인하여 한인의 유입이 금지되어 있었다. 그뿐만이 아니라 1860년 북경조약에 의해 중국으로부터 양도받은 연해주는 러시아인이 부족하여 경비병들에게 식량을 보급할 사람들이 필요하였다. 인원이 부족하였으나 러시아인은 기회가 있을 때마다 중국인을 추방하고 한국인을 수용하였다. 한인들이 당시 연해주에 이주하여 농업을 보급시켰고 농민들이 연해주에 거주하였기 때문에 그 곳에서 독립운동을 할 수 있었던 것이다. 1919년 상해에 한국의 임시정부가 수립되기 전 연해주는 한국독립운동의 중심지였다고 말할 수 있다. 한국의 의병들은 중국의 북간도와 연해주를 드나들면 항일 무장투쟁을 전개하였고 특히 블라디보스톡의 신한촌은 독립군에게 무기를 공급하는 곳이었으며 독립운동을 전개하는 우국지사들의 집합지였던 곳이다. 일제시대 항일 독립운동이 없었다면 한민족은 죽은 민족이었고, 연해주가 없었다면 항일운동이 어려웠을 것이라는 의미에서 연해주는 한인들에게 중요한 의미를 갖는 곳이라 하겠다.

둘째, 이러한 역사적 연고성보다 더 중요한 것은 최근에 이 곳으로 재이주하여 오는 고려인들을 도와야 한다는 필요성 때문이다. 1937년 연해주에서 중앙아시아로 강제이주당한 한인, 말하자면 고려인들이 구소련이 와해된 후 중앙아시아에서의 생활이 곤란하여지고 그 곳에서 희망이 없다고 생각한 고려인들이 제2의 고향인 연해주로 재이주하여 오고 있다. 이 재이주자들은 이주과정과 연해주에 와서의 정착하는 과정에서의 고생이 참으로 비참할 정도였다. 따라서 불우한 동포를 돕는다는 견지에서 이들을 도와야 하지만 동포들 중에서도 최초로 이주한 이민들의 후손이 아직도 고생하고 있는 것을 돕는다는 견지에서 연해주는 외면할 수 없는 필요성을 갖는 곳이다.

셋째, 연해주는 감상적 민족주의에 입각한 연고성 이외에 농업이라는 실효성이 있기 때문에 중요하다. 한반도에 인접한 지역으로 연해주만큼 광활한 농경지를 가진 곳이 없을 것이다. 한인들은 원래 농업민족이기 때문에 지평선이 보이지 않는 광활한 농지를 보면 흥분하는 경향이 있다. 인구조밀하고 농지가 협소한 한국으로서 장차 닥칠 식량위기에 대처하기 위하여도 연해주 농경지는 중요한 것이고 특히 식량난이 극심한 북한이 바로 이웃에 있고 북한을 도와 주려는 의도를 가진 한국으로서 연해주농업은 더 중요하며 러시아도 북한에 호의적이기 때문에 한국과 북한 그리고 러시아가 합세하는 3위일체 협동농업까지 연상하게 된다.

한반도에 인접한 연해주에는 광활한 농토가 있어 농업에 종사하는 사람은 물론 농업에 경험이 없는 사람들까지도 앞을 다투어 연해주로 진출하였다. 연해주에 진출한 16개 기업으로 그간 시행착오를 거듭하면서 합작농업, 위탁농업, 직영농업 그리고 혼합농업의 여러 행태의 농업을 추진하여 보았다. 그러나 이 영농기업들은 두 기업만 남고 모두 실패하고 말았다. 실패의 원인은 한인들이 기후조건이나 농업기반시설이 잘 되어 있지 않은 농업여건을 고려하지 않고, 연해주 농업이 대형기계를 사용하는 조방식 농업이기에 한국인들이 이러한 농업에 경험이 없었기 때문에 농업방법만으로는 성공할 수 없었던 것이다.

더욱이 러시아농민의 성격을 모르고 이들과 계약한 것도 실패의 한 원인이었다. 러시아는 과거 80여 년을 통제경제하의 집단농장을 영위하여 왔기에 개혁 이후 토지를 개인에게 양도하였으나 개인농업에 익숙지 않아 개인에게 수여한 지가증권을 모아 다시 주식회사로 만들었으며 영농방식이 전혀 달라진 것이 없었다. 한국의 새로운 경영자가 도래하였으나 러시아는 사회주의 잔재를 간직한 채 새로운 개인 농을 수용하지 못하고 오히려 한국인을 적대시하여 한국인을 기만하여 버렸으며 한국인이 가진 차원높은 농업기술을 배우려 하지 않는 것이 한인영농실패의 한 원인이라 생각된다.

이러한 자연조건 이외에도 한국인들은 농업을 곡물재배로 한정하여 생각하였기 때문에 성공하지 못한 원인이 되었다고 할 수 있다. 연해주에서 영농사업을 하는 고려인들은 곡물재배보다 채소재배에 주력하였다. 한국인들은 이러한 고려인들의 농업을 농업으로도 여기지 않았으나 고려인들은 그 곳에 영주할 사람들이고 한국인들은 농업전문가라 하여도 실패하면 철수할 여지가 있는 사람들이다. 따라서 장기적이고 실질적이며 본질적으로는 고려인들이 행하는 농업이 옳은 것이라 할 수 있을 것이다. 이런 의미에서 외국에 진출하는 한국기업은 현지를 좀더 착실히 연구하고 현지인들의 양식을 본받아 현지에 적합한 기업을 실시하여야 한다는 교훈을 얻은 것이다.

식량위기에 대처하기 위한 농경지확보라는 차원에서 우크라이나 또는 아무르주로 진출하자는 사람이 있지만 연해주만큼 한인들이 많이 관심을 갖고 연구한 곳도 없으며 비록 영농단체들이 실패를 하였다 하나 실패도 경험이다. 이제 2002년의 "농지거래법안"을 계기로 다시 한번 러시아와 한국이 영농에 협력할 기회가 도래하였다. 이것을 기회로 한국과 러시아가 보다 긴밀한 협력으로 러시아의 농업개혁에 성공하기를 기대한다.

넷째, 연해주농업이 갖는 이러한 효율성은 현장경험에서 더욱 확실하게 증명된다. 오늘날 연해주에서 일고 있는 현상이 100여 년 전 한인들이 연해주로 진출하였을 때와 유사한 현상을 느낄 수 있었다. 러시아가 중국으로부터 연해주를 이양받았던 140여년 전 러시아는 기회있을 때마다 중국인을 연해주에서 추방하고 한인들을 받아들여 농사를 짓게 한 것이다. 말하자면 러시아인이 농사를 지어 식량을 보급하는 한인이 필요하였고 한인들은 러시아인의 보호가 필요하였던 것이다. 페레스트로이카 이후 특히 블라디보스톡이 개방되면서 일본, 중국 그리고 한국이 연해주를 선점하기 위한 치열한 경쟁을 버리고 있다. 일본은 자본을 갖고 연해주에 진입하고 중국은 인해전술로 연해주를 공략한다. 러시아는 일본을 싫어하고 중국인의 유입을 두려워한다. 특히 연해주는 경제적으로 중국에 예속되어 있다. 한국제품이 좋은 줄 알지만 러시아의 경제수준으로는 한국제품이 지나치게 비싼 물품들이고 중국제품은 한국제품보다 열등하지만 가격이 낮기 때문에 중국제품을 구입한다. 연해주는 중국의 공산품만이 아니라 식료품도 중국제품을 구입하기에 러시아의 화폐 중국으로 밀물처럼 쓸려가는 것이다. 이것을 방지할 방법이 있다면 그것은 부지런한 한인들을 중앙아시아에서 유도하여 연해주에서 농업을 짓게 하여 우선 식품으로 인하여 중국으로 유입되는 제화를 막을 수 있다고 생각한다. 그리고 중앙아시아의 한인들이 대거 연해주에 거주하여 농사를 짓고 살면 한국의 기업이 더 많이 연해주에 진출하여 일본기업의 유입을 막을 수 있는 것이 된다. 말하자면 러시아는 한국을 연해주에서 중국과 일본을 대적할 유일한 동반자로 생각하고 있는 것이며 이것은 140여 년의 사항과 유사하다는 것이다.

한국과 러시아는 연해주에서 호의적인 만남이 이루어졌으나 이것은 자유주의 시장경제와 사회주의 통제경제의 만남이었기 때문에 진실한 협력관계를 이룩하기에는 상당한 탐색과 이해의 시간이 필요하였다. 지난 10년은 이러한 예비기간이었다고 평가할 수 있으며 이것을 토대로 한국과 러시아는 이제 본격적인 협력관계를 이룩하여야 할 단계에 이른 것이다.

다섯째, 이러한 연해주에서의 한국과 러시아의 친밀성은 교육에서도 볼 수 있다. 연해주에서는 한국어와 한국을 배우려는 열의가 대단하여 대학은 물론 중·고등학교에까지 한국어와 한국에 관한 수업이 개설되어 한국학 붐을 이루고 있다. 이것은 연해주가 한국에 많은 관심을 갖고 한국에 대한 미래를 생각한 조치라 하겠다. 이러한 한국에 대한 관심과 열기를 한국이 오히려 충분한 부응을 못하는 것으로 보인다. 한국정부는 이러한 현상을 파악하여 보다 적극적인 후원을 하여 기대에 부응하도록 하여야 할 것이다.

연해주의 친밀성을 더하여 주는 것이 한국 NGO단체의 활동이다. 남민화한 연해주 고려인을 돕는 한국인들의 개별적으로 산만하게 진행되던 고려인 돕기사업은 연해주정부가 정착촌을 제공하면서 활발하여진다. 연해주정부는 중앙아시아에서 재이주하는 고려인들을 위하여 정착촌을 제공하는 호의를 베풀었다. 군인들이 거주하였던 곳이기에 한인들이 입주하여 생활하는 데 별문제가 없을 것으로 생각한 것이다. 그러나 제공받은 건물이 워낙 낙후하였고 그나마 군인들이 철수하고 고려인들이 입주하는 사이에 러시아인들이 시설을 모두 파괴하여 입주한 고려인들이 살기가 어려웠다. 결국 입주자의 노력과 지원자의 구호활동에도 불구하고 모두 실패하고 결국 연해주정부에 건물을 반환하고 만다.

그러나 동북아평화연대는 지원사업을 포기하지 않고 다시 새로운 방식을 찾아 고려인의 정착사업을 돕기 시작하였다. 이것은 정착인의 거주문제를 개별적으로 해결하고 이들에게 농사의 기반을 제공하며, 이것을 다시 마을중심으로 마을마다 건립한 문화센터를 중심으로 마을공동체를 구축하여 가는 것이었다. 마을센터는 마을 공동생활의 중심지이고 한국문화전파의 매개지이며, 더 나아가 이들의 연결을 통하여 연해주 고려인공동체를 형성하고 이러한 네트워크를 통하여 고려인들의 정체성 회복을 꾀하는 것이다.

정착사업을 추진하는 동북아평화연대는 이것을 문화와 교육을 위시한 지원사업 그리고 의료활동을 겸한 복지사업을 동시에 추진하는 이른바 종합대책을 추진하여 간 것이다. 동북아평화연대는 고려인들이 가장 많이 거주하는 우수리스크에 러시아 이주 140주년 기념관을 세워 문화센터로 하고 이 곳에서 각종 문화사업을 추진하고 있다. 가장 역점을 두는 사업이 한글반과 컴퓨터반을 운영하는 교육사업이다. 이에 블라디보스톡에 있는 극동대학에서 140주년 기념관에 우수리스크 분교를 개설하여 140주년 기념관은 명실공히 우수리스크 교육의 중심지가 되었다.

동북아평화연대는 "후대"라는 고려인 신문과 2세를 위한 "고려신문"을 후원하며, 고려인들이 자발적으로 조직한 아리랑 가무단을 후원하고 육성하여 이제 버젓한 가무단으로 성장하게 하였다. 고려인들에게 중요한 문화사업의 하나가 고려인문화의 날 행사이다. 동평은 이들을 지원하여 자립하게 하였으니 오늘날 고려인문화의 날은 고려인들만이 아니라 연해주에서 가장 훌륭한 소수민족의 잔치가 된 것이다. 이것을 더욱 확대하여 동평은 연해주 소수민족들의 잔치인 "다민족 다문화 평화축제"를 육성하고 있다.

의료활동을 포함한 의료분야의 봉사사업도 크게 성공하였으니 난민 속에서 20명에 가까운 고려인 의사를 찾아낸 것도 공적이려니와 이들을 규합하여 메디피스를 조직한 것도 큰 성과이다. 이것이 매체가 되어 한국에서의 의료봉사활동이 연해주에서 계속 활기를 띠게 된 것이다.

이와 같이 동부아평화연재가 연해주에서 진행하는 지원사업, 봉사활동 등은 비록 그 역사가 길지 않아도 봉사활동과 지원사업의 기틀을 확고하게 하였다는 데 의미가 있고 이러한 사업들이 고려인들을 위한 정착사업과 연결되어 있기 때문에 그 의미가 크다고 할 수 있다. 무엇보다 동북아평화연대의 연해주 사업이 한국의 많은 시민단체 그리고 한국 시민들의 십시일반식 지원에 힘입고 있다는 것도 중요하다.

여섯째, 연해주가 중요한 것의 하나가 한반도와의 인접성이다. 농업진출도 인접성으로 인한 것이지만 농업 이외의 기업진출은 더욱 그러하다. 40여 개의 한인기업이 연해주로 진출한 것은 연해주가 한국에 가까이 있기 때문이다. 연해주에 진출한 기업 중에서도 봉재업이 성행한 것이 인접성을 더욱 절감하게 한다. 최근에는 쇠퇴하기 시작하였으나 한때 20여 개의 봉재업체가 호황을 누리고 있었다. 그 원인은 노동력이 싼 것과 한국에서의 원자재 조달이 수월한 것 그리고 무엇보다 러시아에서 생산된 의류가 한국의 쿼터에 들지 않고 미국으로 직접수입이 가능하였기 때문이다. 최근에 봉재업이 쇠퇴하는 것은 러시아 노동임금이 상승하고 노동자를 다루기 어려워지기 때문이다. 무역업이나 서비스업 그리고 운송업 등은 현지에 진출한 한국기업이 40여 개로 그치고 적응하기 위한 노력에도 불구하고 예상보다 성공하지 못한 것이니 이것이 농업의 경우와 유사한 것이라 하겠다. 말하자면 연해주에 진출한 한국기업들은 현지 러시아사정에 어두운 사람들이었고 한인을 대상으로 하는 러시아인들은 자본주의 자유시장 원리에 경험이 없는 사람들이었다. 따라서 한인들은 예상보다 활발한 기업활동을 못하고 있는 것이다.

연해주정부는 한국기업을 자기국민의 기업과 같이 보호할 생각을 갖고 한국기업은 연해주를 위하여 할 수 있는 최대의 노력을 경주하여 앞으로는 보다 나은 기업환경을 조성하고 보다 활발한 기업을 이룩하도록 상호노력하여야 할 것이다.

일곱째, 러시아는 천연자원이 풍부하고 기초과학이 견고하며 첨단과학이 발달한 나라로 한국에게는 장래성이 보장된 나라이다. 러시아의 첨단과학에 비하여 한국은 응용과학이 발달하여 러시아와 보완관계에 있으며 자원이 부족한 대신 기술과 자본이 축적되어 더욱 러시아와의 협력이 요구된다. 한국과 러시아는 경제발전에 보완적 관계에 있을 뿐만이 아니라 인접한 나라로서 두만강 개발이나 나홋트카 공단건설에 협력하기로 계약을 체결하였다. 이러한 연해주 내의 사업은 물론 연해주 밖의 러시아 자원을 활용할 수 있는 것도 연해주가 한국과의 친밀한 관계를 유지한 연후에 이루어진 사업들이다.

두만강 개발계획을 보아도 현재 중국만이 열을 올리고 있으며 북한은 여력이 부족하여 적극적으로 참가하지 못하고 러시아는 블라디보스톡과 두만강 개발과의 경쟁이라는 입장에서 두만강 개발에 소극적이다. 한편 자본으로 두만강 개발계획을 주도할 입장에 있는 일본이 소극적이고 한국 또한 적극적이지 못하다. 그러나 두만강 개발계획이 사문화한 것은 아니다. 러시아 또는 일본이 적극적인 태도를 취할 때 다시 활기를 띨 수 있는 조건을 갖추고 있다. 특히 한국의 적극적인 의사가 반영되어야 이 사업이 성공할 수 있다.

두만강 개발계획과 유사한 성격을 가진 것이 나홋트카 공단문제이다. 러시아는 한국에 공단개방을 적극적으로 추진하지 못하고 관망하는 추세이며 한국 또한 러시아에 대하여 적극적이지 못하다. 한국의 입장에서는 현재 중국으로의 진출이 활발하여 러시아가 공단을 제공한다 하여도 이미 때는 늦은 것으로 생각한다. 그러나 나홋트카 공단의 위치가 장차 석유와 가스 파이프라인과 연결되는 지역이라 한국측에서 먼저 이 곳을 포기할 필요는 없다.

한국과 러시아 두 나라는 두만강 개발에 협력하기로 하였고, 가스 개발과 송수관의 건설 그리고 시베리아철도와 한국의 종단철도의 연결을 서두르고 있다. 두 철도가 개통되면 한국과 러시아는 유라시아의 철의 실크로드를 공유하여 세계경제발전에 크게 공헌할 것이다. 연해주는 이런 모든 배후지의 산업을 한국과 연결하여 주는 관문인 것이다.

연해주는 러시아의 동남단 변경지대이지만 한국이 북방으로 진출한다는 조건에서는 연해주는 동북아시아의 중심지가 된다. 따라서 연해주가 어떻게 발전하느냐에 따라 한국의 운명이 달려 있고 동북아시아의 발전이 달려 있는 것이다. 한국은 연해주와 연고성, 실효성, 친밀성, 인접성 그리고 장래성에서 특수한 관계를 갖고 있다. 연해주 자체는 물론 한국과 연해주가 협력하여 연해주가 명실공히 동북아시아의 경제의 중심지이고 문화의 중심지가 되며 블라디보스톡이 옛 영광을 되찾아 "극동의 상해"가 되도록 러시아와 한국이 협력하여야 할 것이다.

한국이 러시아와 친밀성과 인접성 등 특수한 조건을 갖고 있다 하여도 장차 협력하여 연해주를 개발한다고 할 때 예의로서 지켜야할 선행조건 세 가지가 있다. 첫째, 연해주 개발이 성공하려면 연해주 사업이 고려인 정착사업의 중심이 되어야 한다는 것이다. 한인이 연해주에서 농업을 성공시키려면 그 농업이 연해주 고려인 정착을 위한 수단이어야 하지 그것이 목적일 경우 그것은 반드시 실패할 수 밖에 없다. 왜냐하면 농업의 경우 고려인들을 위한 사업으로 전개하여야 만이 정당성을 갖는 것이고 그렇지 않을 경우 그것은 침략이 되기 때문이다.

둘째, 연해주사업은 고려인들은 위한 사업이어야 하기 때문에 연해주의 사업은 연해주정부의 후원이 있어야 하며 연해주의 주사업과 공동보조를 취하여야 하고, 연해주 주사업의 일환이 되어야 한다. 연해주정부가 협력하지 않는 사업은 실패할 수밖에 없다.

셋째, 연해주가 후원하고 연해주정부가 협력한다 하여도 한국의 정부가 연해주사업에 직접 나서면 이것 또한 실패할 수 밖에 없다. 이것은 직접 내정간섭이 되기 때문이다. 따라서 한국정부가 연해주 사업을 전개할 때에는 한국의 NGO를 통한 간접사업이 되고 간접적으로 후원하여야 성공할 수 있는 것이다.

참고문헌

개인논문

강명구 · 임채완 · 남혜경 · 최한우 · 이원용 · 심헌용(2006), 고려인 기업 및
　　　자영업 실태, 서울, 북코리아.
강영지(2003), 동북아 개발은행의 필요성과 운영방안, 제2회 동북아경제
　　　포럼, pp.144~150.
고상두(2007), 러시아 연해주 고려인과 우리의 진출전략, 한민족공동체
　　　15호 pp.109~125.
고송무(1984), 쏘련 중앙아시아의 한인들, 서울, 한국 국제문화협회.
　　　　(1990), 쏘련의 한인들, 서울, 이론과 실천사.
고재남(1995), 21세기 동북아 신질서 형성과 연해주, 한민족공동체 3,
　　　pp.38~60.
구천서 · 이병화(1997), 연해주: 농업개발과 환경여건, 서울, 책만드는집
　　　국제농업개발원.
　　　　(1999), 남북한 공동 해외농업개발 추진방안, 서울, 국제농업개발
　　　원.
권희영(1999), 한국과 러시아; 관계와 변화, 서울, 국학자료원.
감민철(2007), 러시아 연해주농업협력 방안, 제6회 동북아 코리안 네트워
　　　크 국제회의, pp.33~42.

김 블라디미르 / 조영환 역(1997), 러시아 대한민족의 항일독립전쟁사 실록, 서울 도서출판 고구려.

김 블라디미르 / 김현택 옮김(2000), 러시아 한인 강제 이주사, 서울, 경당.

김상원(2000), 러시아의 농업개발 잠재력, 한국시베리아학회 편 시베리아와 한국과의 협력방안, pp.127~141.

김영웅(2003), 21세기 동북아의 역할, 제2회 동북아경제포럼, pp.70~82.

김용택(2003), 사할린 천연가스 한반도 관통시켜 북핵문제 해결하자, 월간 한민족, pp.48~53.

김종호 · 박래경 · 박영선(1997), 극동러시아 항카호 주변의 벼재배 개황과 증수가능성, 북방농업연구 4, pp.51~71.

김현동(2007), 연해주 고려인 종업정착지원사업과 연해주농업, 제6회 동북아 코리아 네트워크 국제회의, pp.43~53.

남정욱 · 박래경(1997), 극동러시아 연해주 지방의 벼농사를 위한 토지개발, 북방농업연구 4, pp.121~149.

남정욱 · 홍은희(1999), 극동러시아 아무르주의 콩 품종개량과 재배기술 개선에 관한 연구, 북방농업연구 7, pp.90~96.

남혜경 · 임채완 · 최한우 · 이원용 · 심헌룡 · 감영구(2005), 고려인 인구 이동과 경제환경, 서울 집문당.

_____(1997), 러시아 연해주농업투자환경 조사보고서, 농어촌진흥공사.

농업기반공사(2000), 주택건설협회의 연해주 영농사업계획 검토, 농업기반공사.

농촌진흥청(2001), 연해주농업보고서, 서울, 농촌진흥청.

대한무역진흥공사(1995), 시베리아, 극동 진출 가이드, 대한무역진흥공사.

동북아평화연대(2002), 연해주와 동북아 평화, 서울, 동북아평화연대.

레오노프, 베. 엠(2003), 연해주 수산업과 자연 양식업의 발전, 제2회 동북아경제포럼, pp.192~197.

박근식(1997), 북방지역 축산업의 조사보고=극동러시아 연해주 지방과 중국 흑룡강성 중심으로, 북방농업연구 3, pp.72~84.

_____(1998), 러시아에 있어서 OIE List 가축전염병과 해외축산 개발의
　　　문제점, 북방농업연구 6, pp.145~158.

박근용 · 이정일 · 홍은희(1997), 극동러시아 항카호 주변의 옥수수 증수가
　　　능성과 재배기술 개선대책, 북방농업연구 4, pp.83~92.

박근용 · 이정일(1998), 극동러시아에서 옥수수 등 밭작물 생산성 제고의
　　　기술적 가능성, 북방농업연구 6, pp.94~105.

박래경(2001), 북방농업연구소 연구실적 및 2001년도 연구계획 개요, 북
　　　방농업연구소.

박래경 · 김종호 · 박영선(1997), 극동러시아 연해주의 벼재배상의 문제점
　　　과 개선방안, 북방농업연구 4, pp.33~50.

박래경 · 김종호(1998), 극동러시아 연해주의 쌀 생산성 제고의 가능성과
　　　기술적인 대책, 북방농업연구 6, pp.61~80.

박래경 · 하용웅 · 황창영 · 남정욱(1999), 극동러시아 연해주에서 한국 민
　　　간단체 투자 및 직영농장의 경작실황, 북방농업연구 8, pp.91~112.

박 보리스(2000), 러시아 연해주에서의 한인 반일해방운동, 산운사학 9,
　　　pp.163~194.

박영선(1998), 극동러시아 작물 재배환경과 생산성과의 관계, 북방농업연
　　　구 6, pp.32~60.

박영선 · 박래경(1997), 극동러시아 연해주의 자연환경과 토양특성, 북방
　　　농업연구 4, pp.26~45.

박영선 · 박래경 · 김종호(1998), 극동러시아 연해주 벼 건답직파 재배논의
　　　제초제 효과, 북방농업연구 5, pp.34~52.

박종권(2003), 북핵위기, 사할린가스관으로 뚫는다, 월간 한민족 2003.10
　　　호, pp.40~47.

박진환(1997a), 러시아의 집단농장제가 극복해야 할 경영 요인들-농장규
　　　모, 분화된 농업노동, 집단마을, 북방농업연구 3, pp.1~25.

_____(1997b), 극동러시아의 농업환경과 농업정착, 북방농업연구 3, pp.
　　　85~111.

_____(1997c), 극동러시아 연해주 벼농사의 역사와 당면과제, 북방농업

연구 4, pp.1~32.

_____(1998), 극동러시아 연해주의 조선족과 벼농사, 북방농업연구 5, pp.1~33.

_____(1998), 시장경제 이후의 극동러시아 농업생산의 감소와 통일 한국에서의 곡류공급 가능성, 북방농업연구 6, pp.123~144.

_____(1999), 시베리아 개척과 극동러시아의 인구증가, 북방농업연구 7, pp.68~89.

_____(2000), 극동러시아 아무르 주 농업의 역사적 고찰, 북방농업연구 9, pp.1~22.

_____(2001), 한국 민간 자본의 극동러시아 농업투자를 저해하는 요인들에 관하여, 북방농업연구 11, pp.1~26.

박진환·남철우·남정욱(1997), 극동러시아 연해주 시바코프 농장과 그 주민들 북방농업연구 4, pp.100~121.

박진환·남철우(1998), 극동러시아 농산물 시장기능들에 관한 연구, 북방농업연구 6, pp.1~31.

박 환(1998), 재소한인 민족운동사, 서울, 국학자료원.

_____(2000), 대한국민의회와 연해주지역 3.1운동의 전개, 산운사학 9, pp.31~83.

배수한(2007), 한국의 개발참여와 민관협력 사능성; NGO와 정부기관을 중심으로, 한민족 공동체 15호, pp.85~108.

블라디보스톡 한국무역관(2000), 극동러시아 경제현황 및 진출전략, CIS 시장설명회 자료, 보고서.

살로둔. 에.이(2003), 연해주 산림 경제, 제2회 동북아경제포럼, pp.198~212.

서대숙(2000), 연해주지역 한인민족운동에 대한 소련의 정책, 산운사학 9, pp.3~30.

서울대학교 농업개발연구소(2001), 북방국가에 대한 해외농업 진출방안 연구, 서울, 농촌진흥청.

성원용 한국기업의 연해주 진출과 한-러 경제협력, 한민족공동체 15호,

pp.63~84.

소니, 브(2003), 연해주의 관광업 발전과 동북아시아 나라들과의 연계, 제
　　3회 동북아경제포럼, pp.213~221.

신명철(2003), 연해주 식량개발과 농업협력 방안, 제2회 동북아경제포럼
　　pp.102~134.

신승권(1995), 연해주 한인의 이주과정 및 생활상, 한민족공영체, 3,
　　pp.17~37.

신용하(2000), 통합임시정부수립과 연해주지역 한인 민족운동, 산운사학
　　9, pp.85~128.

심성섭 · 김학기(1997), 러시아 산업과 한 · 러 산업협력 방안, 서울, 산업
　　연구원.

연해주정부 경제부지사(2003), 동북아 경제에서 연해주의 역할과 의미,
　　제2회 동북아경제포럼, pp.181~184.

예밀리아노브 알렉세이(2007), 연해주 종업현황과 한 · 러 협력 가능성,
　　제6회 동북아 코리안 네트워크 국제회의, pp.26~31.

우평균(2007), 러시아의 극동정책과 연해주 지역개발, 한민족공동체 15호,
　　pp.4~31.

윤갑구(2003a), 동북아 에너지(전력, 가스, 석유) 협력체계 구상, 제2회 동
　　북아경제포럼, pp.83~101.

_____(2003b), 평화공동체를 위한 한민족의 역할, 월간 한민족, 2003,
　　10, pp.54~68.

윤병석(1989), 연해주에서의 민족운동과 신한촌, 한국민족운동사연구, 3,
　　pp.165~186.

_____(1990), 1910년 연해주지방에서의 한국 독립운동, 국외한인사회와
　　민족운동, pp.166~229.

_____(1991), 시베리아 신한촌의 역사적 의미와 항일독립운동, 전망, 4,
　　pp.136~140.

_____(1994), 이동휘의 생애와 이동휘 성제선생, 진단학보, 78, pp.255~
　　264.

_____(2000), 러시아 혁명전후 연해주 한인민족운동과 임시정부, 산운사학 9, pp.129~162.

윤영천(1986), 한국 현대사에 나타난 시베리아 유이민문제의 재인식, 한국학보, 45, pp.140~181.

이광규(1991), 재소한인의 탐방 특기, 해외동포, 1, pp.11~15.

_____(1998), 러시아 연해주의 한인 사회, 서울, 집문당.

_____(2003), 동북아지역 경제교류협력 확대가 동북아 평화에 미치는 영향, 제2회 동북아경제포럼, pp.52~69.

_____(2004), 세기의 관제: 연해주 물결운동, 서울, 집문당.

이광규 · 전경수(1993), 재소한인-인류학적 접근-, 서울, 집문당.

이광희(2002), 극동러시아와 인접국간의 경제협력 형황 및 한인기업인간 협력방안, 동북아 경제인 포럼 "우수리스크" 자료집.

이동명(2007), 러시아 연해주 사료공급기지 건설 기본계획, 제6회 동북아 고려인네트워크 국제회의, p.563.

이병화(1997), 러시아 연해주농업투자환경 조사보고서, 서울, 국제농업개발원.

_____(2005), 연해주 고려인자치구역 수립추진 현황에 대한 경과보고, 고해주농업개발협력지구 수립추진협의회 창립총회 보고서.

이상근(1995), 노령지역에서의 한인 이주실태, 한국 군현대사 연구, 2, pp.102~146.

이성규(2007), 연해주의 자원과 기업투자현황, 한민족공동체 15호, pp.32~62.

이송호 · 이재훈 · 김승준(2004), 연해주와 고려인, 서울, 백석서당

이수경 · 이원용 · 한성진 · 엄순천(1996), 재소한인사개요 : 최초의 이주에서 강제이주까지 건국대 학술지 40집, pp.139~178.

이영렬(1997a), 극동러시아 연해주의 자연환경과 토양특성, 북방농업연구 3, pp.60~71.

_____(1997b), 극동러시아 항카호 주변 벼농사의 기계화 현황과 발전전망, 북방농업연구 4, pp.72~82.

_____(1998), 극동러시아의 농업생산기반 정비 및 농작업 기계화 기술, 북방농업연구 6, pp.106~122.

이원용(1999), 러시아의 땅 한민족, 서울, 평화당.

이종진(2007), 연해주 신한촌 기념탑, 한민족공동체 15호, pp.196~209.

이종훈(1995), 중앙아시아 한인의 연해주 재이주 현황과 정책과제, 한민족공영체, 3, pp.75-105.

이준형(1991), 중앙아시아 한인들의 강제이주사, 전망, 3, pp.54~59.

이재민(2003), 동북아개발은행 설립 필요성 및 운영방안, 제2회 동북아경제포럼, pp.159~180.

_____(2006), 사례 중심의 동북아 진출 전략 - 러시아 동북지역 - , 서울, 한국수출입은행.

이철호(1998), 한반도의 동북아시아의 구석기시대 식생활 환경, 민족문화연구 31, pp.415~458.

_____(1999), 동북아시아 원시토기문화시대의 특징과 식품사적 중요성, 민족문화연구 32, pp.325~357.

이창주(1997), 1920년~1930년대 러시아 고려인, 서울, 북방연구소.

_____(1998), 유라시아의 러시아 사람들, 서울, 명지대 출판부.

이 철(1990), 시베리아 개발사, 서울, 민음사.

임채완(2003), 동북아지역 경제협력체 구축의 성과와 방안, 제2회 동북아경제포럼, pp.24~51.

임채완 · 이원용 · 남혜경 · 최한우 · 강명구 · 심헌용(2007), 러시아 중앙아시아 한상네트워크, 서울, 북코리아.

장경호(2007), 연해주지역 농업협력 접근방안과 관련하여, 제6회 동북아 코리안 네트워크 국제회의, pp.55~57.

장치혁(1995), 러시아 극동 및 시베리아 개발과 한국, 한민족공영체, 3, pp.61~74.

정태수(1989), 한민족의 대륙 이민사, 전망, 9, pp.46~52.

정태익(2006), 러시아, 동북아시아 그리고 한국, 서울, 연경.

최동훈(2007), 연해주 고려인들에게 내려진 희망의 비상사태, 제6회 동북아 코리안 네트워크 국제회의, pp.65~74.

텐 유리 미하일로(정홍식), 이원용 역(2003), 나의 사랑 러시아, 서울, 재
　　외동포재단.

_____(2003), 유럽 아시아 횡단 철도에 관하여, 제2회 동북아경제포럼,
　　pp.135~143.

한국평화경제연구소(1991), 최신 소련 극동 총람, 서울, 제3문화사.

한농 연해주 해외농업 개발 본부(2002), 연해주농업개발 프로젝트, 서울,
　　한농 연해주 해외농업개발 본부.

한러평화경제연구소(1991), 최신 소련극동총람, 서울, 제3문학사.

한 세르게이 미할로미치, 한 발레리 세르게이비치(1999), 고려사람, 우리
　　는 누구인가, 서울, 고담사.

한소평화경제연구소(1991), 최신 소련극동총람, 서울, 제3문학사.

홍은희(1996), 극동러시아의 밭작물(콩 중심) 재배현황과 문제점, 북방농
　　업연구 2, pp.33~34.

홍은희·박근용·이정일(1997), 극동러시아 항카호 주변 콩 증수가능성과
　　재배기술 개선대책, 북방농업연구 4, pp.93~100.

홍은희·백래경(1998), 극동러시아에서 콩 생산성 제고의 기술적 가능성,
　　북방농업연구 6, pp.81~93.

고르챠코프 빅도르 바실리예비치(2003), 동북아 경제에서의 연해주의 역
　　할과 의미, 제2회 동북아경제포럼, pp.181~184.

살로둔 데, 이.(2003), 연해주 산림경제, 제2회 동북아경제포럼, pp.198~
　　212.

스닌, 브(2003), 연해주의 관광업 발전과 동북아시아 나라들과의 관계, 제
　　2회 동북아경제포럼, pp.213~221.

레오노프 베. 엠(2003), 연해주 사산업과 자연 양식업의 발전, 제2회 동북
　　아경제포럼, pp.192~197.

체르카신(2003), 연해주농업과 가공과 가공업, 제2회 동북아경제포럼, pp.
　　185~191.

角田房子 김은숙 역(1995), 슬픔의 섬 사할린의 한국인, 서울, 조선일보사.

宇野淑子 고계영 역(1991), 사할린, 서울, 우석.

자료집

동북아평화연대(2002), 제1회 동북아 견제인 포럼, 자료집.
_____(2003a), 제2회 동북아경제포럼, 자료집.
_____(2003b), 제2회 동북아 코리안 네트워크 국제회의, 자료집.
_____(2004a), 제3회 동북아 코리안 네트워크 국제회의, 자료집.
_____(2004b), 동북아 해외학자 초청 토론회, 자료집.
_____(2004c), 다민족 다문화 공생사회 연해주를 위한 국제학술
　　　　　　　회의, 자료집.
_____(2004d), 제3회 동북아 코리안 네트워크 국제회의, 자료집.
_____(2005a), 한-러 유라시아 경제포럼, 자료집.
_____(2005b), 남 · 북 · 러 삼각협력을 통한 동북아 평화, 번영,
　　　　　　　러시아 시각, 자료집.
_____(2005c), 제4회 동북아 한민족 네트워크 국제회의, 자료집.
_____(2006a), 제5회 동북아 코리안 네트워크 국제회의, 자료집.
_____(2006b), 동북아 및 남북경제공동체 기반구축을 위한 두만
　　　　　　　강 유역 협력방안, 자료집.
_____(2007a), 제6회 동북아 코리안 네트워크 국제회의, 자료집.
_____(2007b), 연해주 한러 협동의료봉사, 자료집.
_____(2007c), 2007 연해주 의료협력을 위한 의료투어 및 토론회
　　　　　　　자료집.
_____(2007d), 동아시아 평화를 위한 07 의료교류합력방안: 러-
　　　　　　　중 보건 의료실태조사 보고서 모음.
_____(2007e), 동아시아 평화를 위한 07 의료교류합력방안: 중-
　　　　　　　러 재외동포 집거지역 의료실태조사.
_____(2008), 동아시아 평화의료단 준비 workshiop 자료집.
동북아 평화를 사랑하는 사람들(2007), 연해주와 만주, 동북아역사재단.

농업기반공사(2001), 러시아 연해주 3국 농업협력을 위한 시범농장 예비
　　　타당성 조사보고서.
한국외국어대학 연사문화연구소(2005a), 연구용역 최종보고서, 자료집.
＿＿＿＿＿＿＿＿＿＿＿＿＿＿＿＿＿＿(2005b), 연구용역 과제 최종결과 보고서,
　　　자료집.

웹사이트

www.kotra.kr

www.wekorean.or.kr

www.assoc.fareast.ru

www.bisnis.doc.gov

www.dvcongress.ru

www.gks.ru

www.hotelhyundai.ru

www.mcds.ru

www.regions.ru

www.vntc.ru